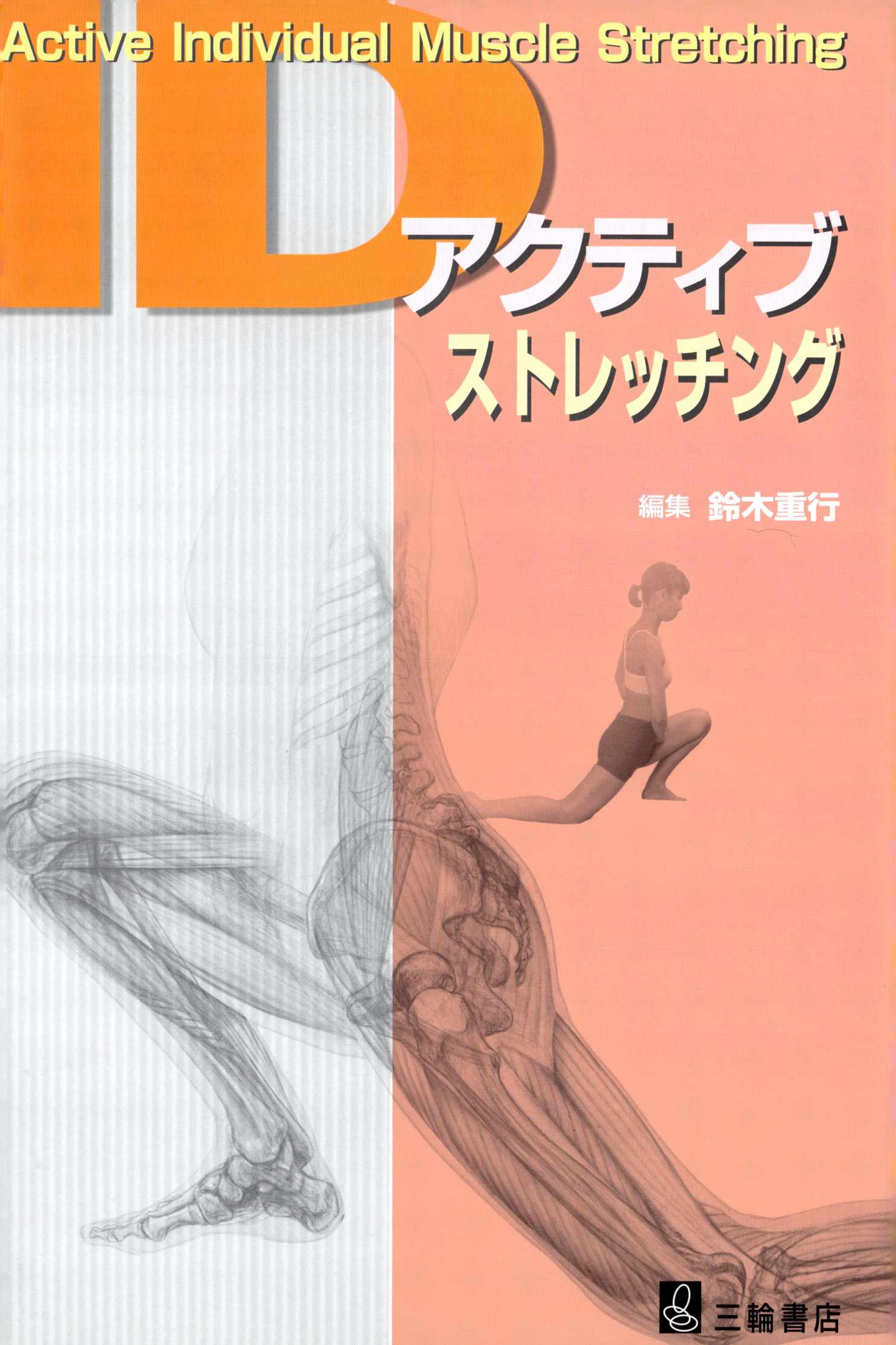

【編　集】
鈴木重行　名古屋大学名誉教授，朝日大学客員教授

【執　筆】
鈴木重行　名古屋大学名誉教授，朝日大学客員教授
平野幸伸　常葉大学健康科学部 教授　（執筆時）
鈴木敏和　医療法人社団新和会レッツ統括センター長

【執筆協力】
南本浩之　春日部厚生病院リハビリテーション部 部長
沖田幸治　水間病院リハビリテーションセンター 理学療法室長
高橋健太郎　中山クリニックリハビリテーション科 統括主任

【装　丁】中野朋彦
【撮　影】酒井和彦
【撮影協力】ユマニテク医療専門学校

序

　厚生労働省の国民健康調査において痛みを伴う疾患の中で，肩こりと腰痛が1位と2位になり，運動器疾患が国民の生活あるいはQOLを低下させていることが浮き彫りになっている．運動器疾患は，単純X線，MRI，CTなどの画像で判断できる骨折，変形，椎間板ヘルニアなどの器質的変化と，器質的変化に随伴する痛み，炎症，しびれなどや，筋・筋膜あるいは結合組織などの軟部組織の機能的低下による痛み，運動制限，さらには慢性化するほど精神的問題，アロディニアなどの神経系の可塑的問題などを含んでいる．

　本書はベッドサイド，自宅あるいはスポーツ現場で行う個々の筋（individual muscle）のストレッチング法を提示している．このことから本書を「アクティブIDストレッチング」と名づけた．筋を代表とする軟部組織は一時的に伸張性や柔軟性が向上しても，姿勢，運動負荷，ストレスなどにより，容易に機能低下を引き起こす．したがって，筋緊張低下や痛みの軽減を目的としたIDストレッチングの治療対象となった筋は，その場かぎりでなく，時間の許す限り自分自身でアクティブIDストレッチングすることが軟部組織の機能を維持するうえで重要と考える．スポーツ分野では，運動後のみならず運動前でも，特に筋緊張が亢進している筋に対して施行し，ケガの予防策として応用することができる．

　本書では，1つの筋でもいくつかの肢位でストレッチングが可能であるため，なるべく多くの方法を示した．指導時には，その中から選んでいただきたい．筋膜あるいは腱などの結合組織が問題となる場合においても，関係する筋のストレッチング法を利用するとよい．

　本書が軟部組織の痛みや筋緊張亢進，それに伴う運動制限，パフォーマンス低下，QOL低下の改善に少しでもお役に立つことができれば望外の喜びである．

　最後に，本書出版に多大なご理解とご協力をいただいた三輪書店・青山　智氏，濱田亮宏氏，カメラマン・酒井和彦氏，モデル・三宅順子さん，快く撮影現場を提供していただいたユマニテク医療専門学校，そして，いつも陰ながら応援してくれている家族に感謝いたします．

2007年4月

鈴　木　重　行

CONTENTS

第1章　アクティブIDストレッチングの概論

アクティブIDストレッチングの基本事項
1. 器質的変化と機能的変化　2
2. 関節可動域とストレッチング　2
3. 等尺性収縮と筋緊張　3
4. 筋緊張と痛み　5
5. Ib活動とストレッチング　5
6. ストレッチングの方向　6
7. 筋触診と筋走行の熟知　7
8. ストレッチングの時間　7
9. ストレッチングの強度　7
10. 禁忌　8

第2章　アクティブIDストレッチングの実際

体幹・上肢

1　腸肋筋　10
2　最長筋　10
3　前鋸筋　15
4　僧帽筋上部　20
5　僧帽筋中部　22
6　僧帽筋下部　25
7　頭半棘筋　27
8　頭板状筋　29
9　肩甲挙筋　31
10　胸鎖乳突筋　33
11　前斜角筋　36
12　中斜角筋　36
13　後斜角筋　39
14　大菱形筋　42
15　小菱形筋　44
16　大胸筋鎖骨部　46
17　大胸筋胸肋部　47
18　大胸筋腹部　48
19　小胸筋　49
20　三角筋鎖骨部　51
21　三角筋肩峰部　54
22　三角筋肩甲棘部　57
23　棘上筋　60
24　棘下筋　62

25 小円筋 66　　26 大円筋 70
27 広背筋 70　　28 上腕三頭筋 76
29 上腕二頭筋 81　　30 烏口腕筋 83
31 腕橈骨筋 85　　32 長橈側手根伸筋 87
33 短橈側手根伸筋 89　　34 尺側手根伸筋 91
35 総指伸筋 93　　36 長母指伸筋 95
37 短母指伸筋 96　　38 長母指外転筋 97
39 示指伸筋 99　　40 小指伸筋 100
41 橈側手根屈筋 101　　42 長掌筋 104
43 尺側手根屈筋 107　　44 浅指屈筋 110
45 深指屈筋 112　　46 長母指屈筋 115

下肢

47 腸骨筋 118　　48 大腰筋 121
49 大殿筋 124　　50 中殿筋 128
51 大腿筋膜張筋 133　　52 縫工筋 136
53 恥骨筋 140　　54 短内転筋 140
55 長内転筋 142　　56 大内転筋 146
57 薄筋 149　　58 梨状筋 151
59 外閉鎖筋 151　　60 内閉鎖筋 151
61 上双子筋 151　　62 下双子筋 152
63 大腿方形筋 152　　64 大腿直筋 155
65 内側広筋 159　　66 外側広筋 163
67 半腱様筋 167　　68 半膜様筋 167
69 大腿二頭筋 171　　70 腓腹筋外側頭 175

71 腓腹筋内側頭 179		**72** ヒラメ筋 183	
73 前脛骨筋 188		**74** 長指伸筋 192	
75 長母指伸筋 196		**76** 長腓骨筋 200	
77 短腓骨筋 200		**78** 長指屈筋 203	
79 長母指屈筋 206		**80** 後脛骨筋 209	
81 短指伸筋 211			

第1章

アクティブIDストレッチングの概論

アクティブIDストレッチングの基本事項

1. 器質的変化と機能的変化
2. 関節可動域とストレッチング
3. 等尺性収縮と筋緊張
4. 筋緊張と痛み
5. Ib活動とストレッチング
6. ストレッチングの方向
7. 筋触診と筋走行の熟知
8. ストレッチングの時間
9. ストレッチングの強度
10. 禁忌

アクティブIDストレッチングの基本事項

「アクティブIDストレッチング」の基本事項は，「IDストレッチング第2版」[1]にほとんど網羅されているが，ここではその中でも特に重要な点を再度掲載するともに，新しい知見および考え方について述べることとする．

1. 器質的変化と機能的変化

腰痛の原因の一つであるとされている椎間板ヘルニアについて，Boosら[2]は椎間板ヘルニアそのものが腰痛の直接的原因となることは，むしろめずらしいと報告し，菊地[3]は椎間板ヘルニアによる神経根への機械的圧迫だけでは，単なる下肢に重苦しい感じを訴えるだけで，痛みを引き起こさないと結論づけている．さらに，造影剤投与により腰髄に高度な狭窄像を呈している症例においても撮影以前や，その後，約10年経過しても腰椎由来の症状はまったくなかったとの報告もみられる．これらのことから画像上で観察される器質的変化は，痛みの直接的な原因でない場合が存在していることを示している．さらに変形性関節症の痛みについて牛田[4]は，骨同士が擦れ合って起こるC線維の興奮よりも関節周囲組織，いわゆる軟部組織を介した痛みであるという見解が多いと報告している．また脳梗塞後の片麻痺では，痙性を代表とする筋緊張異常が出現するが，発症後，運動機能改善を目標とする努力性筋収縮や活動性の低下などの結果，痛みを二次的に併発していることが考えられる．

これらのことから，侵害受容器が興奮することによって発生する痛みは，①筋あるいは靱帯，筋膜などの結合組織の柔軟性および粘弾性の低下，筋緊張亢進，血流低下などによる軟部組織の機能的変化による痛み，②骨折など単純X線，CT，MRI，超音波，内視鏡などにより診断される器質的変化による痛み，③機能的変化と器質的変化が重複して存在するものが考えられる（図1）．

2. 関節可動域とストレッチング

ストレッチングの関節可動域に対する効果については，「IDストレッチング第2版」で述べているが，ここでは，われわれのグループの新しい知見を紹介する．井上ら[5]はラットの足関節を4週間ギプス固定し，間歇的伸張運動が関節可動域と筋線維におよぼす影響について検討した．その結果，伸張群は自然回復群と比較して，不動終了後1週目，2週目で足関節の背屈可動域制限の回復やヒラメ筋の筋線維萎縮の回復に良好であり，さらに筋線維壊死数においても不動終了後1週目で壊死線維数が有意に低値であったとし，ストレッチングの効果を示している（図2）．

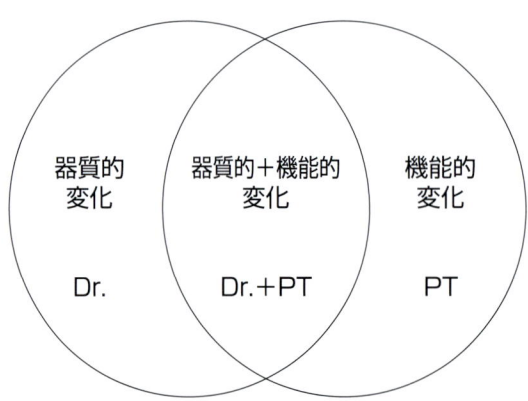

図1 器質的変化と機能的変化
侵害受容性疼痛の原因は，器質的変化と機能的変化，およびそれらが重複した場合が考えられる

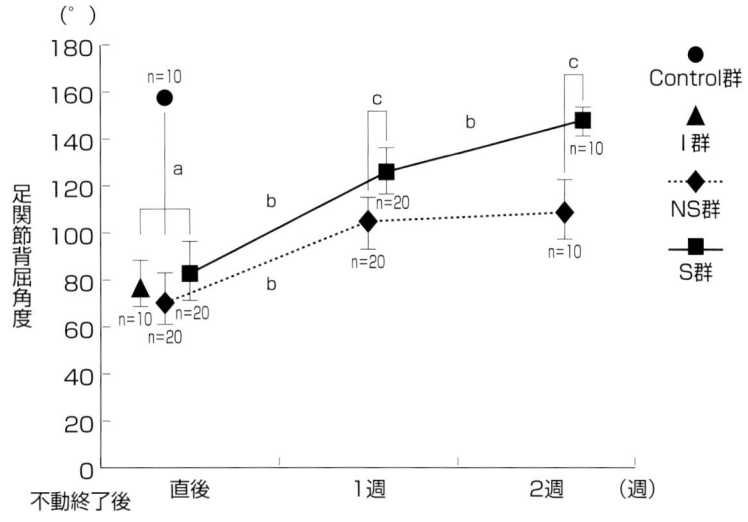

図2 足関節背屈角度の変化（文献5）より引用）
 I群：固定群，NS群：自然回復群，S群：伸張群
 a：不動終了直後におけるControl群との有意差（p＜0.05）
 b：NS群，S群それぞれにおける不動終了後直後と不動終了後1週目，ならびに不動終了後1週目と不動終了後2週目の有意差（p＜0.05）
 c：不動終了後1週目，2週目におけるNS群とS群の有意差（p＜0.05）
 （平均±標準偏差）

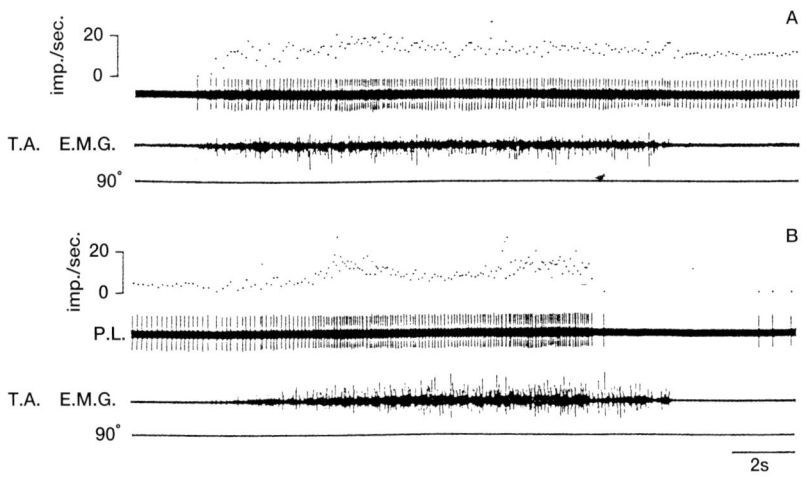

図3 等尺性収縮とIa線維活動（文献6）より一部改変）
 A，Bとも上段：Ia活動，中段：前脛骨筋活動，下段：足関節角度変化
 A：Ia神経線維の活動がみられない，いわゆるリラックスした状態の時に，前脛骨筋に等尺性収縮前を負荷すると，収縮終了後もIa神経線維の活動が維持され，筋緊張が亢進していることを推察させる
 B：Ia神経線維の活動が著明な時に等尺性収縮を負荷すると，収縮終了後はIa神経線維活動が一時的に消失したことより，筋緊張が抑制されたことを推察させる

3．等尺性収縮と筋緊張

　Ribot-Ciscarら[6]はヒト筋紡錘からの求心性神経の自発放電に注目し，自発放電が活発な時，すなわち筋緊張が亢進した状態では，等尺性収縮によってその放電活動は一時的に消失するという結果を得ている（図3）．このことから，筋緊張亢進状態で等尺性収縮を負荷すると，筋紡錘からのIa求心性神経の活動が低下するため，シナプス結合している脊髄前角にある運動神経細胞体の活動が低下を引き起こし，結果的に筋緊張の低下が引き起こされると予想される．脊髄前角細胞の興奮性低下は，α-γ連関によりγ運動神経の活動を低下させ，筋紡錘にある錘内筋の緊張低下を引き起こし，結果的によりいっそうの筋緊張低下が見込まれる．筋緊張の低下は痛みの軽減とともに血流を改善し，筋緊張により動きが制限されていた関節の可動性を増加

4　第1章　アクティブIDストレッチングの概論

させると考える．したがって，筋緊張亢進状態にある場合の「アクティブIDストレッチング」では，当該筋の等尺性収縮の方法を指導し，ストレッチング前に筋緊張の低下を図ることの重要性について理解させることが必要である．ここでは，代表的な筋に対する等尺性収縮と「アクティブIDストレッチング」の組み合わせについてイラストで紹介する．

等尺性収縮　　　　　　　　　　**アクティブID ストレッチング**

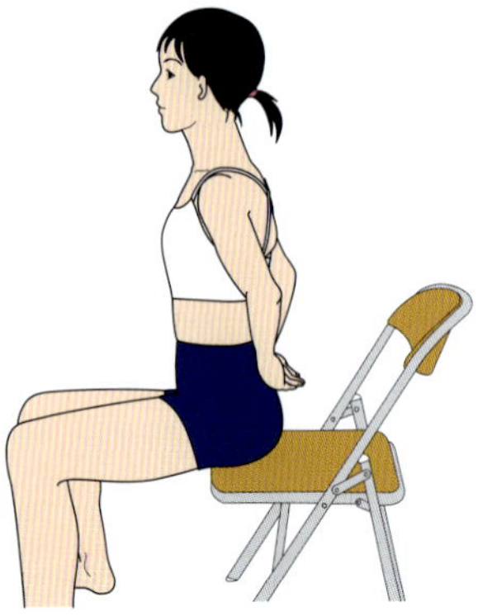

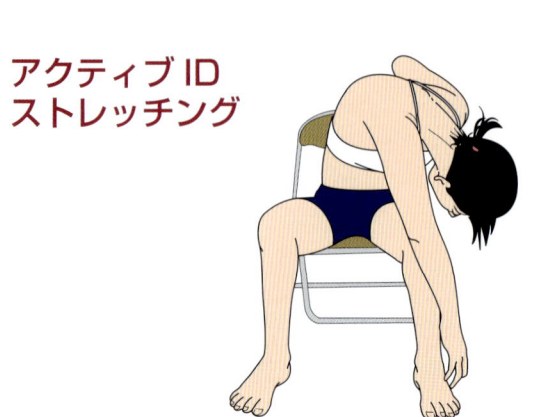

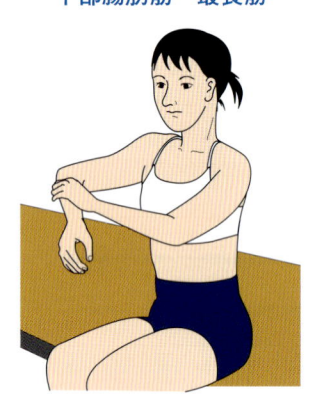

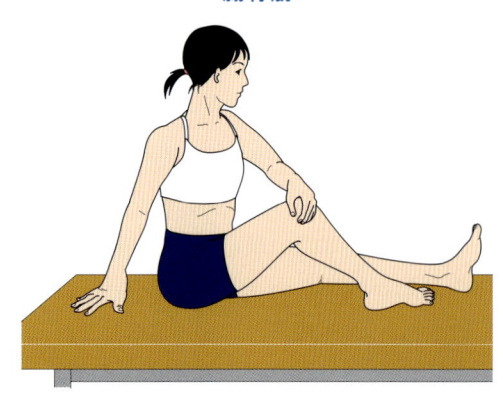

下部腸肋筋・最長筋　　　　　　　下部腸肋筋・最長筋

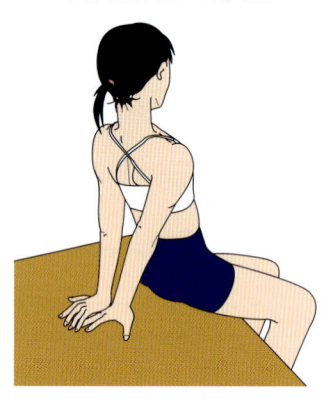

三角筋鎖骨部　　　　　　　　　　三角筋鎖骨部

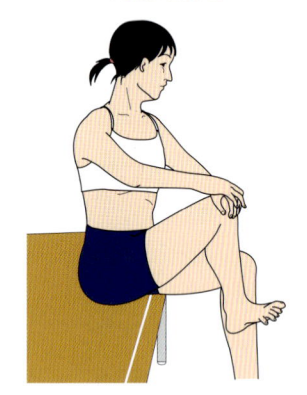

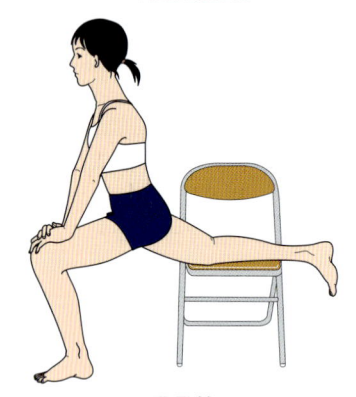

腸骨筋　　　　　　　　　　　　　腸骨筋

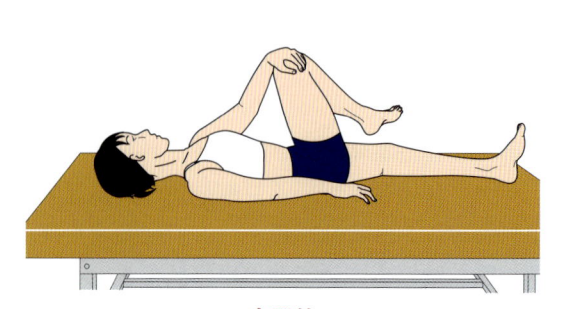

中殿筋　　　　　　　　　　　　　中殿筋

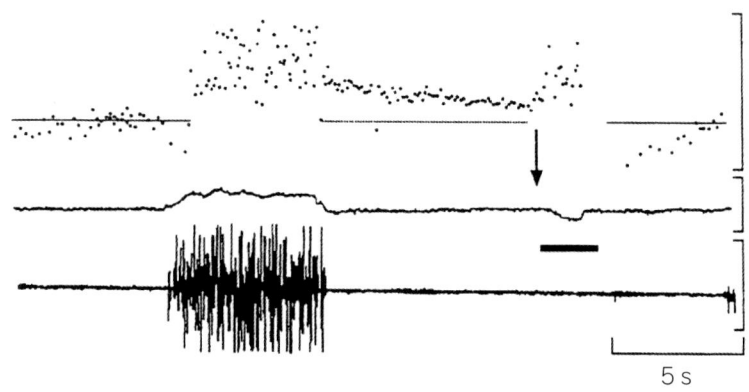

図4 等尺性収縮とストレッチングによるIa線維活動（文献7）より一部改変）
Ia活動が通常状態にある時、等尺性収縮負荷によりIa活動は収縮前に比較して増強し、筋緊張が増強したことを推察させる。また、その活動はストレッチングにより通常状態まで回復した

しかしながらWilsonら[7]は、Ribot-Ciscarら[6]と同様に筋緊張が亢進していない状態で等尺性収縮を負荷した場合は、収縮後のIa活動が逆に増強すると述べている（図4）。これらのことより筋緊張が亢進していない場合には、等張性収縮だけでなく等尺性収縮においても筋緊張亢進が助長されることが示唆され、「アクティブIDストレッチング」では当該筋の筋緊張の状態を把握できる能力が求められる。

4. 筋緊張と痛み

われわれは日常的に自覚する肩こり、腰痛では持続的な筋緊張と痛みが併発していることを経験している。また、筋トレーニングなどでの運動負荷でも同様である。Stebbinsら[8]は、電気刺激による持続的な収縮は発痛物質であるブラジキニンの血中濃度を上昇させ痛みを誘発し、侵害受容器を興奮させない程度の持続的な筋収縮でも血流が阻害されると同様に、ブラジキニン濃度が上昇し、いわゆる筋肉痛を引き起こすと報告している。またMenseら[9]は、最大筋収縮だけでは少し遅れて観察されたC線維活動が、虚血状態にした最大筋収縮時では飛躍的に大きくなったと報告している（図5）。これらのことから、持続的な筋緊張と血流障害は痛みと密接に関係していることから、「アクティブIDストレッチング」では単純に筋を引き伸ばす方法を教えるだけでなく、ストレッチング前に血流改善や痛みに対処する方法を指導することが重要であることが理解できる。

図6では軟部組織の痛みのアセスメントについて、等尺性収縮を基軸とした方法で紹介する。等尺性収縮により可動域の拡大が観察できれば、筋が主な原因であると判断でき、治療としては軟部組織の疼痛抑制、ストレッチングなどが考えられる。また、等尺性収縮によって可動域に変化がない場合でも靱帯、腱などに圧痛があり、かつ結合組織に断裂などの画像による器質的変化が認められない時には、筋が原因とする治療法と同様に進む。一方、等尺性収縮による可動域の拡大や結合組織への圧痛がない場合や、各種クリニカルテストによる陽性反応がみられる場合には、主に器質的変化が疑われ、画像診断による整形外科的治療、投薬、精神・心理学的アプローチへと進む。

5. Ib活動とストレッチング

持続伸張（prolonged stretch）は、筋緊張の抑制あるいは低下の効果を発揮する。一般に、筋腱移行部に多く存在するといわれているゴルジ腱器官からのIb求心性線維は、筋の張力に応じて興奮の程度が変化する。筋に持続的な伸張が加わると主動筋、共同筋に存在するゴルジ腱器官が興奮し、この信号が求心性にIb線維を伝播し脊髄後角に入り、介在ニューロンを介して同名筋の脊髄前角細胞の興奮を抑制する。すなわち、ゴルジ腱器官を興奮させることにより、目的とする筋の緊張を低下させることが可能となる。したがって、「アクティブIDストレッチング」の指導では、対象とする筋が「少し突っ張った」と感じたところで数秒間保持し、Ib抑制により筋緊張が低下することを実感させることが重要となる。

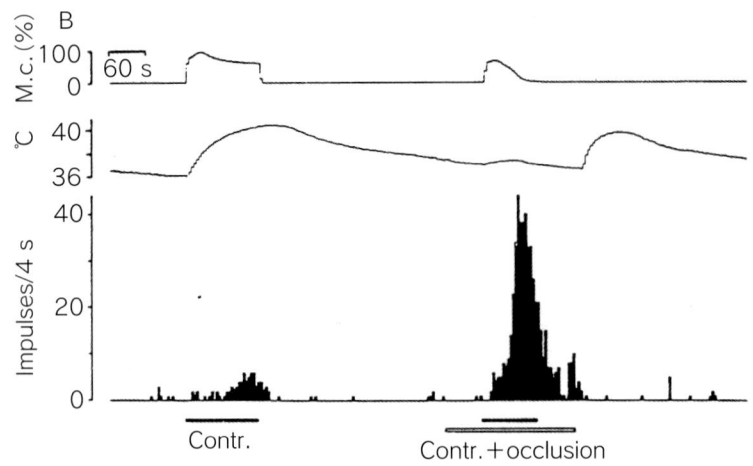

図5 筋収縮,虚血とC線維活動（文献9）より引用）
最大筋収縮だけでは少し遅れて観察されたC線維活動が,血流を阻害した最大筋収縮時では飛躍的に増強した

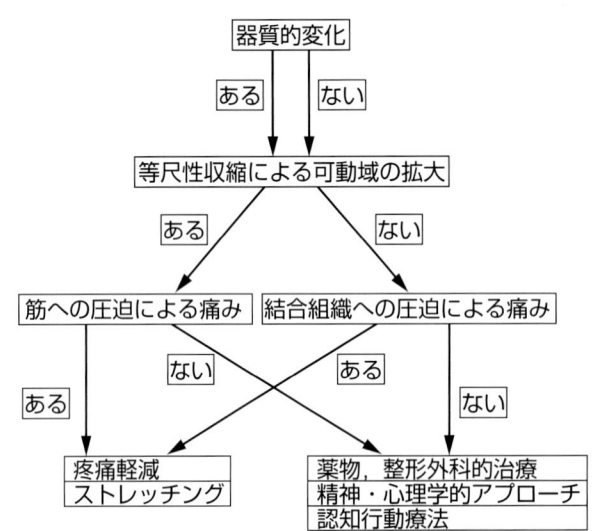

図6 軟部組織の痛みのアセスメント

6. ストレッチングの方向

　Hagbarthら[10]は,手指MP関節にトルクモータを設置し,他動的に手指MP関節を屈曲・伸展し,各条件下での関節の可動性,筋緊張について検討している.その結果,指屈筋群を他動的に大きく伸張すると伸張前に比べ手指MP関節伸展の可動域拡大と伸張反射の抑制がみられ,逆に指屈筋群を短縮方向に動かすと,手指MP関節伸展の可動域減少と伸張反射が出現し,筋緊張の亢進を示唆した（図7）.

　このことは,ストレッチングは筋および結合組織の柔軟性を改善するだけでなく,伸張反射の抑制効果がみられたことから,筋緊張の抑制にも効果的であることを示したものと考えられる.逆に,筋を他動的に短縮すると関節可動域が減少し伸張反射が出現したことより,軟部組織の機能的変化による関節可動域低下に対するストレッチングでは,伸張する方向が非常に重要であることがわかる.例えば,肩関節屈曲の可動域制限があり,屈曲最終域での痛みが三角筋前部線維に存在する場合では,肩関節を他動的に,あるいはプーリーなどを利用して自動介助的に屈曲すると三角筋前部線維が短縮方向に動かされるため,筋緊張がさらに亢進し,関節可動域はさらに低下することが予想される.この場合,肩関節屈曲の可動域を改善するストレッチングの方向は肩関節伸展方向であり,結果として屈曲の可動性改善が得られるのである.したがって,ストレッチングでは問題となる軟部組織を正しく評価できる能力が求められ,「アクティブIDストレッチング」

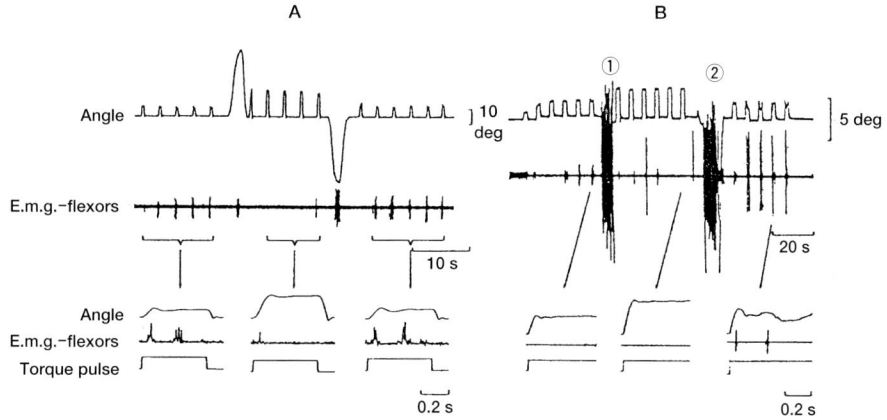

図7 運動方向および収縮様式と筋緊張の変化（文献10）より一部改変）
A：トルクモーターにより手指MP関節を他動的に大きく伸展し（最上段のベースラインより上方向），手指屈筋群を伸張すると，伸展後は伸展前と同じトルクを負荷しても手指屈筋群の筋緊張が低下し，伸張反射の消失（最上段より2段目）とともに大きな角度が獲得された．逆に，手指MP関節を他動的に大きく屈曲した場合では，伸張反射の出現と伸展角度の減少がみられた
B：手指屈筋群に等尺性収縮（①）を負荷すると（最上段より2段目），負荷前に比較し，わずかな手指MP関節の角度の増加がみられたが（最上段），等張性収縮（②）後では伸張反射の増強とともに伸展角度の減少が観察された

の指導においても単純に可動域制限のある方向に伸張すると，結果的に症状を増悪させる可能性があることを認識する必要がある．

「アクティブIDストレッチング」の対象となる筋が決定すれば，ストレッチングの方向は原則的に筋の起始部と停止部を引き離すことを念頭におくとよい．

7．筋触診と筋走行の熟知

「アクティブIDストレッチング」の指導者は，筋を触診できることが必須となる．指導者は筋触診により対象者にストレッチングする筋を自覚させ，対象者が自宅などにおいて一人で正しい方向にストレッチングできるように指導しなければならない．筋は，三次元的に他の筋と重なり合って走行する場合が多いため，指導者は特に痛みを発現している部位や筋緊張が亢進している部位を触診できるよう各筋の走行を熟知しておかなければならない．筋触診の基本事項は，「ID触診術」[11]を参考にしていただきたい．

8．ストレッチングの時間

「アクティブIDストレッチング」の時間は，「IDストレッチング」と同様に，対象とする筋緊張の状態に依存する．筋緊張がさほど亢進していない状態ではIb抑制により脊髄前角細胞の静止電位が低下しやすいと予想されるため，ストレッチング時間は短くなる．原則的には，筋からの抵抗感が減少するまでとする．「アクティブIDストレッチング」の一般的な時間は，1回につき約10秒間を目安とし，1回で効果がみられない時にはストレッチングの回数を増やすとよい．ストレッチングの施行中は，当該筋への血流は低下していると予想されるので，長すぎるストレッチングは逆に筋緊張を亢進させる危険性を伴うと考える．

9．ストレッチングの強度

本書を利用する治療者あるいはスポーツ指導者などは，個々の筋走向などの豊富な解剖学的知識，問題となる筋を触診する技術とともに対象とする筋緊張の状態を把握し，ストレッチングの強度を決定できることが求められる．

「アクティブIDストレッチング」の強度は，他動的な「IDストレッチング」と同様に，Ⅰb抑制を期待するため，筋からの抵抗を感じる程度で保持することを原則とする．強すぎるストレッチングは，逆に筋緊張亢進を助長する．強度の目安は楽に呼吸ができる程度で，特に呼気を促すことに留意する．

10. 禁忌

「アクティブIDストレッチング」の禁忌事項は，IDストレッチングと同様で整形外科疾患，例えば，関節障害，骨折，捻挫，筋断裂，腱断裂，腰痛症などの急性期，脳血管障害などの急性期が考えられる．

【文 献】

1) 鈴木重行（編）：IDストレッチング第2版．三輪書店，2006
2) Boos N, et al：Tissue characterization of symptomatic and asymptomatic disc herniations by quantitative magnetic resonance imaging. *J Orthop Res* **15**：141-149, 1997
3) 菊地臣一：続・腰痛をめぐる常識のウソ．金原出版，2001，pp5-8
4) 牛田享宏，他：痛みの訴えが最も多い整形外科では．熊澤孝朗（監・編）：痛みのケア―慢性痛，がん性疼痛へのアプローチ．照林社，2006，pp92-108
5) 井上貴行，他：不動終了後のラットヒラメ筋に対する間欠的伸張運動が関節可動域と筋線維におよぼす影響．理学療法学 **34**：1-9, 2007
6) Ribot-Ciscar E, et al：Post-contraction changes in human muscle spindle resting discharge and stretch sensitivity. *Exp Brain Res* **86**：673-678, 1991
7) Wilson LR, et al：Increased resting discharge of human spindle afferents following voluntary contraction. *J Physiol* **488**：833-840, 1995
8) Stebbins CL, et al：Bradykinin release from contracting skeletal muscle of the cat. *J Appl Physiol* **69**：1225-1230, 1990
9) Mense S, et al：Response in muscle afferent fibers of slow conduction velocity to contractions and ischaemia in the cat. *J Physiol* **342**：383-397, 1983
10) Hagbarth KE, et al：Thixotropic behaviour of human finger flexor muscles with accompanying changes in spindle and reflex responses to stretch. *J Physiol* **368**：323-342, 1985
11) 鈴木重行（編）：ID触診術．三輪書店，2006

第2章

アクティブIDストレッチングの実際
体幹・上肢

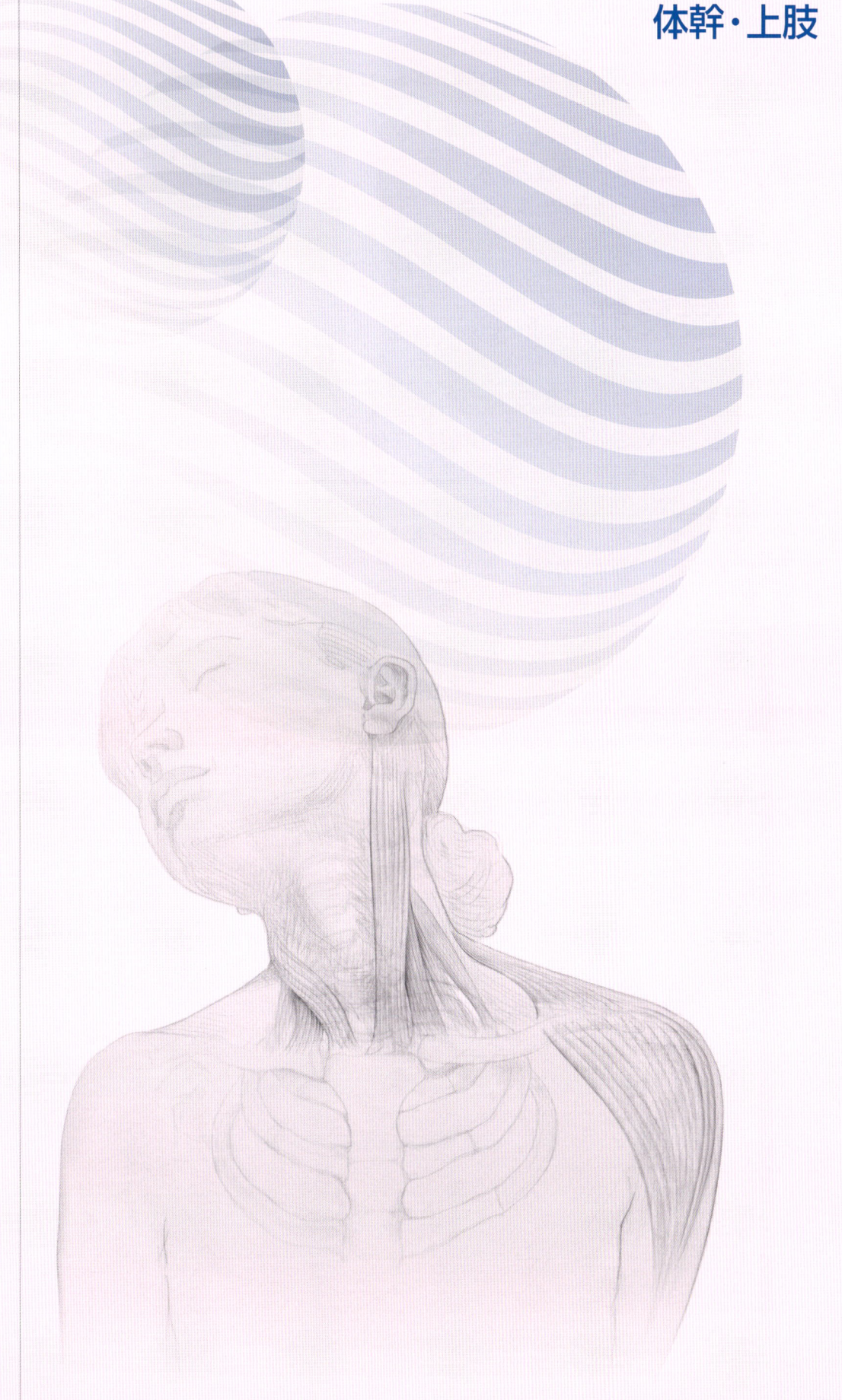

 1 腸肋筋 m. iliocostalis

起　　　始：（腰腸肋筋）腸骨稜，仙骨，下位腰椎棘突起，胸腰筋膜内面，（胸腸肋筋）第7～12肋骨上縁，
　　　　　　（頸腸肋筋）第3～7肋骨上縁
停　　　止：（腰腸肋筋）第12肋骨下縁，第4～11肋骨角，（胸腸肋筋）第1～7肋骨角，（頸腸肋筋）第
　　　　　　4～6頸椎横突起
神 経 支 配：脊髄神経後枝外側枝C8～L1
血 管 支 配：肋間動脈と腰動脈の後枝
筋 連 結：最長筋，多裂筋，腰方形筋

 2 最長筋 m. longissimus

起　　　始：（胸最長筋）腰腸肋筋，腸骨稜，下位胸椎・上位腰椎棘突起，下位胸椎横突起，正中仙骨稜，
　　　　　　（頸最長筋）第1～6胸椎横突起，（頭最長筋）第3頸椎～第3胸椎横突起・関節突起
停　　　止：（胸最長筋）上位腰椎副突起，全胸椎横突起，腰椎横突起，肋骨角，（頸最長筋）第2～5頸
　　　　　　椎横突起，（頭最長筋）側頭骨乳様突起
神 経 支 配：脊髄神経後枝外側枝
血 管 支 配：肋間動脈と腰動脈の後枝，後頭動脈の筋枝，肋頸動脈の深頸枝
筋 連 結：腸肋筋，多裂筋，腰方形筋

腸肋筋・最長筋伸張法1

開 始 肢 位：椅座位．両上肢は体側に垂らす．両下肢は肩幅よりやや大きく開脚する．
ストレッチ位：体幹を前屈・左側屈・左回旋し，左斜め前方に屈曲しながら，右手を左足部方向に伸ばす．
　　　　　　頸椎は屈曲・軽度左回旋位とする．この際，左前方への転倒を防ぐ目的と体幹運動の微調整
　　　　　　をする目的で，左手は椅子を把持しておくとよい．
指導ポイント：伸張する筋線維に応じて，右手の伸ばす方向を左右に変え，体幹の回旋角度を変化させる．
　　　　　　両膝屈曲は極端にしないよう留意する．

腸肋筋 m. iliocostalis・最長筋 m. longissimus

1 開始肢位

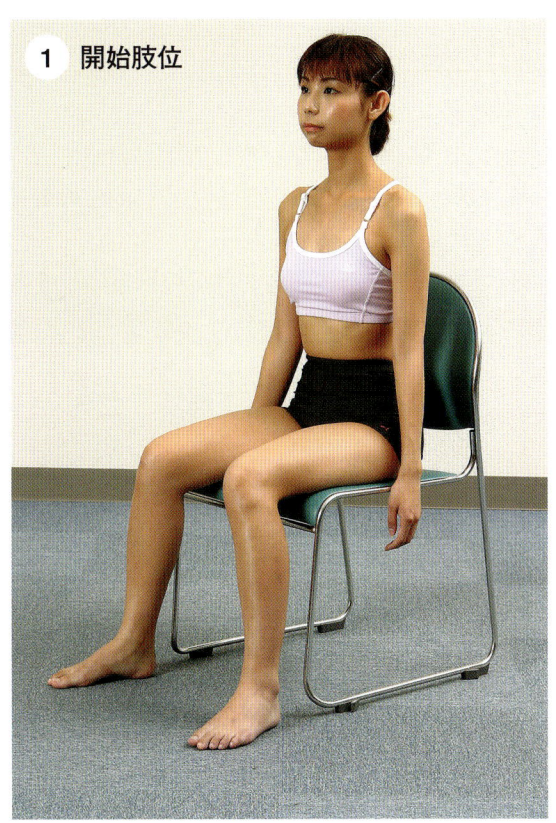

2 ストレッチ位

3 指導ポイント

腸肋筋・最長筋伸張法 2

開 始 肢 位：椅座位．両上肢は体側に垂らす．左下肢を上にして足を組む．

ストレッチ位：体幹を前屈・左側屈・左回旋し，左斜め前方に屈曲しながら，右手を右足部方向に伸ばす．頸椎は屈曲・軽度左回旋位とする．この際，左前方への転倒を防ぐ目的と体幹運動の微調整をする目的で，左手は椅子を把持しておくとよい．

指導ポイント：伸張する筋線維に応じて，右手の伸ばす方向を左右に変え，体幹の回旋角度を変化させる．右膝屈曲は極端にしないよう留意する．

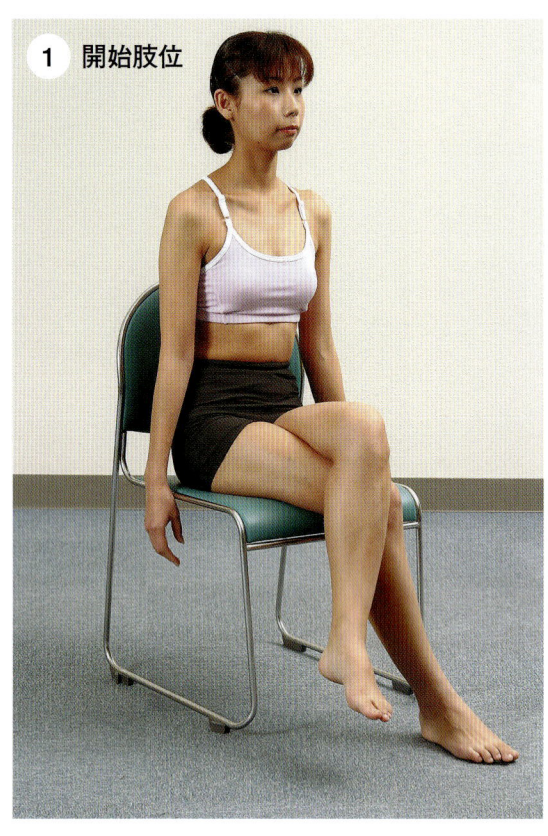
1 開始肢位

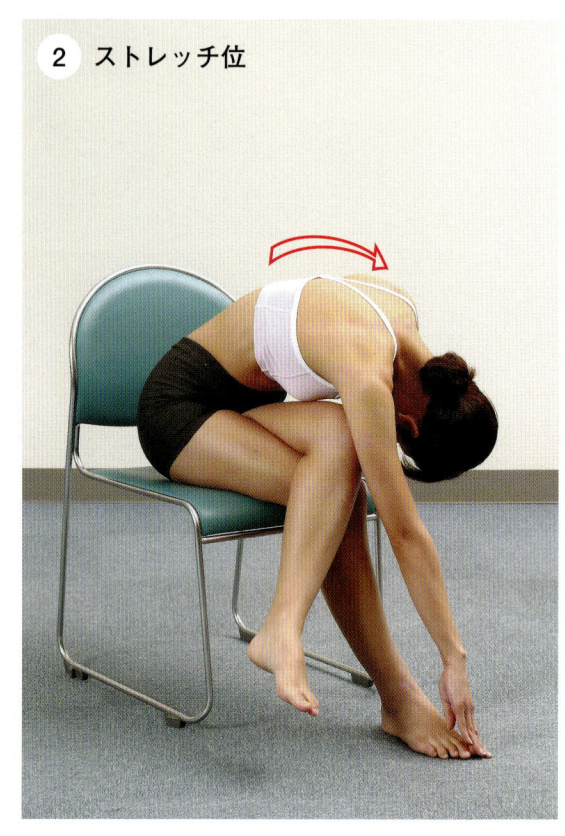
2 ストレッチ位

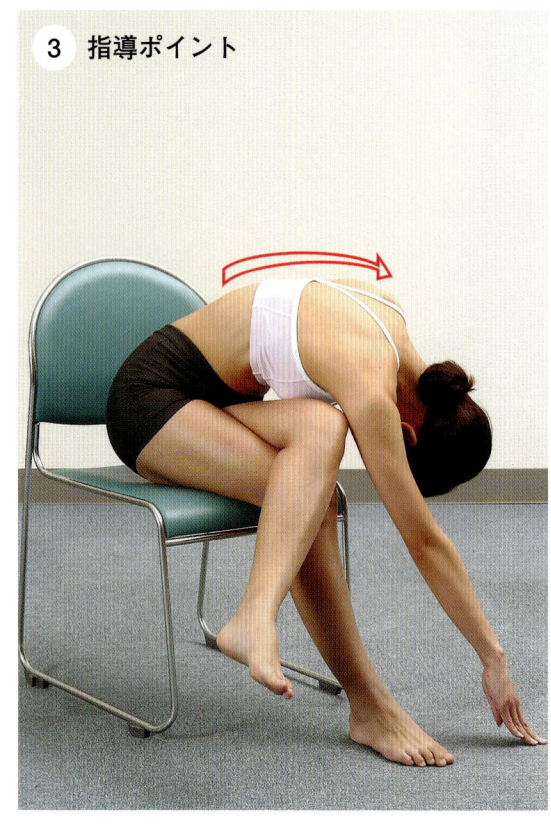
3 指導ポイント

腸肋筋・最長筋伸張法 3

開 始 肢 位：背臥位．両下肢屈曲位とする．
ストレッチ位：骨盤を支えながら体幹を屈曲・左側屈・左回旋し，両膝を左肩関節に近づける．
指導ポイント：伸張する筋線維に応じて，両膝の位置を左右に変え，体幹の回旋角度を変化させる．

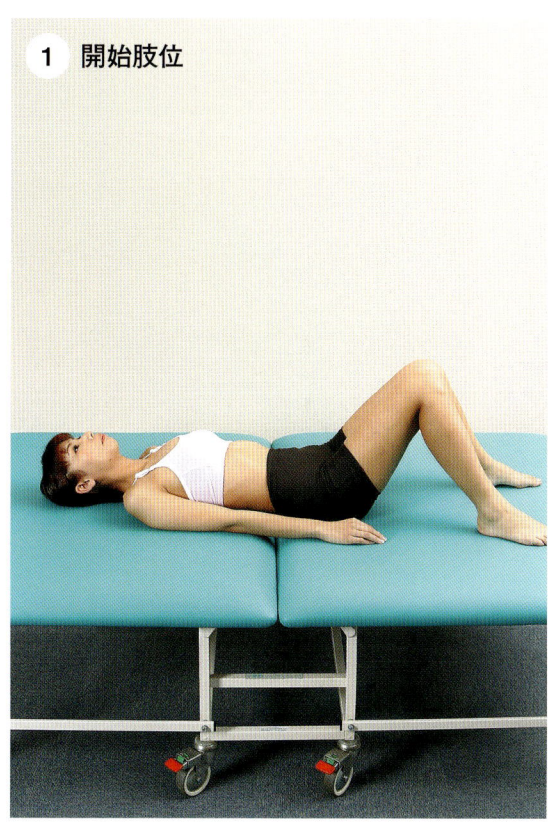

1 開始肢位

2 ストレッチ位

3 ストレッチ位（別角度）

腸肋筋・最長筋伸張法 4（上部線維）

開 始 肢 位：椅座位．両手を後頭部で組む．両下肢は肩幅よりやや大きく開脚する．
ストレッチ位：腰椎屈曲を避けながら頸椎・胸椎部を屈曲・左側屈・左回旋する．
指導ポイント：頸部より胸背部の動きを意識する．

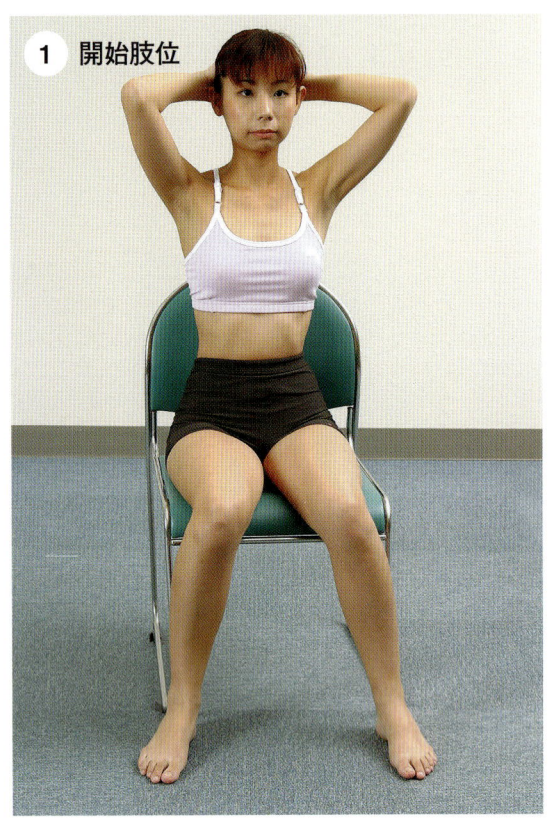
1 開始肢位

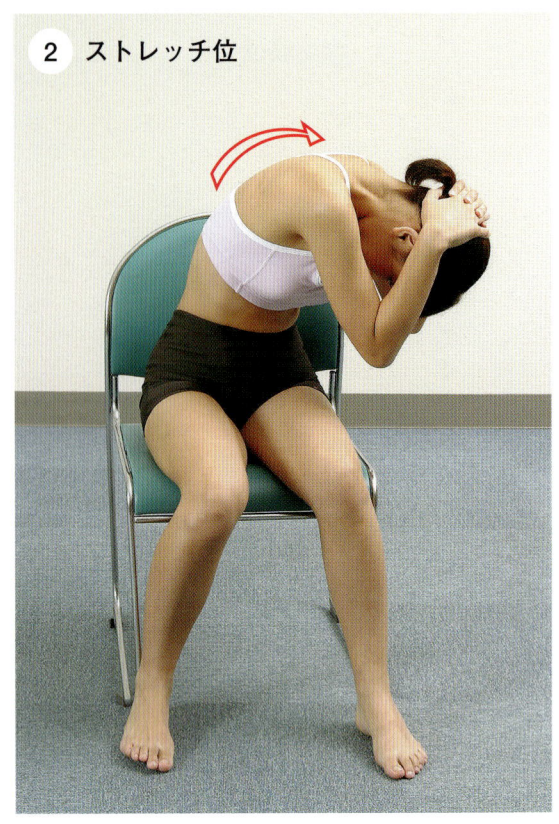
2 ストレッチ位

3 前鋸筋 m. serratus anterior

起　　　　始：第1~8（10）肋骨，第1・2肋骨とその間の腱弓
停　　　　止：肩甲骨内側縁，上角および下角の肋骨面
神 経 支 配：長胸神経 C5~7
血 管 支 配：頸横動脈深枝（下行肩甲動脈），最上胸動脈，胸背動脈
筋　連　結：外腹斜筋，大・小菱形筋，肩甲挙筋

前鋸筋伸張法 1

開 始 肢 位：腹臥位．両肩・肘関節屈曲位とする．
ストレッチ位：体幹を伸展・軽度左回旋し，右肩関節内転を意識しながら右肩の力を抜き，右肘に体重をのせる．
指導ポイント：前鋸筋上部（肩甲骨上角部）は肩屈曲約20°，中部（肩甲骨内側縁部）は肩屈曲約45°，下部（肩甲骨下角部）は肩屈曲約90°で行う．なお伸張時，右肩甲骨内側縁が浮き出ることを確認する．

1　開始肢位

2　ストレッチ位

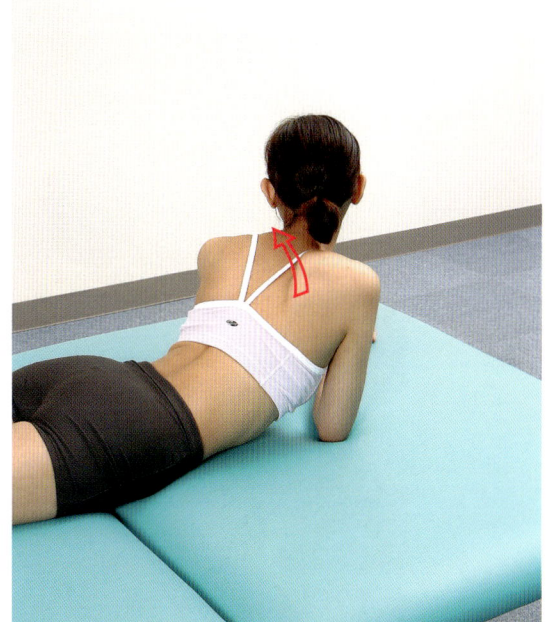

3 指導ポイント（前鋸筋上部）

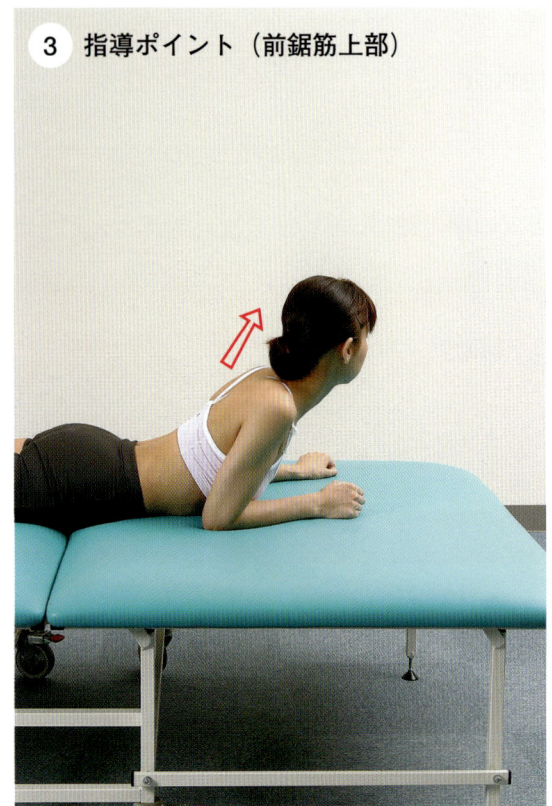

4 指導ポイント（前鋸筋中部）

5 指導ポイント（前鋸筋下部）

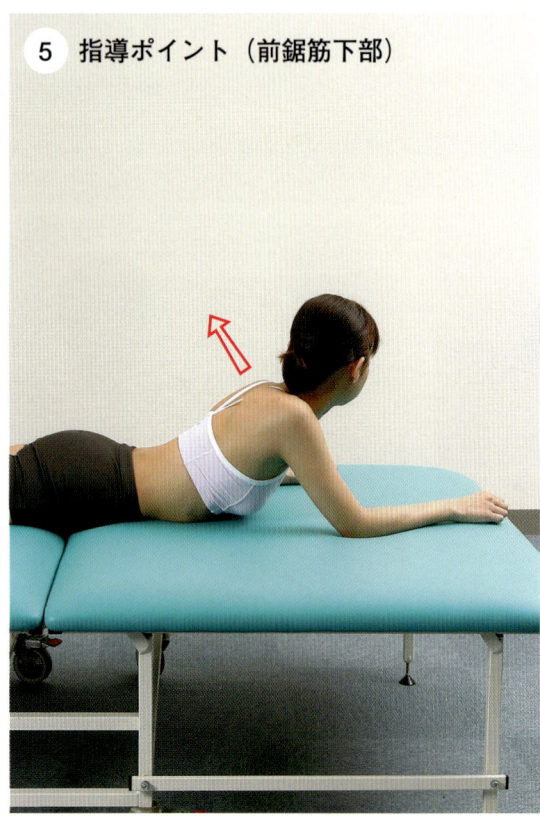

前鋸筋 m. serratus anterior　17

前鋸筋伸張法 2

開 始 肢 位：立位．壁に向かって右足を一歩前に出し，右手を壁に置く．
ストレッチ位：右膝・右肘を軽度屈曲しながら，右下肢と右上肢に体重を移動させる．
指導ポイント：前鋸筋上部は肩屈曲約40°・肘屈曲約30°・前腕回外位，中部は肩屈曲約60°・肘屈曲約45°・前腕回内位，下部は肩屈曲約100°・肘屈曲約20°・前腕回内位で行う．なお伸張時，右肩甲骨内側縁が浮き出ることを確認する．

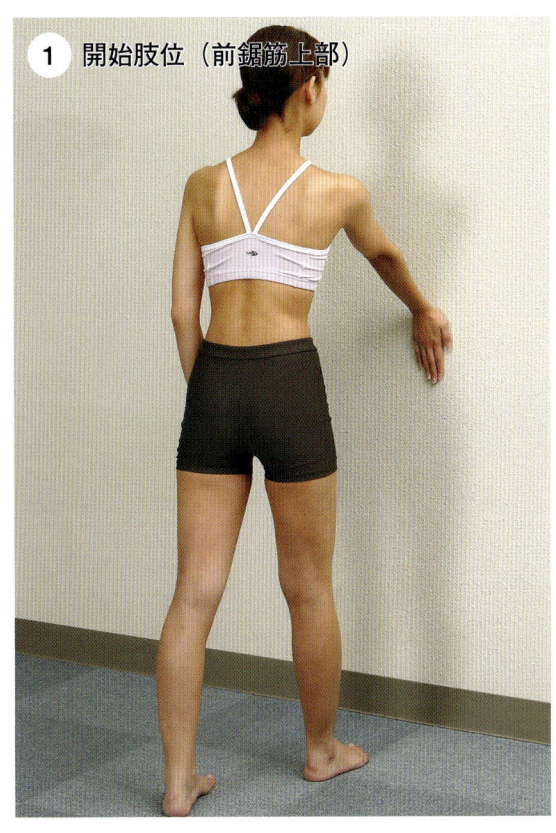

1 開始肢位（前鋸筋上部）

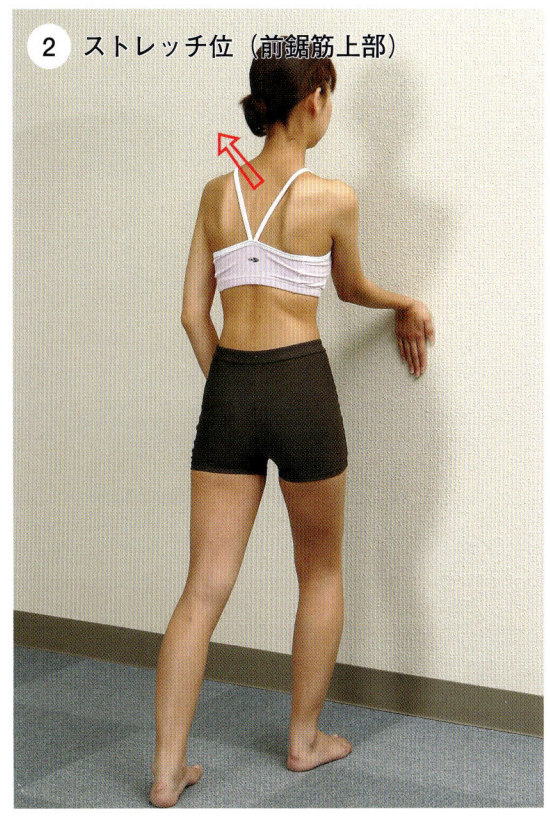

2 ストレッチ位（前鋸筋上部）

3 開始肢位（前鋸筋中部）

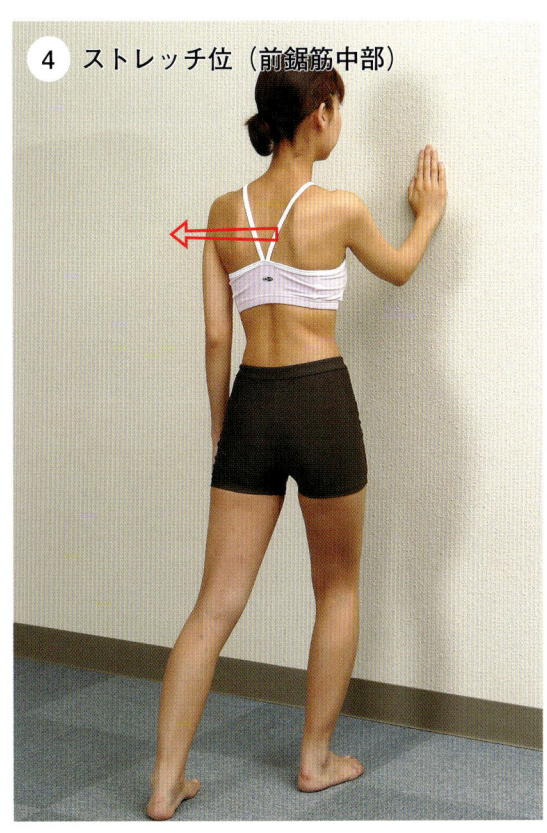

4 ストレッチ位（前鋸筋中部）

5 開始肢位（前鋸筋下部）	6 ストレッチ位（前鋸筋下部）

前鋸筋上部（肩甲骨上角部）・下部（肩甲骨内側縁部）伸張法

開 始 肢 位：座位．右手をベッドの上に置く．
ストレッチ位：体幹を軽度右回旋し，左手を右手の前に置く．右上肢に体重をのせ，右肩甲骨を上方回旋させる．
指導ポイント：伸張時，右肩甲骨内側縁が浮き出ることを確認する．

1 開始肢位	2 ストレッチ位
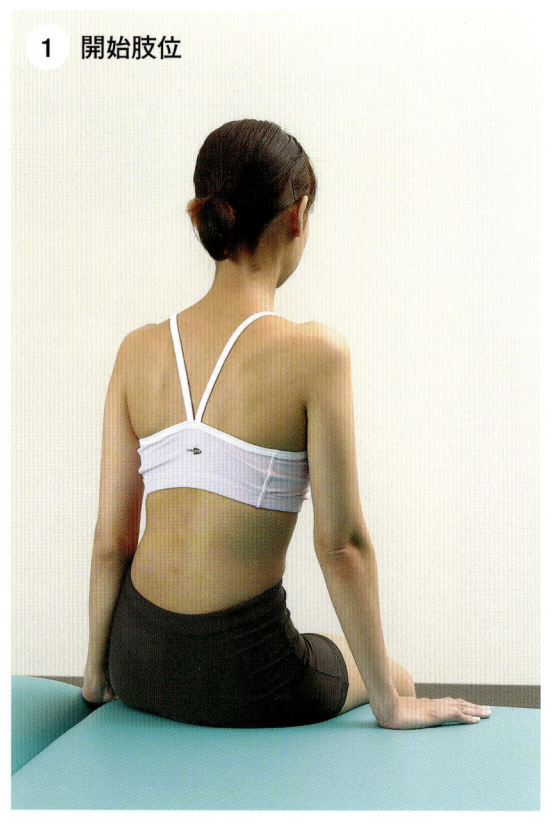	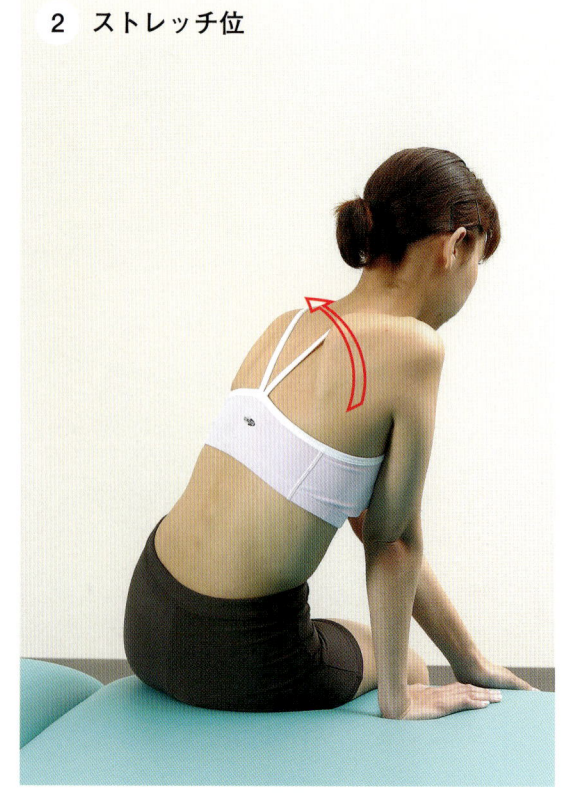

前鋸筋下部（肩甲骨下角部）伸張法

開 始 肢 位：座位．頸椎を右回旋，両手を背部に回し，左手で右前腕遠位部を把持する．
ストレッチ位：左手で右前腕を左方向に引き寄せる．
指導ポイント：伸張時，右肩甲骨下角が浮き出ることを確認する．

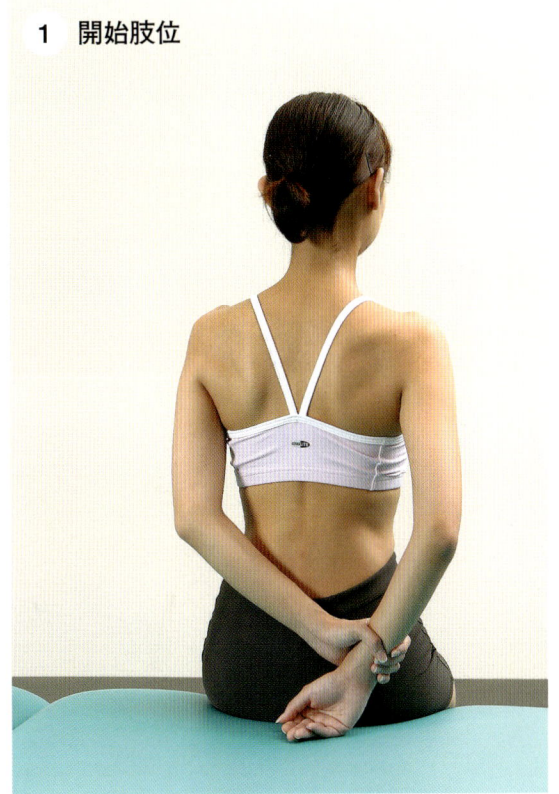

1　開始肢位

2　ストレッチ位

4 僧帽筋上部 m. trapezius descending part

起　　　始：後頭骨上項線，外後頭隆起，項靱帯，第7頸椎棘突起
停　　　止：鎖骨外側1/3，肩峰
神 経 支 配：副神経外枝，頸神経叢筋枝C2〜4
血 管 支 配：頸横動脈，肩甲上動脈，後肋間動脈，深頸動脈，後頭動脈
筋 　連　 結：胸鎖乳突筋，肩甲挙筋，三角筋，広背筋，大菱形筋，小菱形筋，上後鋸筋，下後鋸筋，
　　　　　　　脊柱起立筋，頭板状筋

僧帽筋上部伸張法（外側線維）

開 始 肢 位：端座位．右手を腰背部に置き，左手を右側頭部に置く．
ストレッチ位：左手で頸椎を左側屈する．
指 導ポイント：体幹は左側屈しないよう留意する．

1 開始肢位

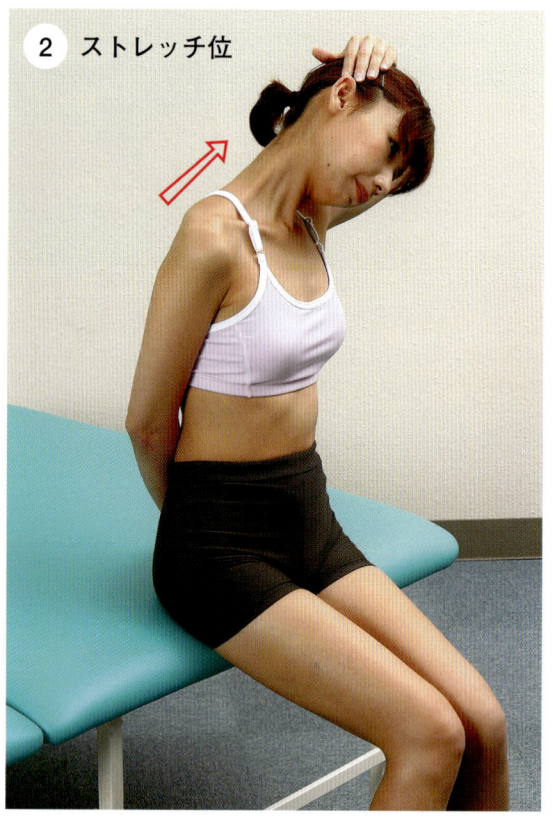
2 ストレッチ位

僧帽筋上部 m. trapezius descending part

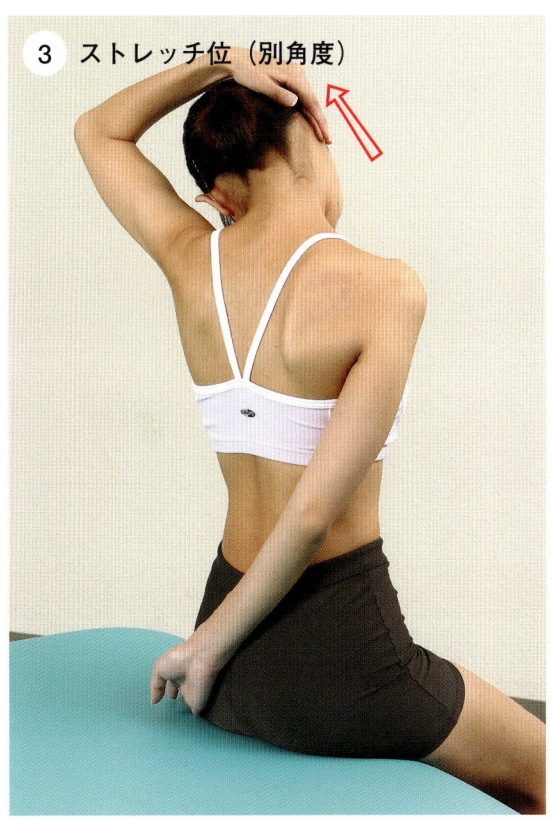

3 ストレッチ位（別角度）

僧帽筋上部伸張法（内側線維）

開 始 肢 位：端座位．頸椎は左回旋位にし，右手を腰背部に，左手を右後頭部に置く．
ストレッチ位：左手で頸部を左側屈・軽度屈曲する．
指導ポイント：体幹は左側屈しないよう留意する．

1 開始肢位

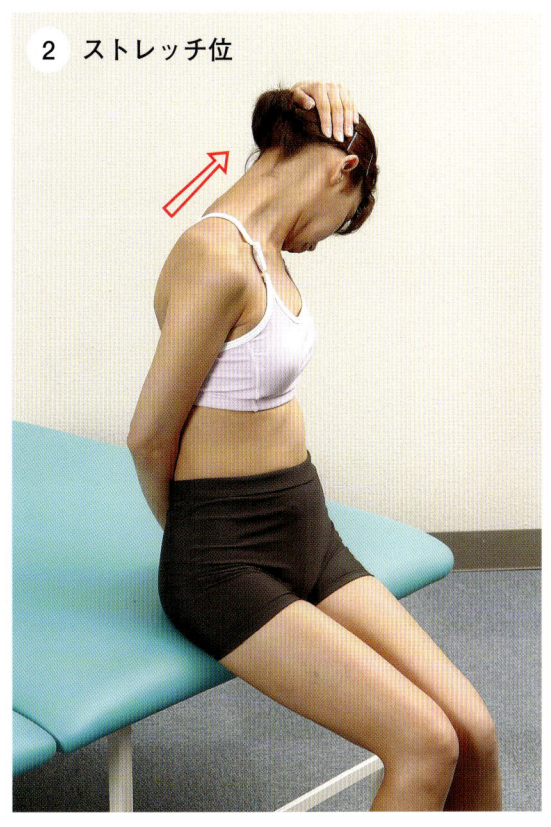

2 ストレッチ位

 僧帽筋中部 m. trapezius transverse part

起　　　始：第1〜5胸椎棘突起および棘上靱帯
停　　　止：肩甲棘上縁
神 経 支 配：副神経外枝，頸神経叢筋枝C2〜4
血 管 支 配：頸横動脈，肩甲上動脈，後肋間動脈，深頸動脈，後頭動脈
筋 　連 　結：胸鎖乳突筋，肩甲挙筋，三角筋，広背筋，大菱形筋，小菱形筋，上後鋸筋，下後鋸筋，脊柱起立筋，頭板状筋

僧帽筋中部伸張法1

開 始 肢 位：端座位．右手を腰背部に置き，右肩内旋位にし，左手を右肩峰部に置く．
ストレッチ位：頸椎を軽度右側屈し，左手で肩甲骨を斜め前下方に引き寄せながら下制・外転する．
指導ポイント：体幹が左回旋しないよう留意する．

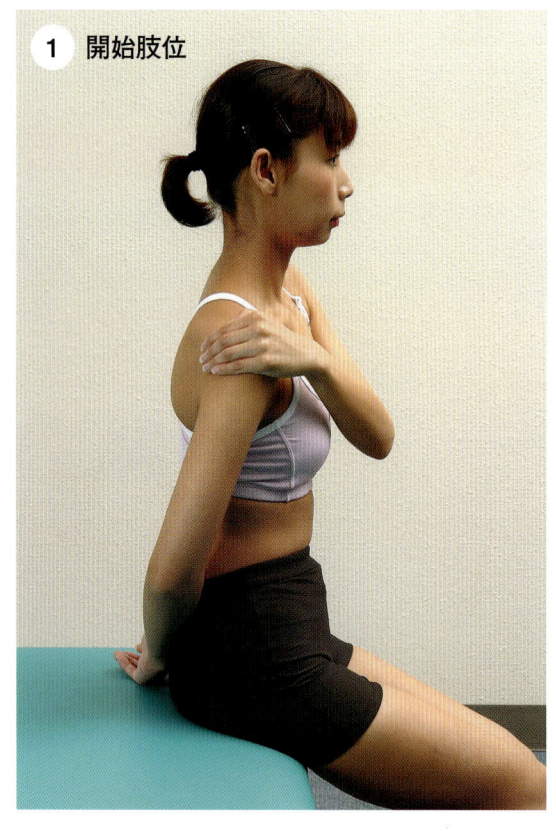
1 開始肢位

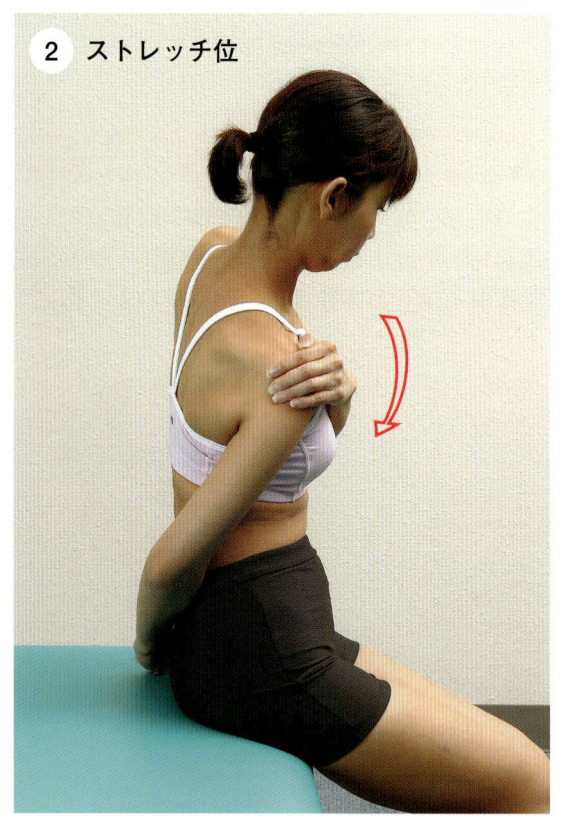
2 ストレッチ位

僧帽筋中部 m. trapezius transverse part | 23

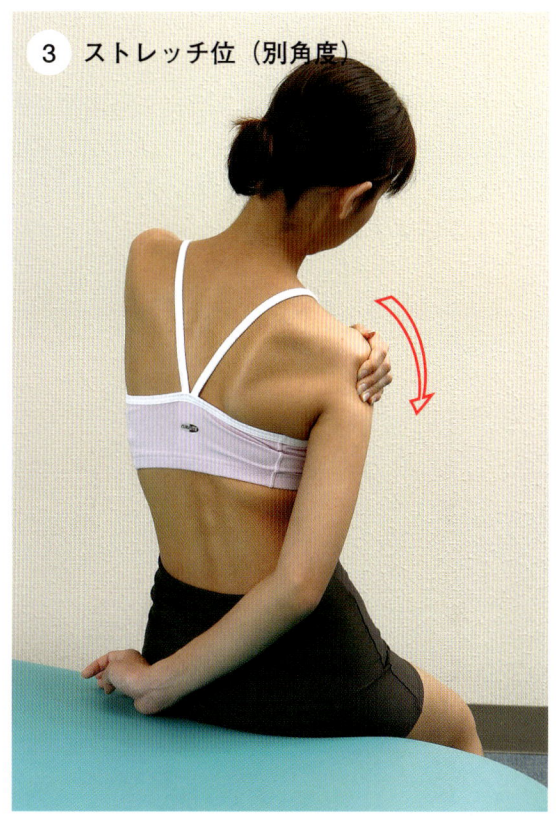

3 ストレッチ位（別角度）

僧帽筋中部伸張法 2

開 始 肢 位：端座位．右手を左大腿部に置き，左手を右肩峰部に置く．
ストレッチ位：頸椎を軽度右側屈し，左手で肩甲骨を斜め前下方に引き寄せながら下制・外転する．
指導ポイント：体幹が左回旋しないよう留意する．

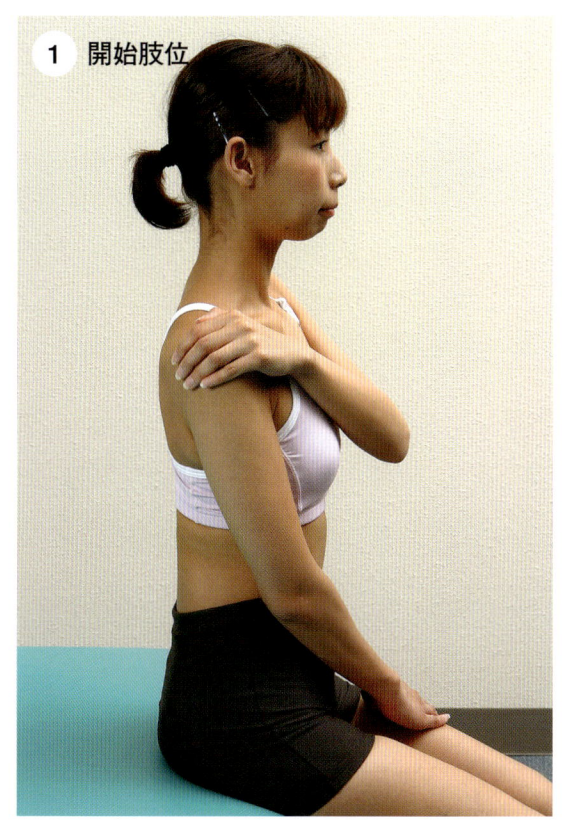

1 開始肢位

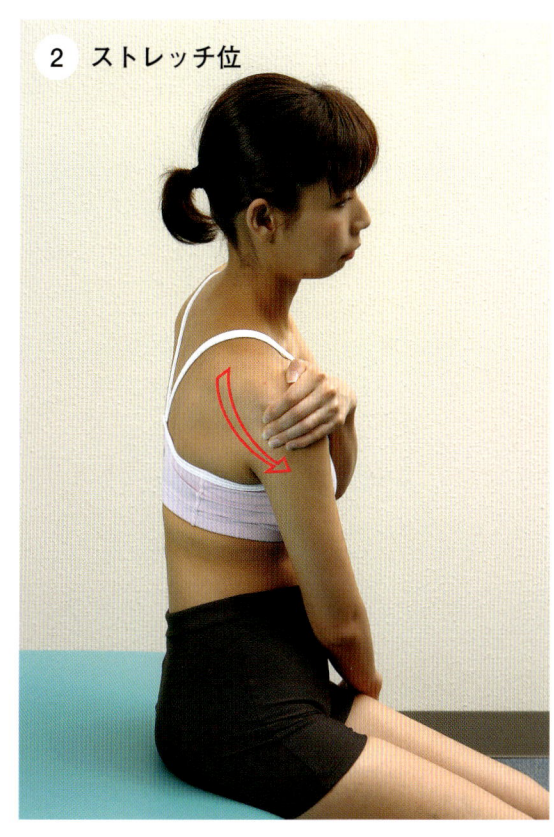

2 ストレッチ位

僧帽筋中部伸張法 3

開 始 肢 位：立位．左手で右上腕遠位部を把持し，右手が左大腿部にくるように右肩関節を内転する．右体幹部を壁につける．
ストレッチ位：左手で右上肢を左斜め下方に引き寄せながら，右肩甲骨を壁に押しつけ，体幹を右回旋する．
指導ポイント：壁にあたっている肩甲骨が移動しないよう留意する．

1　開始肢位

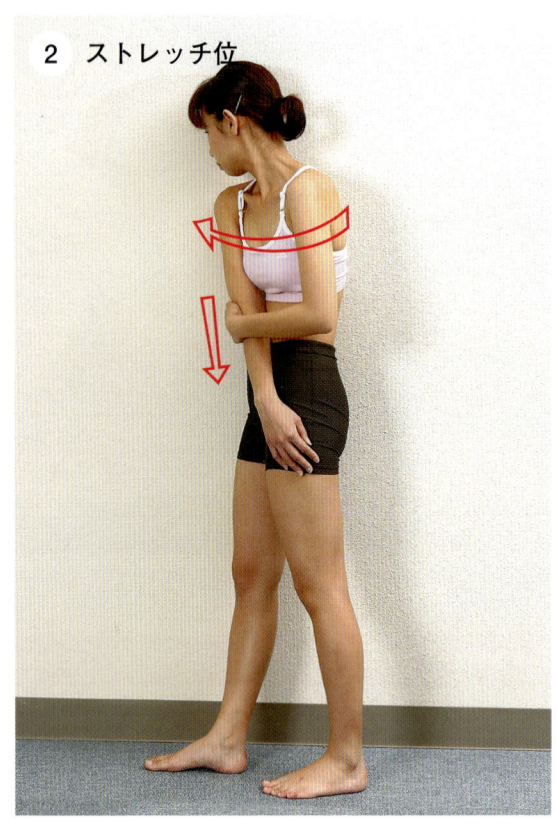
2　ストレッチ位

6 僧帽筋下部 m. trapezius ascending part

起　　　始：第6〜12胸椎棘突起および棘上靱帯
停　　　止：肩甲棘三角
神 経 支 配：副神経外枝，頸神経叢筋枝C2〜4
血 管 支 配：頸横動脈，肩甲上動脈，後肋間動脈，深頸動脈，後頭動脈
筋　連　結：胸鎖乳突筋，肩甲挙筋，三角筋，広背筋，大菱形筋，小菱形筋，上後鋸筋，下後鋸筋，脊柱起立筋，頭板状筋

僧帽筋下部伸張法

開 始 肢 位：左側臥位．右上肢をベッドの端から垂らす．左手を右肩関節部に置く．
ストレッチ位：左手で右肩関節部を引き寄せ，右肩甲骨を外転・下方回旋する．
指導ポイント：両膝はベッドの下に置いておく．

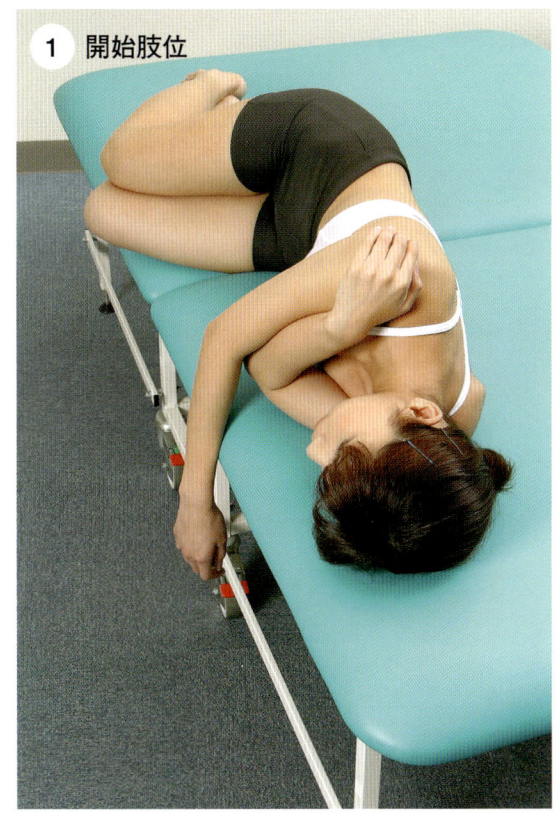
1 開始肢位

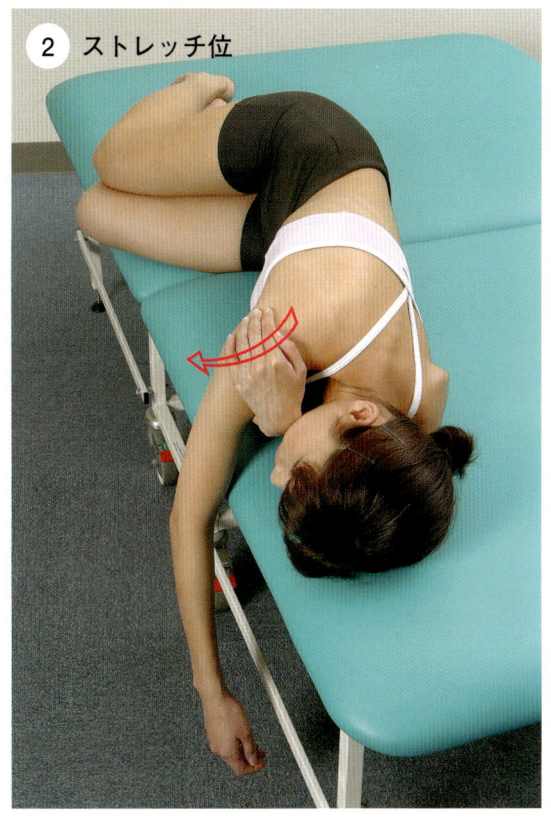
2 ストレッチ位

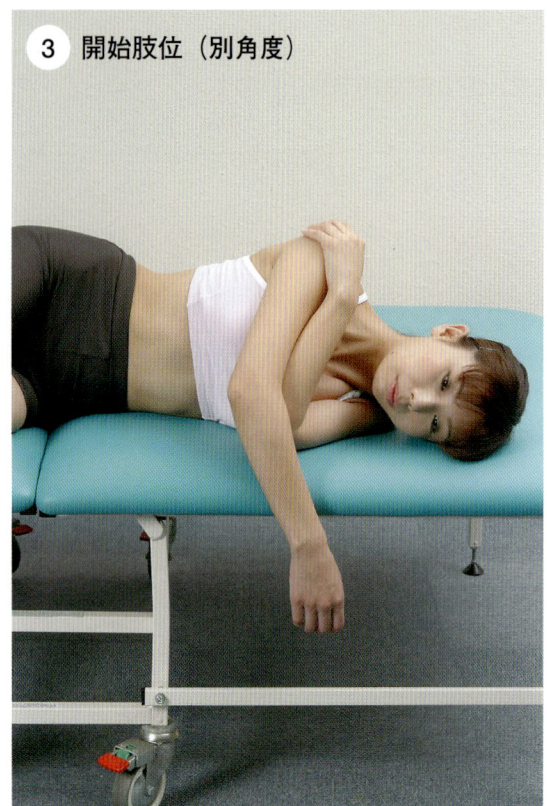

③ 開始肢位（別角度）

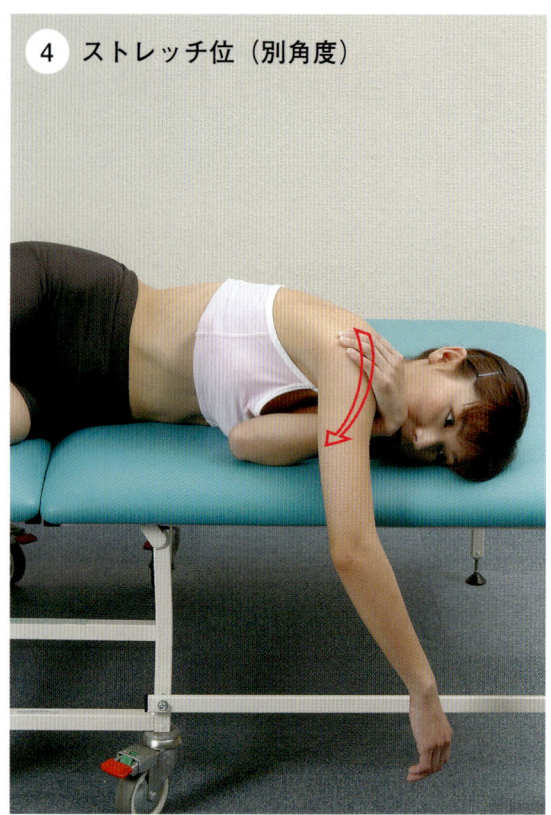

④ ストレッチ位（別角度）

7 頭半棘筋 m. semispinalis capitis

起　　　始：上位6胸椎横突起，下位3～4頸椎関節突起（横突起）
停　　　止：後頭骨後頭鱗（頭最長筋付着部内側）
神 経 支 配：脊髄神経後枝内側枝および外側枝
血 管 支 配：上行頸動脈分枝
筋 連 結：肩甲挙筋

頭半棘筋伸張法

開 始 肢 位：椅座位．両手を右後頭部に置く．
ストレッチ位：両手で頭部を左斜め下方に引き寄せ，頸椎を屈曲・軽度左回旋する．
指導ポイント：伸張感がない場合は，頸椎屈曲角度を増すとよい．

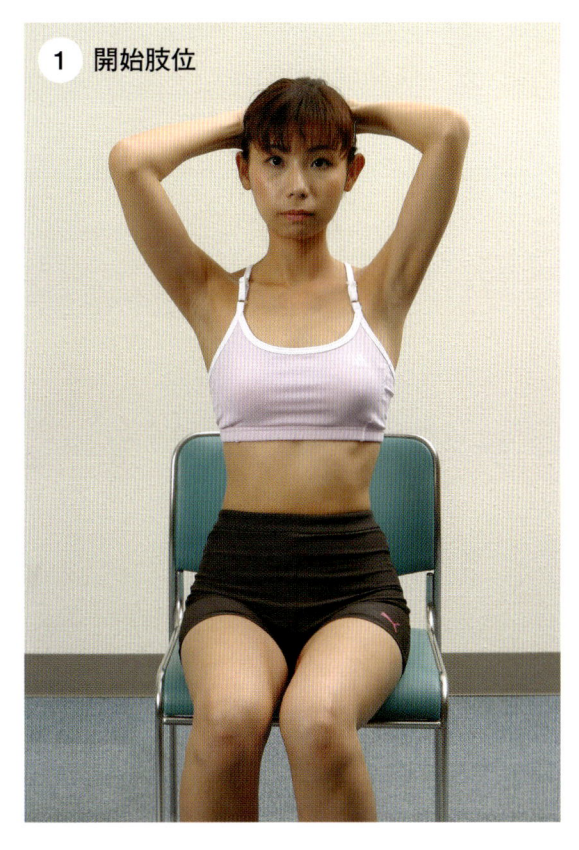

1 開始肢位

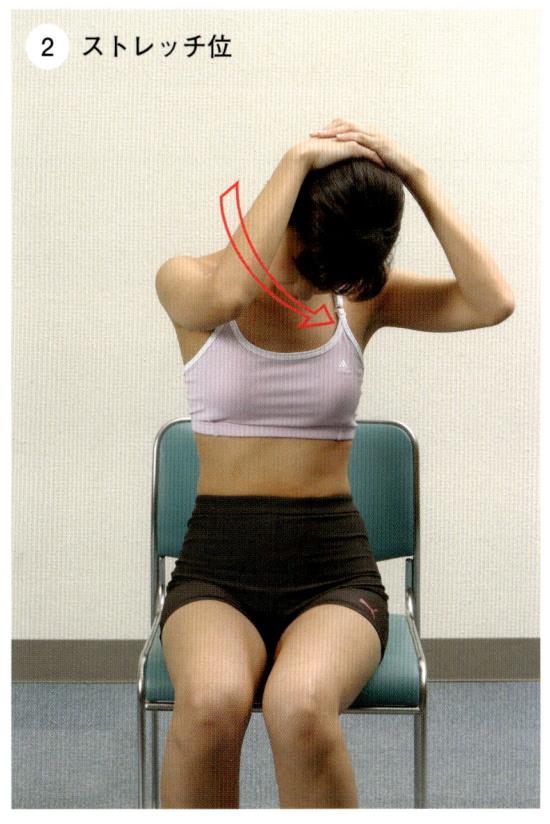

2 ストレッチ位

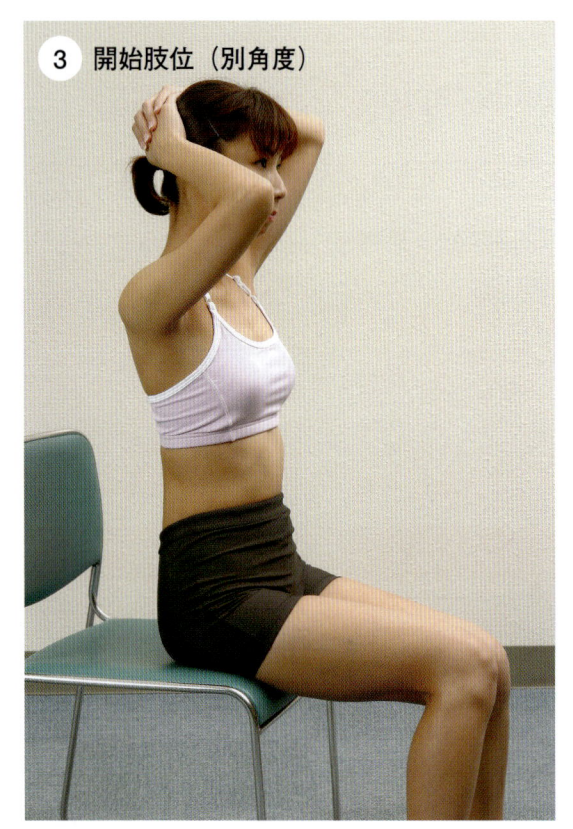

28　第2章　アクティブIDストレッチングの実際―体幹・上肢

❸ 開始肢位（別角度）

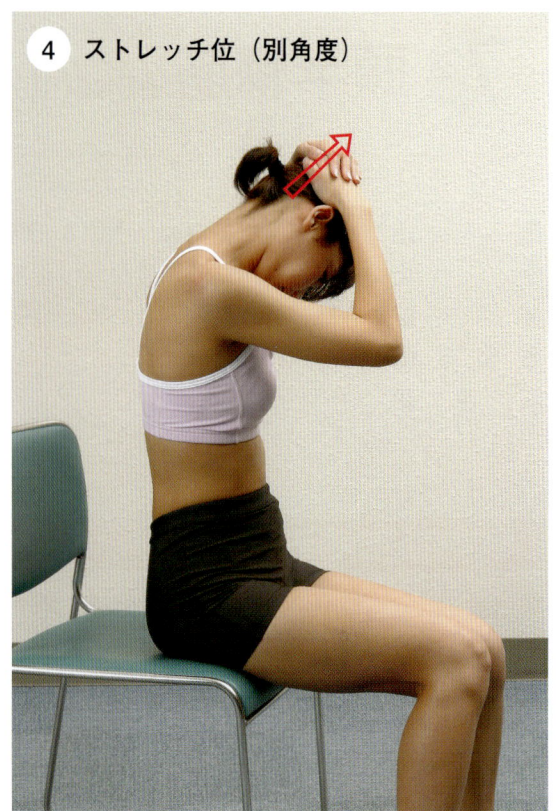

❹ ストレッチ位（別角度）

8 頭板状筋 m. splenius capitis

起　　　始：下位5頸椎の項靱帯，上位2（3）胸椎棘突起
停　　　止：側頭骨乳様突起，後頭骨上項線外側部
神 経 支 配：脊髄神経後枝外側枝
血 管 支 配：頸横動脈上行枝
筋　連　結：頭板状筋，胸鎖乳突筋

頭板状筋伸張法

開 始 肢 位：椅座位．両手を右後頭部に置く．
ストレッチ位：両手で頭部を左斜め下方に引き寄せ，頸椎を軽度左回旋した後，さらに屈曲・左側屈する．
指導ポイント：伸張感がない場合は，頸椎屈曲・側屈角度を増すとよい．体幹が不安定で回旋や側屈が起こる場合は，両下肢を肩幅ぐらいに開くとよい．

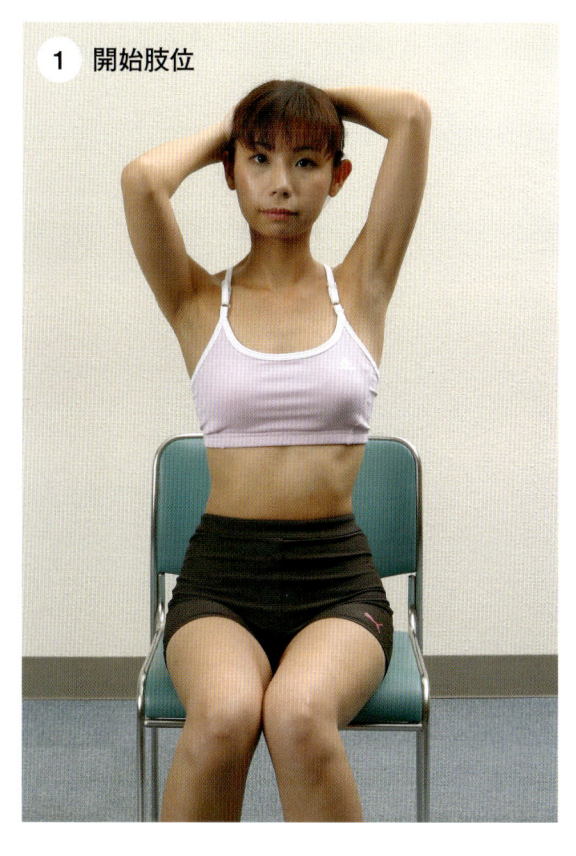

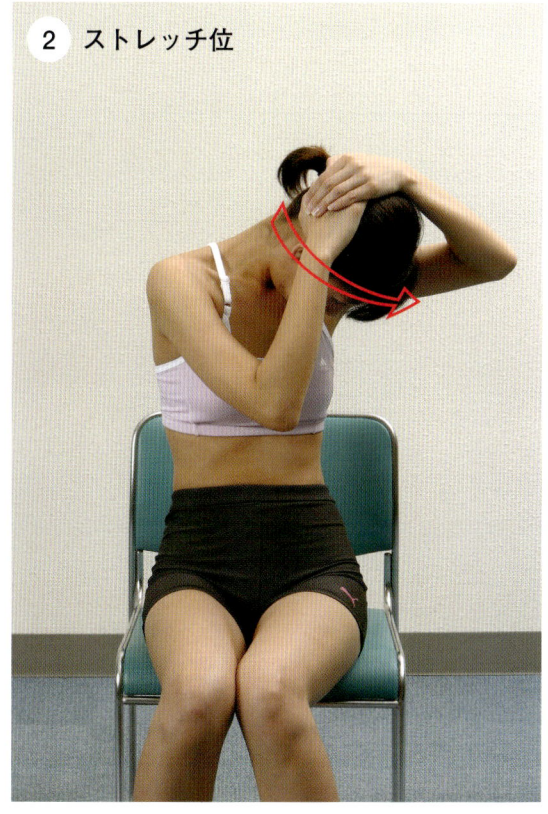

1 開始肢位

2 ストレッチ位

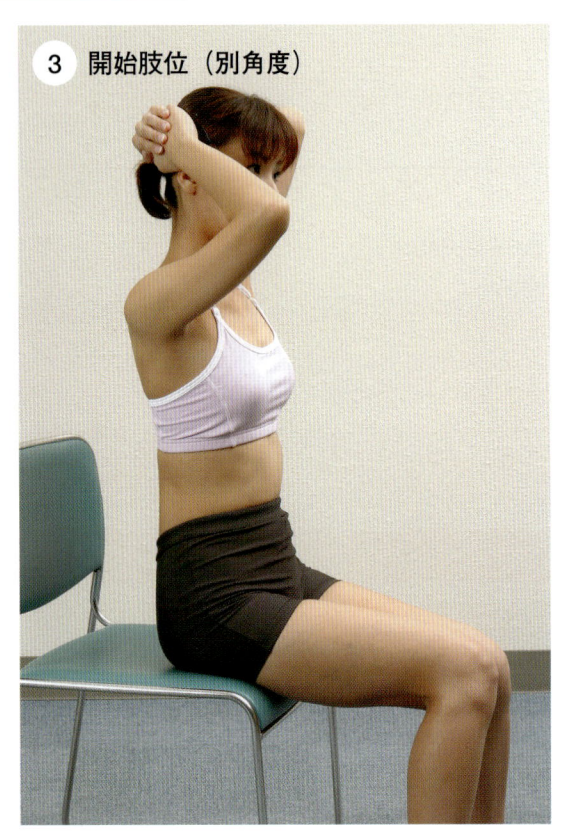

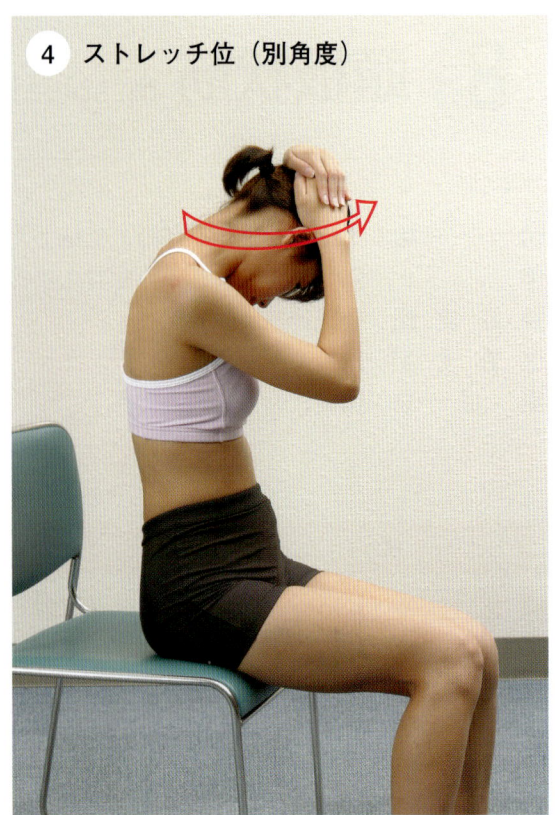

30　第2章　アクティブIDストレッチングの実際—体幹・上肢

③ 開始肢位（別角度）

④ ストレッチ位（別角度）

9 肩甲挙筋 m. levator scapulae

起　　　　始：上位 4〜5 頸椎横突起後結節
停　　　　止：肩甲骨内側縁上方 1/3
神 経 支 配：肩甲背神経 C4〜6
血 管 支 配：頸横動脈
筋　連　結：前鋸筋，僧帽筋，斜角筋，頸板状筋，頭半棘筋，小菱形筋

肩甲挙筋伸張法

開 始 肢 位：椅座位．右手は大腿部に置く．頸椎を軽度左側屈し，左手は右後頭部に置く．
ストレッチ位：左手で右後頭部を引き寄せ，頸椎を左回旋した後，屈曲する．
指導ポイント：右肩甲骨を下制しすぎると僧帽筋上部線維が伸張されるので，右肩を下げすぎないよう留意する．

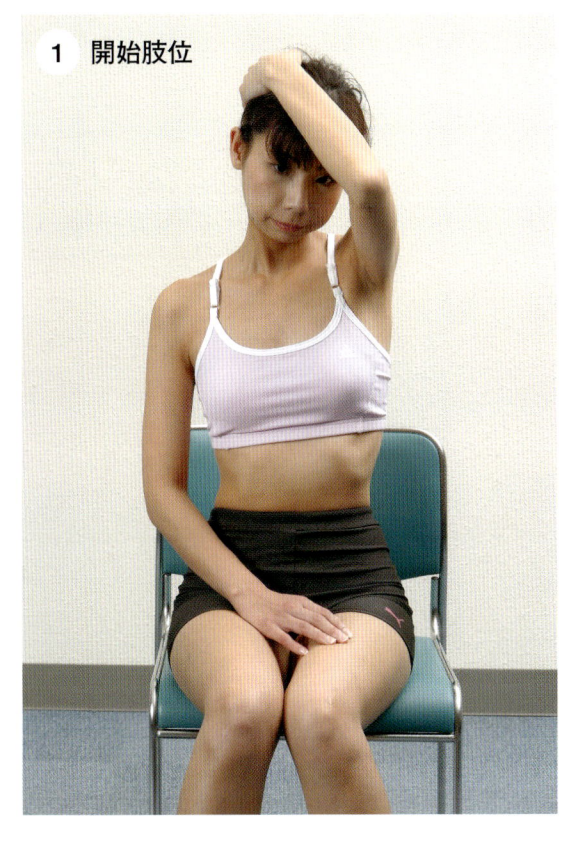

1　開始肢位

2　ストレッチ位

3 開始肢位（別角度）

4 ストレッチ位（別角度）

10 胸鎖乳突筋 m. sternocleidomastoideus

起　　　始：胸骨柄上縁・前面，鎖骨内側1/3
停　　　止：側頭骨乳様突起，後頭骨上項線
神 経 支 配：副神経，頸神経叢C2〜3
血 管 支 配：上甲状腺動脈，後頭動脈，肩甲上動脈，後耳回動脈
筋　連　結：僧帽筋，大胸筋，頭板状筋

胸鎖乳突筋伸張法1

開 始 肢 位：椅座位．右手を腰背部に置き，右前腕を背もたれにあてて体幹を安定させる．
ストレッチ位：頸椎を伸展・左側屈・左回旋する．
指導ポイント：鎖骨部は胸骨部より頸椎伸展角度を軽度にする．

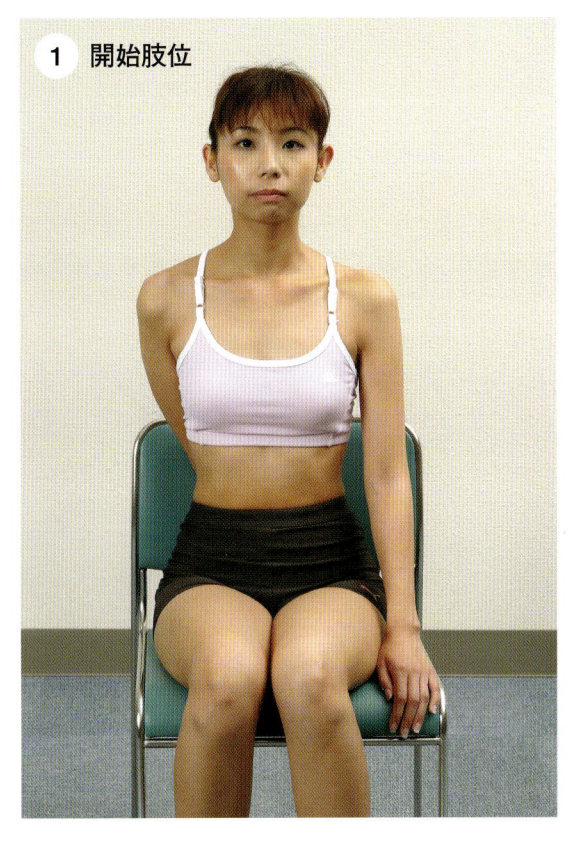

1 開始肢位 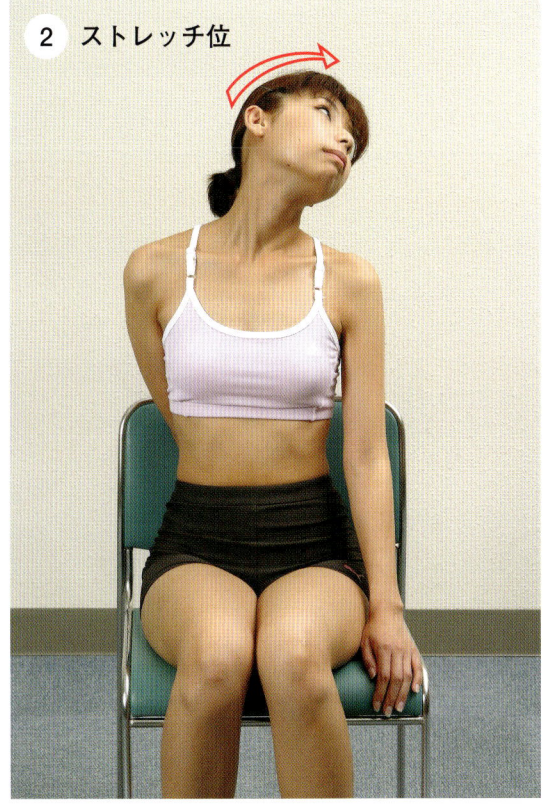　　　　2 ストレッチ位

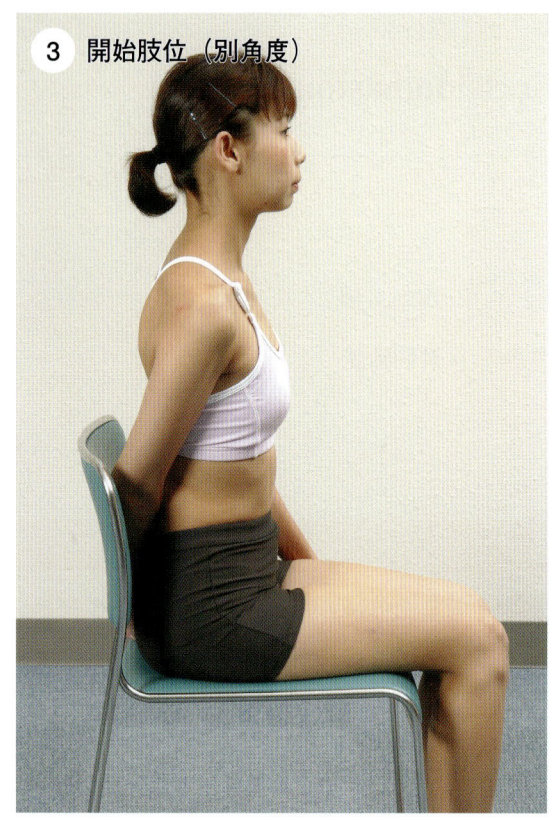

| 3 開始肢位（別角度） | 4 ストレッチ位（別角度） |

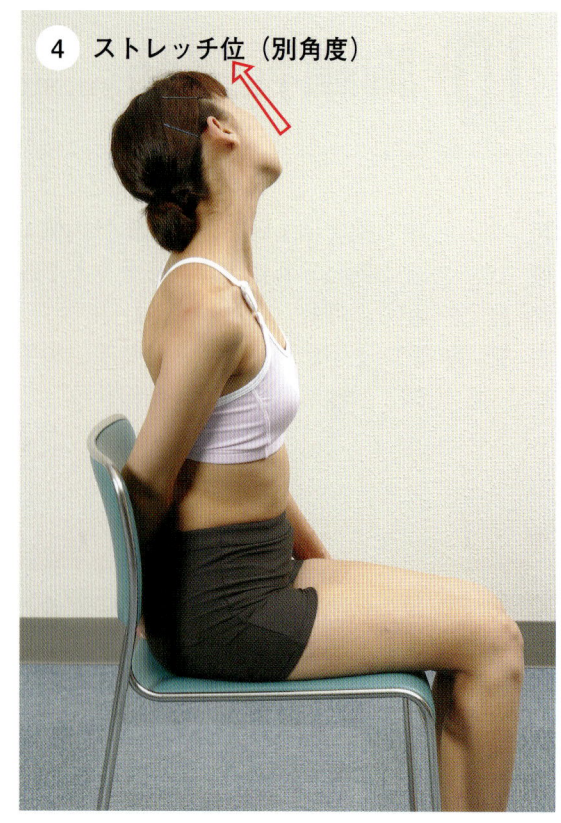

胸鎖乳突筋伸張法 2

開始肢位：椅座位．右手を右殿部に置き，右前腕を背もたれにあてて体幹を安定させる．左手は，右側頭部に置く．
ストレッチ位：左手で頸椎を伸展・左側屈・左回旋するよう引き寄せる．
指導ポイント：鎖骨部は胸骨部より頸椎伸展角度を軽度にする．

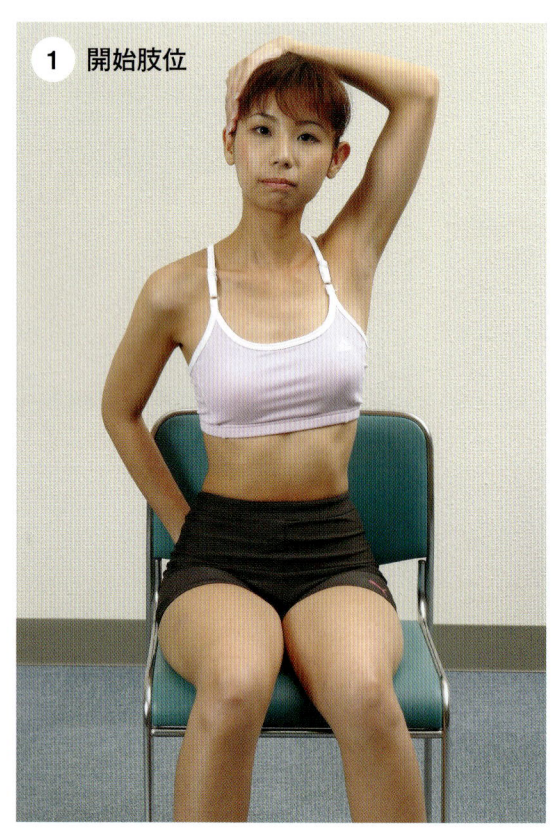

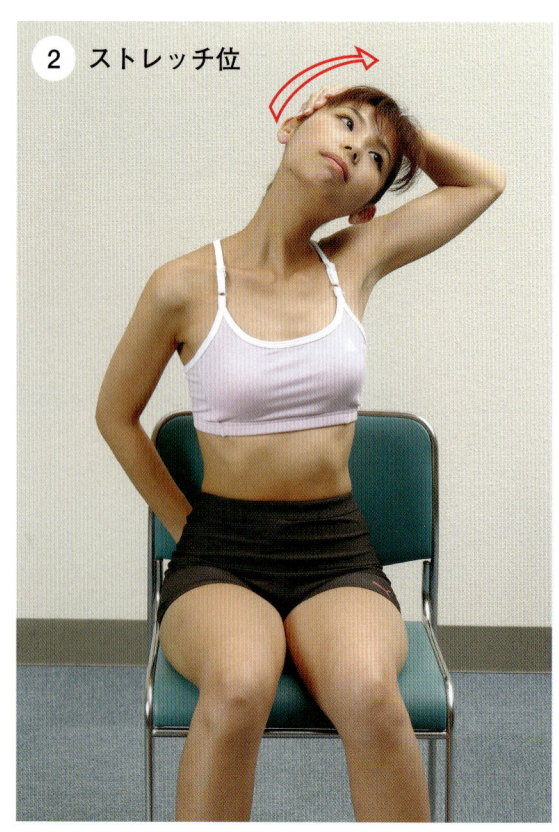

| 1 開始肢位 | 2 ストレッチ位 |

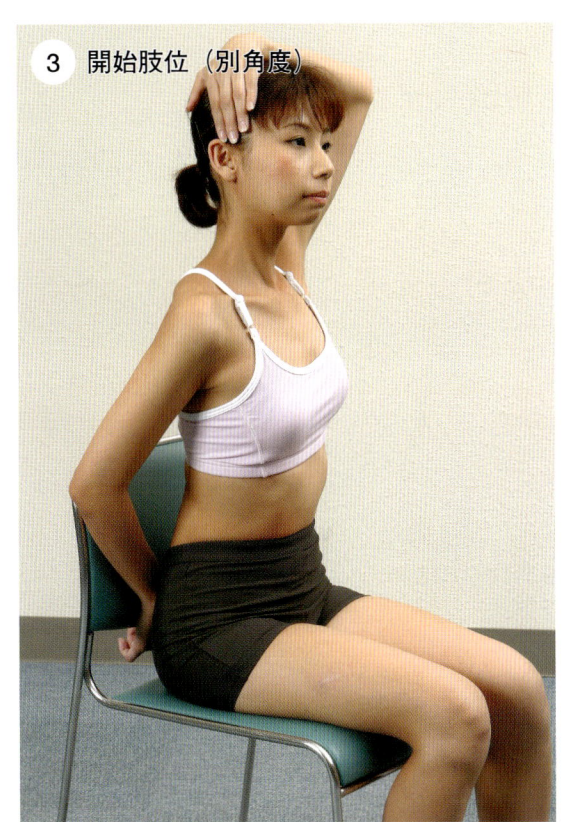

胸鎖乳突筋 m. sternocleidomastoideus | 35

③ 開始肢位（別角度）

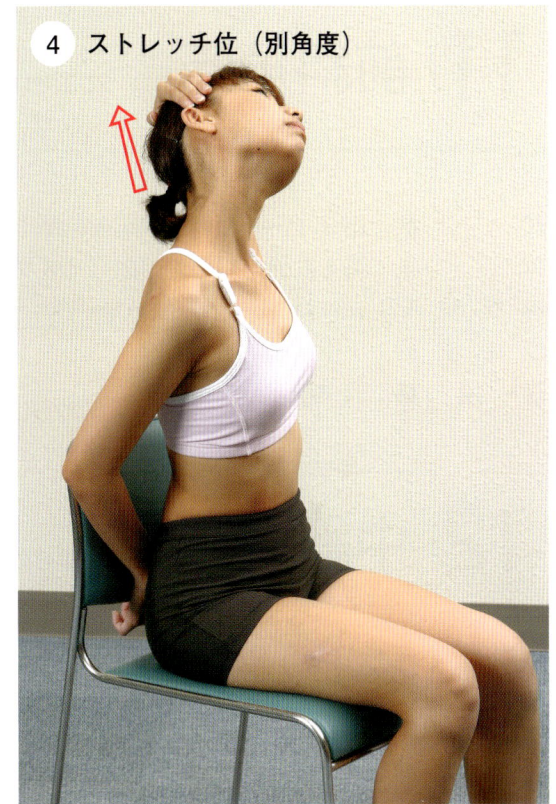

④ ストレッチ位（別角度）

11 前斜角筋 m. scalenus anterior

起　　　始：第3(4)～6頸椎横突起前結節
停　　　止：第1肋骨前斜角筋結節（リスフラン結節）
神 経 支 配：頸神経叢，腕神経叢 C4～7
血 管 支 配：下甲状腺動脈
筋 連 結：肩甲挙筋，中斜角筋

12 中斜角筋 m. scalenus medius

起　　　始：全頸椎横突起前結節
停　　　止：第1肋骨鎖骨下動脈溝後方隆起
神 経 支 配：頸神経叢，腕神経叢 C2～8
血 管 支 配：上行頸動脈
筋 連 結：肩甲挙筋，前斜角筋

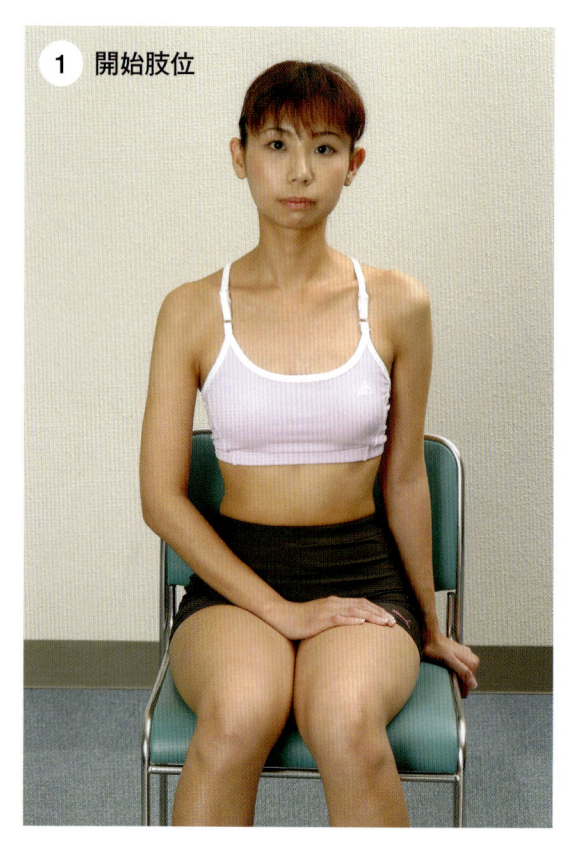

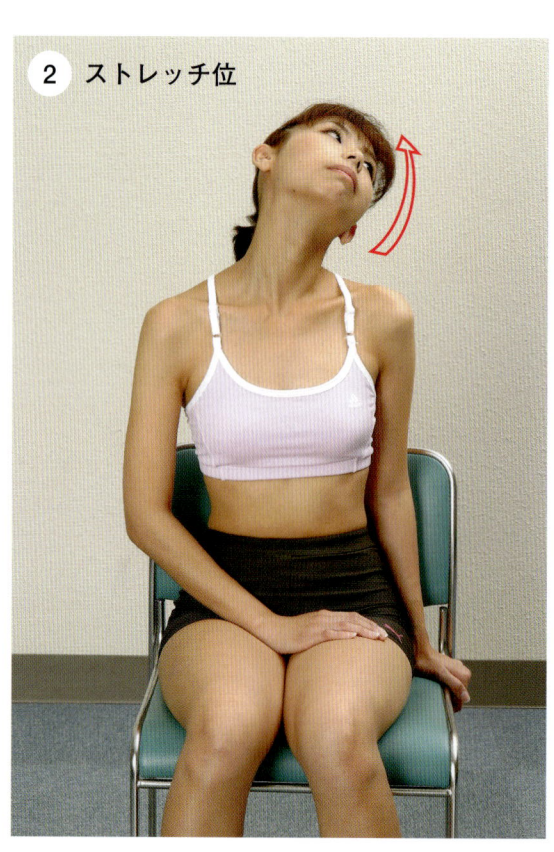

前・中斜角筋伸張法 1

開 始 肢 位：椅座位．右手は大腿部に置く．
ストレッチ位：頸椎を伸展・左側屈・左回旋する．
指導ポイント：頸椎伸展角度は胸鎖乳突筋よりも軽度である．中斜角筋は前斜角筋より頸椎伸展角度を軽度にする．

1　開始肢位

2　ストレッチ位

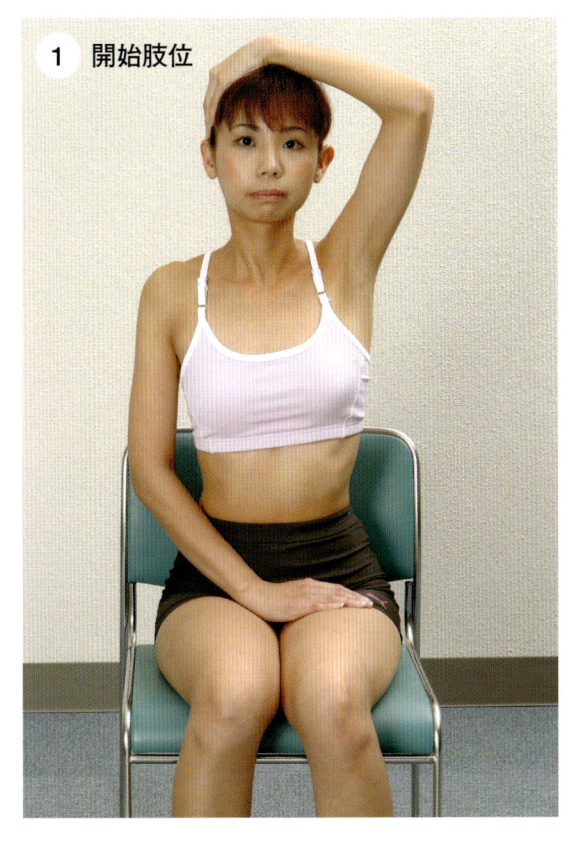

前斜角筋 m. scalenus anterior・中斜角筋 m. scalenus medius | 37

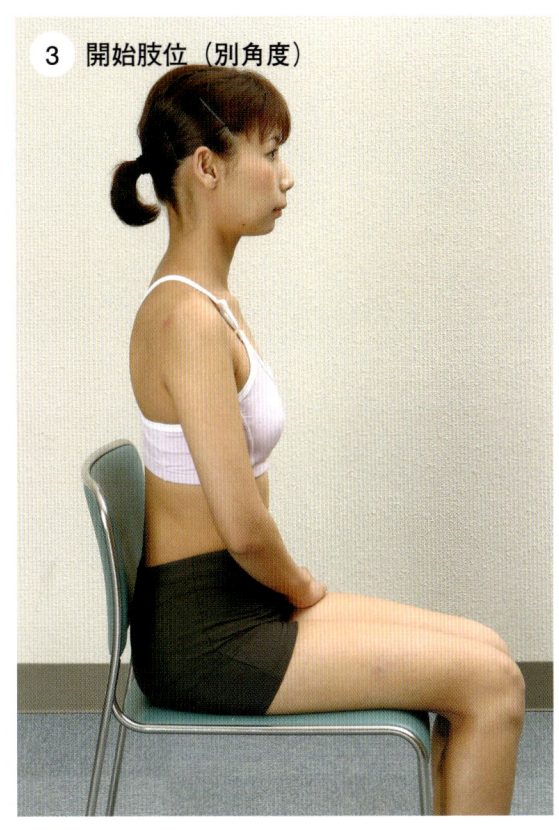

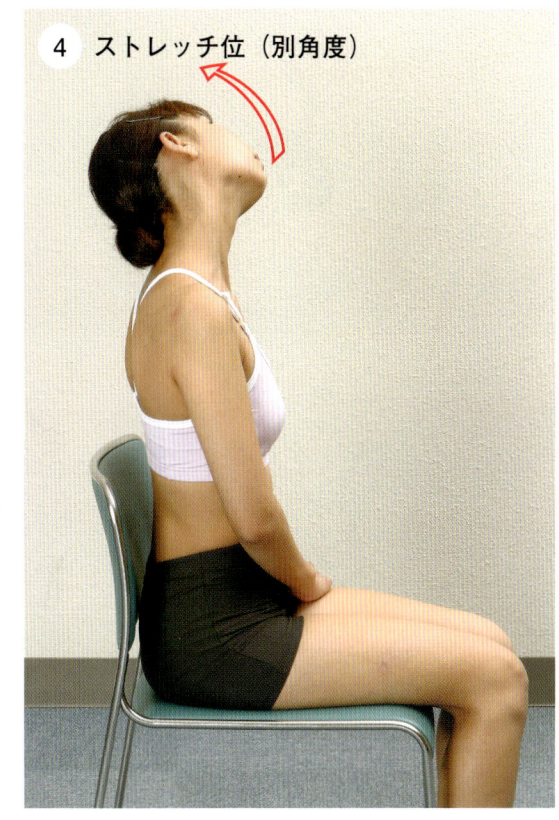

3 開始肢位（別角度）

4 ストレッチ位（別角度）

前・中斜角筋伸張法 2

開 始 肢 位：椅座位．右手は大腿部に，左手は右側頭部に置く．
ストレッチ位：左手で頸椎を伸展・左側屈・左回旋するよう引き寄せる．
指導ポイント：頸椎伸展角度は胸鎖乳突筋よりも軽度である．中斜角筋は前斜角筋より頸椎伸展角度を軽度にする．

1 開始肢位

2 ストレッチ位

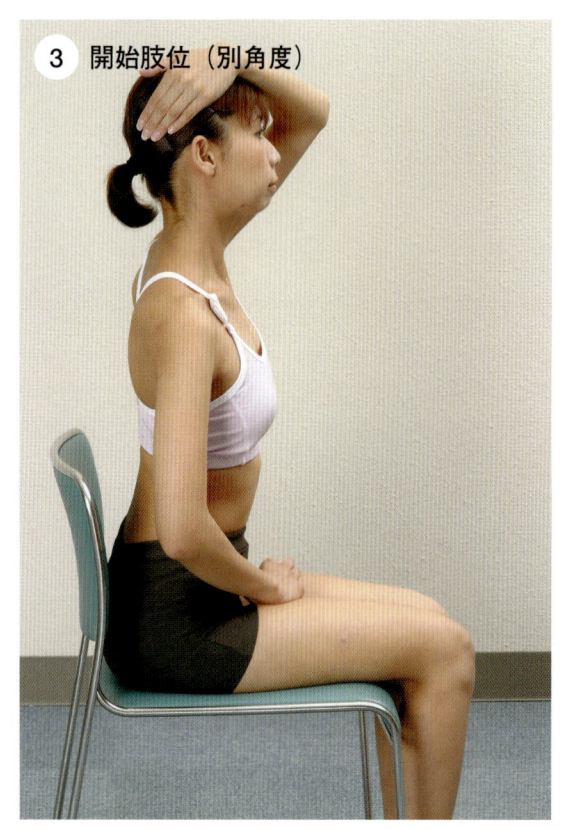

| ③ 開始肢位（別角度） | ④ ストレッチ位（別角度） |

13 後斜角筋 m. scalenus posterior

起　　　始：第4(5)～7頸椎横突起後結節
停　　　止：第2肋骨外側面
神 経 支 配：腕神経叢C5～8
血 管 支 配：下甲状腺動脈，頸横動脈
筋 　連　 結：肩甲挙筋，中斜角筋

後斜角筋伸張法1

開 始 肢 位：椅座位．右手は大腿部に置く．
ストレッチ位：頸椎を軽度屈曲・左側屈・左回旋する．
指導ポイント：頸椎屈曲角度は僧帽筋上部よりも軽度である．

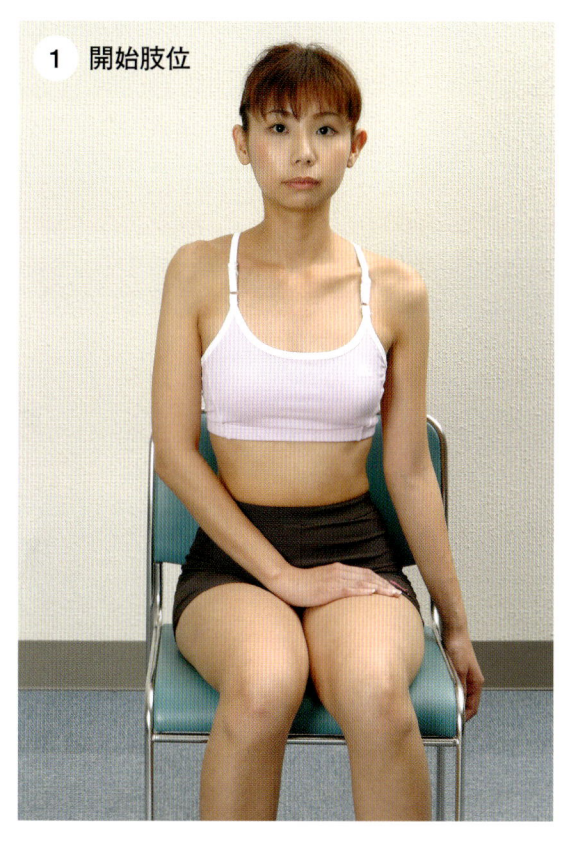

1 開始肢位

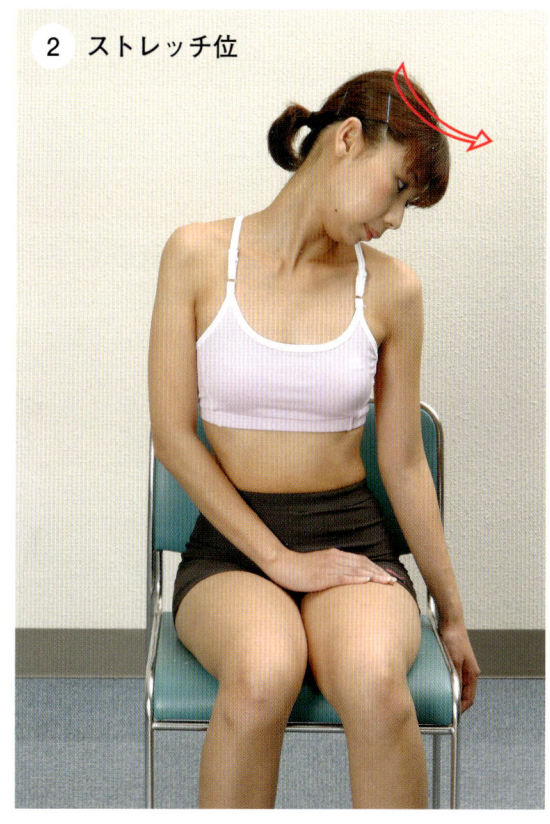

2 ストレッチ位

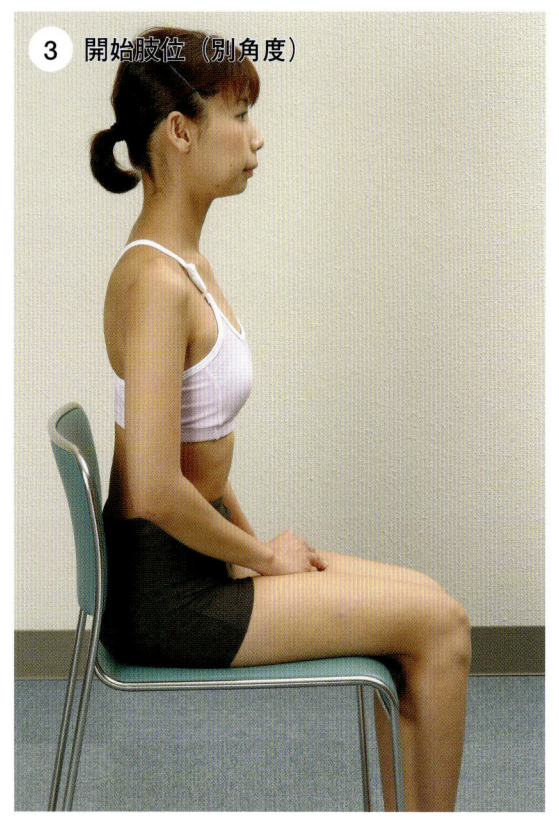

| 3 開始肢位（別角度） | 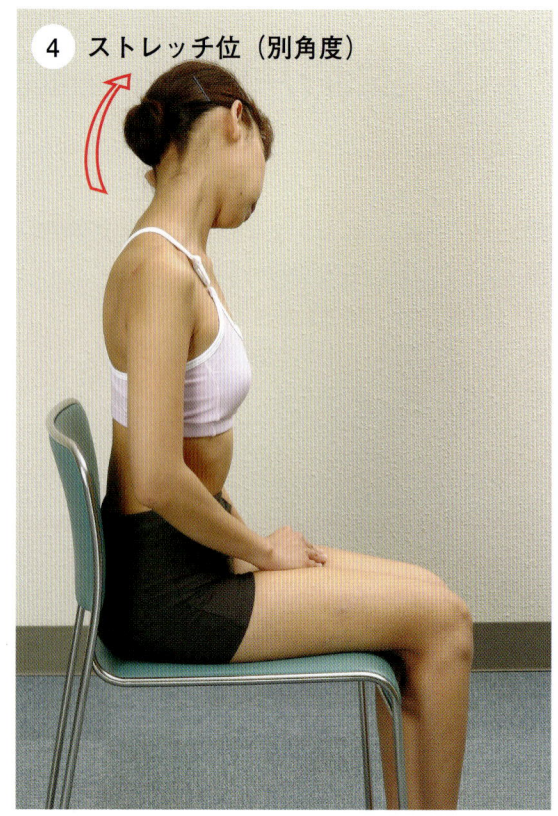 4 ストレッチ位（別角度） |

後斜角筋伸張法 2

開 始 肢 位：椅座位．右手は大腿部に，左手は右後頭部に置く．
ストレッチ位：左手で頸椎を軽度屈曲・左側屈・左回旋するよう引き寄せる．
指導ポイント：頸椎屈曲角度は僧帽筋上部よりも軽度である．

| 1 開始肢位 |  2 ストレッチ位 |

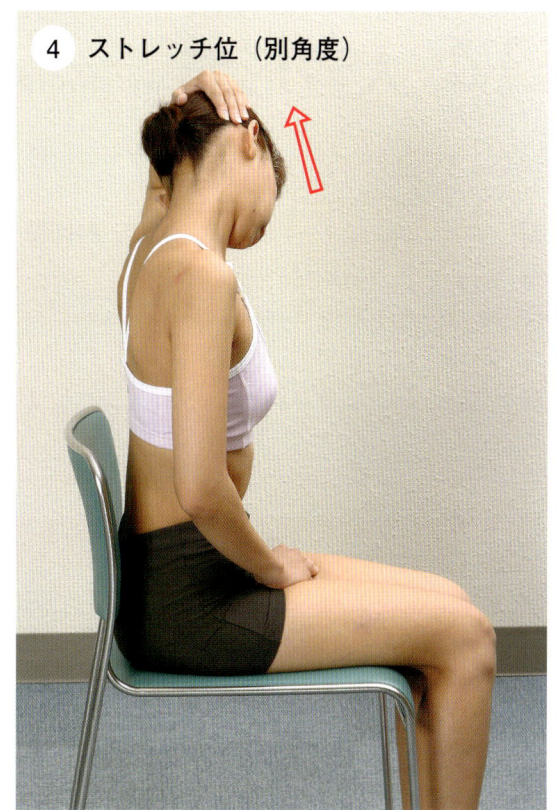

後斜角筋 m. scalenus posterior | 41

3 開始肢位(別角度)

4 ストレッチ位(別角度)

14 大菱形筋 m. rhomboideus major

起　　　始：第1〜4胸椎の棘突起，棘間靱帯
停　　　止：肩甲骨内側縁下部2/3
神 経 支 配：肩甲背神経C4〜6
血 管 支 配：頸横動脈，後肋間動脈（上方）
筋 　連 　結：小菱形筋，大円筋，僧帽筋，前鋸筋

大菱形筋伸張法

開 始 肢 位：椅座位．左手で右腋下から右肩関節後部を把持する．
ストレッチ位：頸椎を右回旋し，左手で右肩関節を内転しながら肩甲骨を外転・上方回旋する．
指導ポイント：体幹が左回旋しないよう留意する．

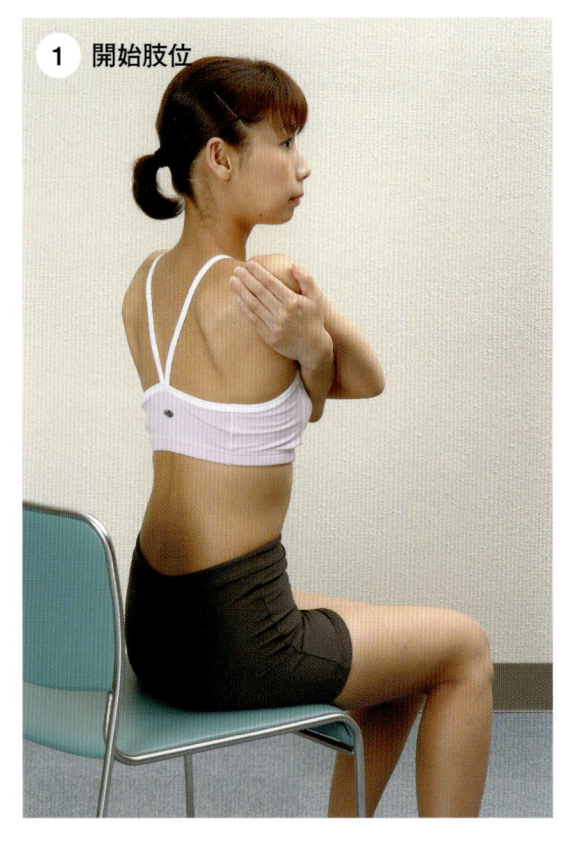

1 開始肢位

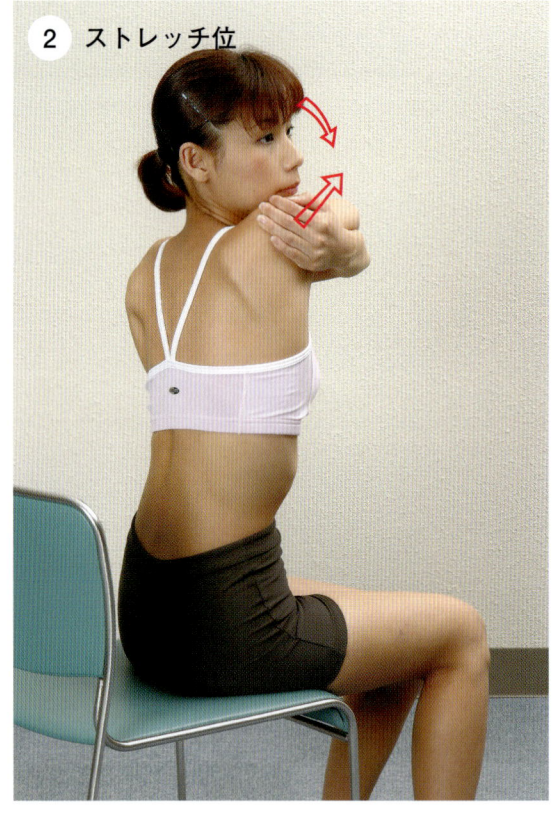

2 ストレッチ位

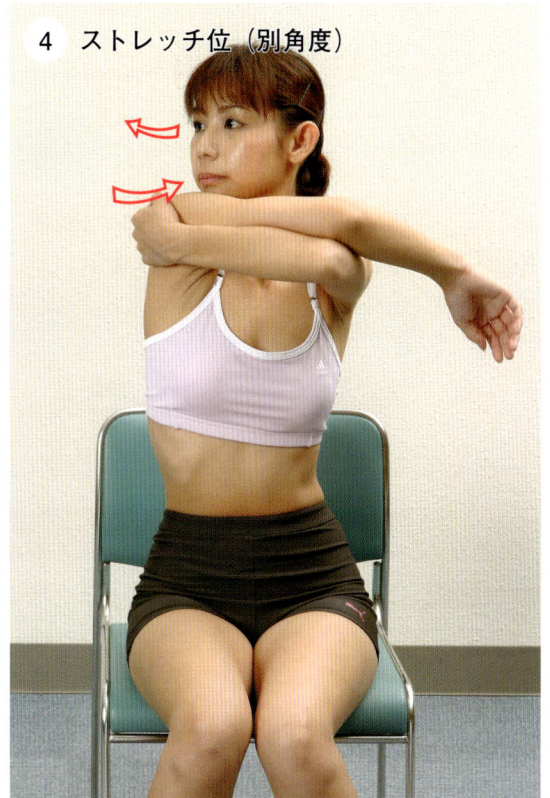

大菱形筋 m. rhomboideus major　43

3 開始肢位（別角度）

4 ストレッチ位（別角度）

15 小菱形筋 m. rhomboideus minor

起　　　始：最下2頸椎の棘突起・項靱帯
停　　　止：肩甲骨内側縁上部1/3
神 経 支 配：肩甲背神経 C4～6
血 管 支 配：頸横動脈，後肋間動脈（上方）
筋 　連　 結：大菱形筋，大円筋，僧帽筋，上後鋸筋，前鋸筋

小菱形筋伸張法

開 始 肢 位：椅座位．右手は左大腿部におく．左手は肩峰部を把持する．
ストレッチ位：頸椎を右回旋し，左手で肩峰を前下方に引き寄せながら肩甲骨を外転・下制する．
指導ポイント：体幹が左回旋しないよう留意する．

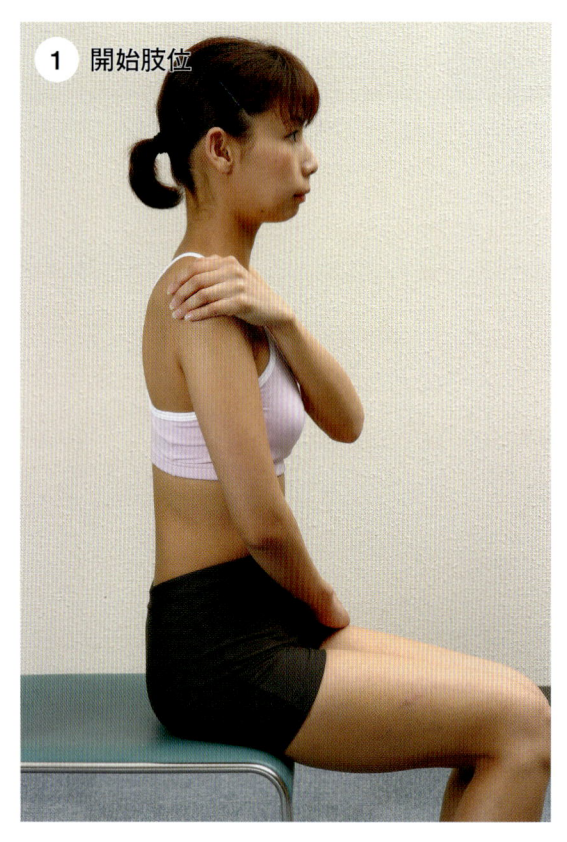

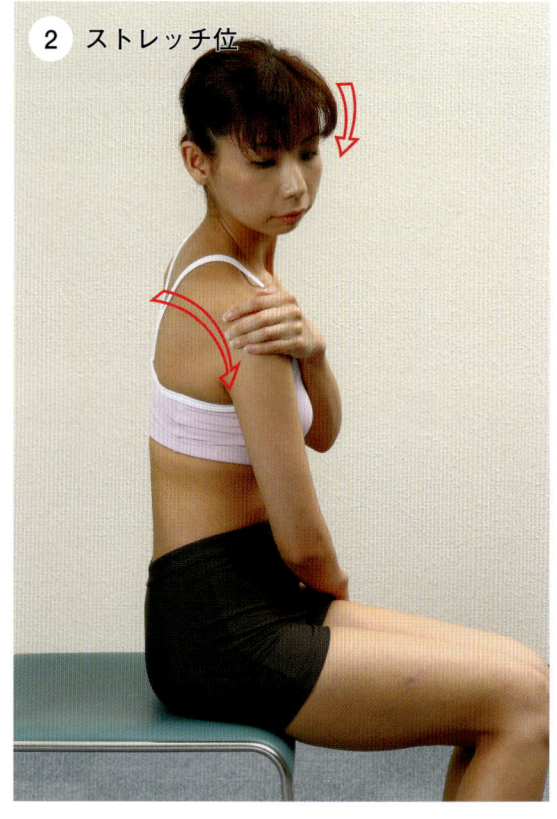

1 開始肢位

2 ストレッチ位

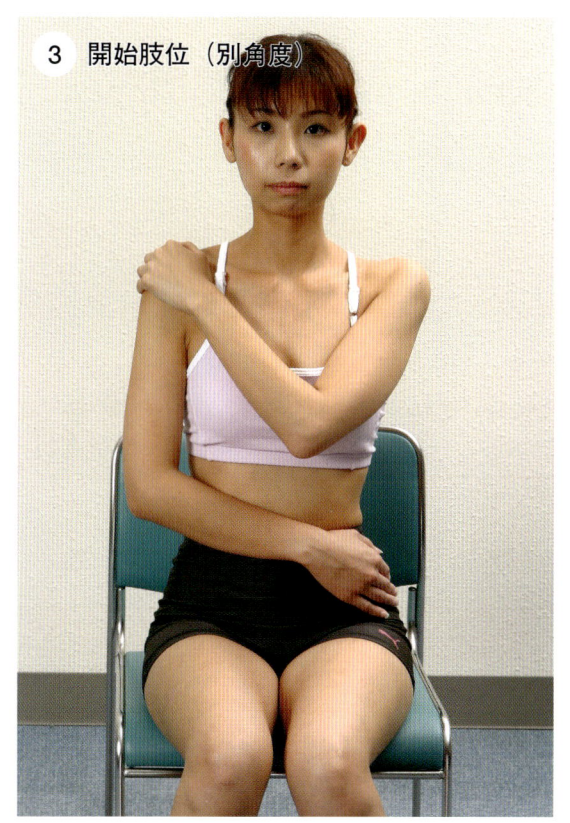

小菱形筋 m. rhomboideus minor | 45

3 開始肢位（別角度）

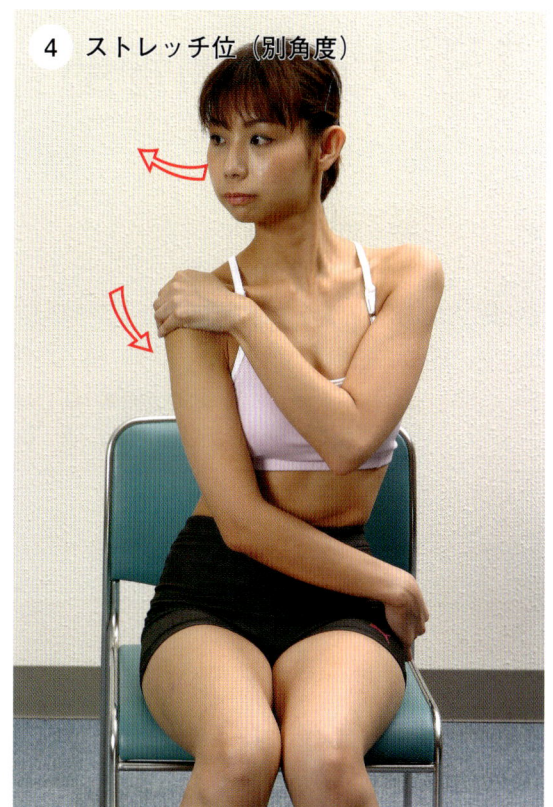

4 ストレッチ位（別角度）

16 大胸筋鎖骨部 m. pectoralis major clavicular part

起　　　始：鎖骨内側1/2
停　　　止：上腕骨大結節稜
神 経 支 配：内側・外側胸筋神経 C5～Th1
血 管 支 配：胸肩峰動脈，最上胸動脈，外側胸動脈，前上腕回旋動脈，内胸動脈
筋 　連 　結：大胸筋胸肋部，大胸筋腹部，広頸筋，広背筋，三角筋，上腕二頭筋，小胸筋，上腕三頭筋，腹直筋，対側大胸筋鎖骨部，胸鎖乳突筋，（肩関節包を介して）小胸筋，棘上筋，棘下筋，小円筋，肩甲下筋，上腕二頭筋，上腕三頭筋

大胸筋鎖骨部伸張法

開 始 肢 位：立位．右肩関節外転約60°とし，右前腕回内位で壁につける．
ストレッチ位：体幹を左回旋し，右肩関節を伸展する．
指導ポイント：右肩を前に押し出すようにする．

1 開始肢位

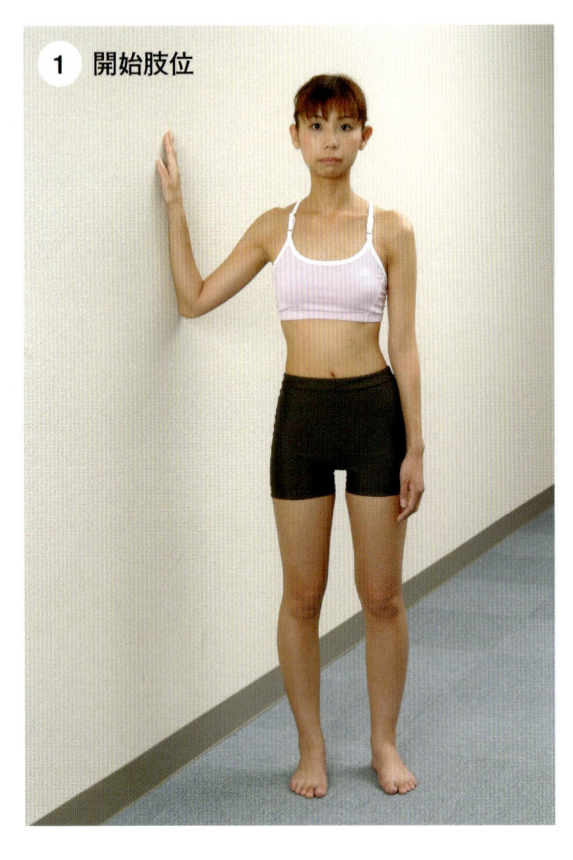

2 ストレッチ位

17 大胸筋胸肋部 m. pectoralis major sternocostal part

起　　　　始	胸骨および第2〜7肋軟骨前面
停　　　　止	上腕骨大結節稜
神 経 支 配	内側・外側胸筋神経 C5〜Th1
血 管 支 配	胸肩峰動脈，最上胸動脈，外側胸動脈，前上腕回旋動脈，内胸動脈
筋 連 結	大胸筋鎖骨部，大胸筋腹部，広頸筋，広背筋，三角筋，上腕二頭筋，小胸筋，上腕三頭筋，腹直筋，対側大胸筋胸肋部，胸鎖乳突筋，(肩関節包を介して) 小胸筋，棘上筋，棘下筋，小円筋，肩甲下筋，上腕二頭筋，上腕三頭筋

大胸筋胸肋部伸張法

開 始 肢 位：立位．右肩関節外転60〜120°とし，右前腕回内位で壁につける．
ストレッチ位：体幹を左回旋し，右肩関節を伸展する．
指導ポイント：右肩を前に押し出すようにする．

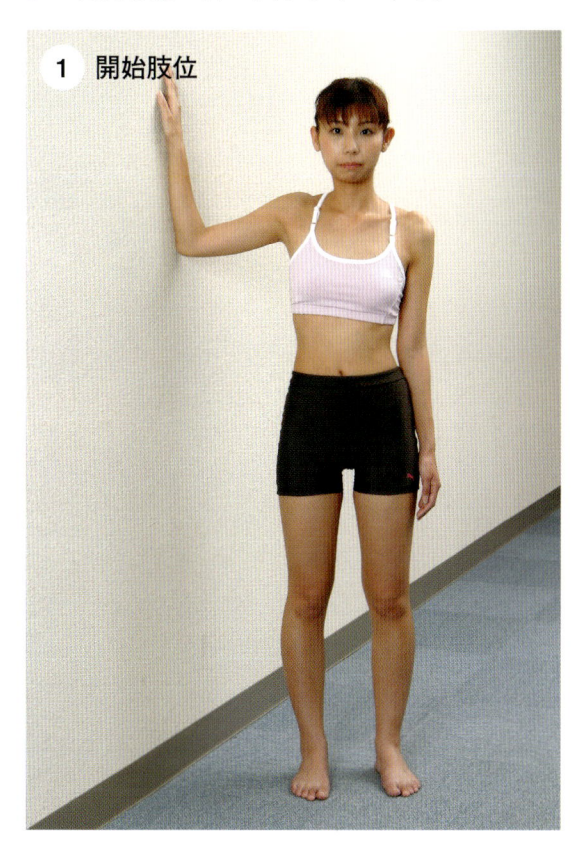

1　開始肢位

2　ストレッチ位

18 大胸筋腹部 m. pectoralis major abdominal part

起　　　始：腹直筋鞘前葉
停　　　止：上腕骨大結節稜
神 経 支 配：内側・外側胸筋神経 C5〜Th1
血 管 支 配：胸肩峰動脈，最上胸動脈，外側胸動脈，前上腕回旋動脈，内胸動脈
筋 　連 　結：大胸筋鎖骨部，大胸筋筋肋部，広頸筋，広背筋，三角筋，上腕二頭筋，小胸筋，上腕三頭筋，腹直筋，対側大胸筋腹部，胸鎖乳突筋，（肩関節包を介して）小胸筋，棘上筋，棘下筋，小円筋，肩甲下筋，上腕二頭筋，上腕三頭筋

大胸筋腹部伸張法

開 始 肢 位：立位．右肩関節外転約 120°とし，右前腕回内位で壁につける．
ストレッチ位：体幹を左回旋し，右肩関節を伸展する．
指導ポイント：右肩を前に押し出すようにする．

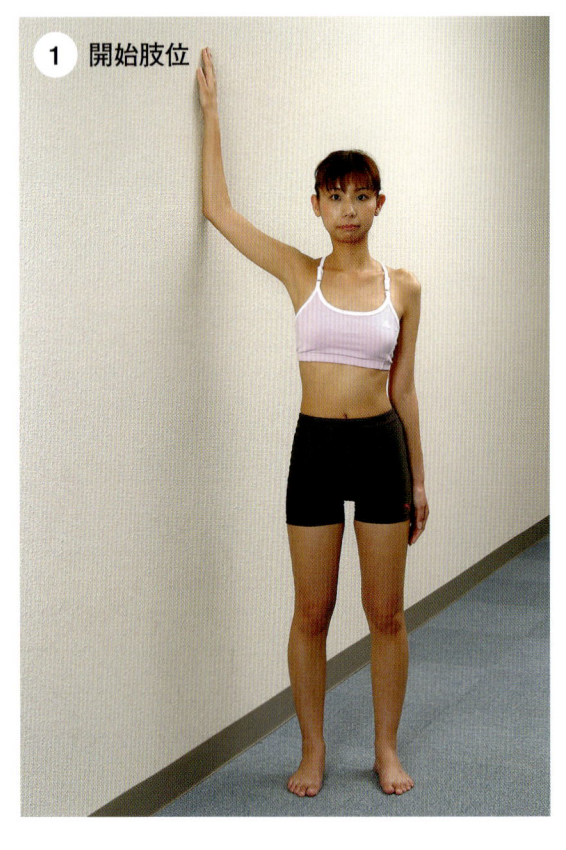

1 開始肢位　　　　**2** ストレッチ位

19 小胸筋 m. pectoraris minor

起　　　　始：第2(3)～5肋骨前面
停　　　　止：肩甲骨烏口突起
神 経 支 配：内側胸筋神経 C7～8
血 管 支 配：胸肩峰動脈，外側胸動脈，内胸動脈
筋 　連　 結：大胸筋，烏口腕筋，内肋間筋，（肩関節包を介して）大胸筋，棘上筋，棘下筋，小円筋，
　　　　　　　肩甲下筋，上腕二頭筋，上腕三頭筋

小胸筋伸張法

開 始 肢 位：腹臥位．右肩関節約45°屈曲・内転位とし，右肘をベッドに置き屈曲する．
ストレッチ位：右肩甲骨内側縁が後方に突出するように，右斜め上方に体重移動しながら右肘で体重を支える．
指導ポイント：右肩関節内転位を維持し，右肘でしっかり体重を支えるよう留意する．

1 開始肢位

2 ストレッチ位

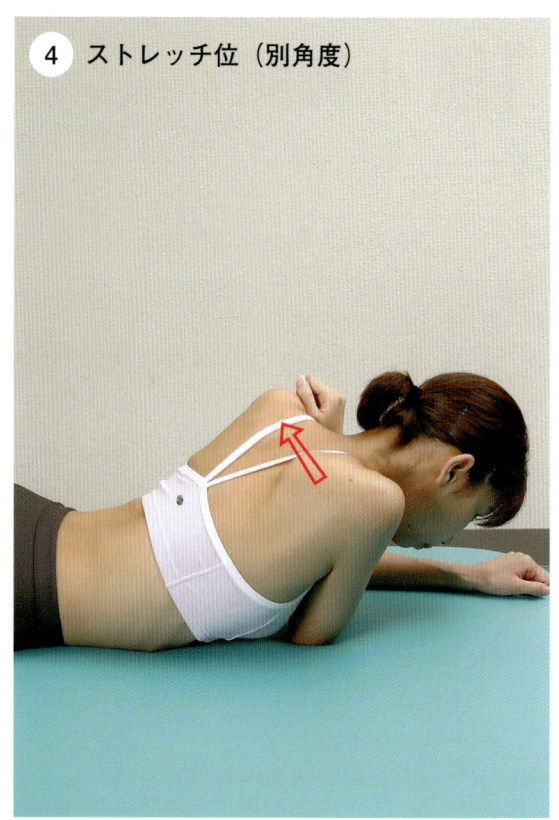

50　第2章　アクティブIDストレッチングの実際―体幹・上肢

③ 開始肢位（別角度）

④ ストレッチ位（別角度）

20 三角筋鎖骨部 m. deltoideus clavicular part

起　　　始：鎖骨外側端
停　　　止：上腕骨三角筋粗面
神 経 支 配：腋窩神経 C4〜6
血 管 支 配：後上腕回旋動脈，胸肩峰動脈，上腕深動脈
筋　連　結：三角筋肩峰部，三角筋肩甲棘部，僧帽筋，大胸筋，烏口腕筋，広背筋，上腕筋，広頸筋，棘下筋，上腕三頭筋外側頭

三角筋鎖骨部伸張法 1

開 始 肢 位：端座位，両肩関節軽度伸展・最大外旋位，両前腕回外位，両肘関節伸展位とし，両手をベッド後方に置く．
ストレッチ位：右肘を屈曲しながら，右肩関節を伸展・軽度内転する．
指導ポイント：右肩関節は外旋位を保つよう留意する．

1 開始肢位

2 ストレッチ位

三角筋鎖骨部伸張法 2

開 始 肢 位：端座位．右肩関節軽度伸展・最大外旋位，右肘関節軽度屈曲位，右前腕回外位とし，左手で右上腕遠位部を把持する．
ストレッチ位：右上腕を体幹に沿わせながら右肩関節内転を増強する．
指導ポイント：右上腕が体幹から離れないよう留意する．

1 開始肢位

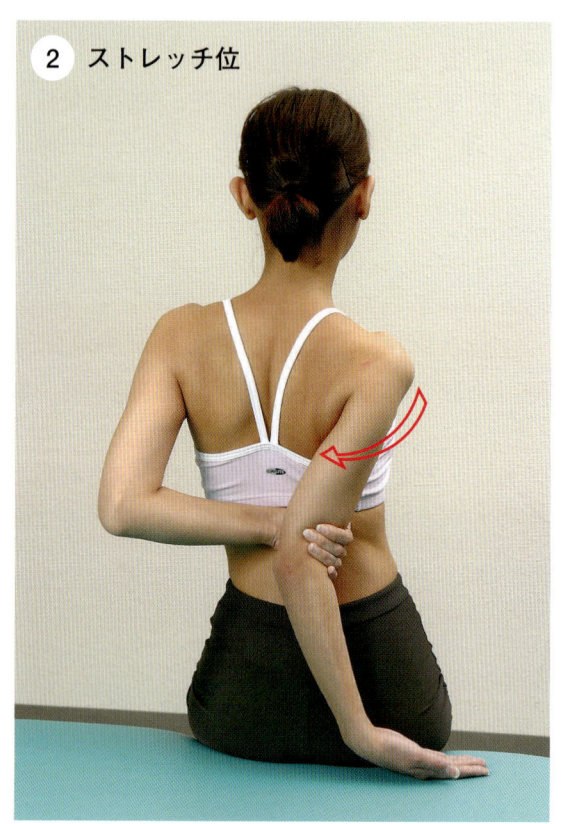

2 ストレッチ位

三角筋鎖骨部伸張法 3

開始肢位：立位．右肩関節軽度伸展・最大外旋位，右肘関節軽度屈曲位，右前腕回外位とし，右手で柱を把持する．
ストレッチ位：体重を右下肢に移動しながら，右肩関節内転を増強する．
指導ポイント：右上腕が体幹から離れないよう留意する．柱がない場合は壁を利用するとよい．

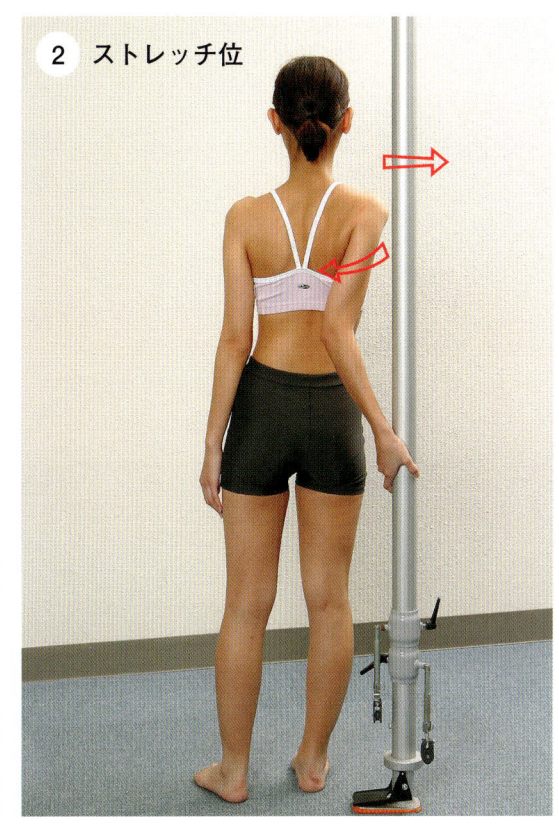

1 ストレッチ位

2 ストレッチ位

21 三角筋肩峰部 m. deltoideus acromial part

起　　　始：肩峰
停　　　止：上腕骨三角筋粗面
神 経 支 配：腋窩神経 C4〜6
血 管 支 配：後上腕回旋動脈，胸肩峰動脈，上腕深動脈
筋　連　結：三角筋鎖骨部，三角筋肩甲棘部，僧帽筋，棘下筋，大胸筋，烏口腕筋，広背筋，上腕筋，広頸筋，上腕三頭筋外側頭

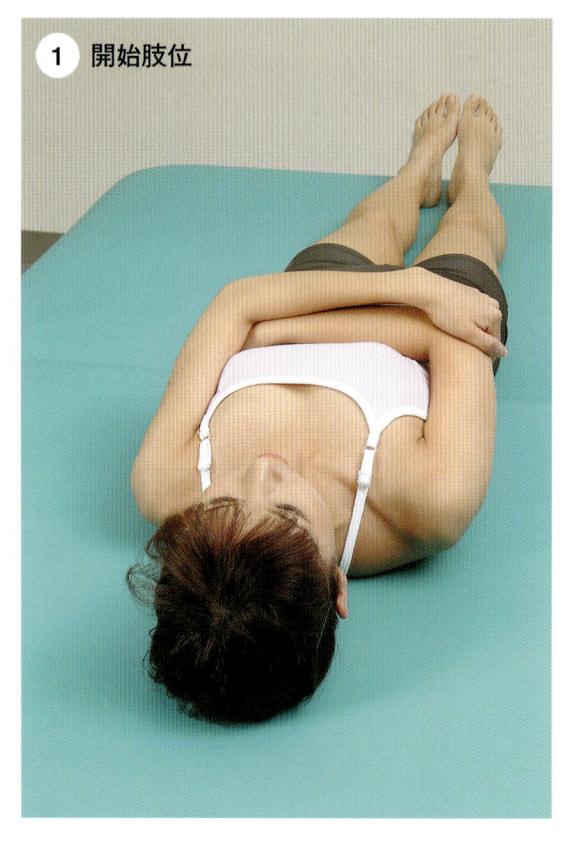

三角筋肩峰部伸張法 1

開 始 肢 位：背臥位．右肩関節軽度屈曲位，右肘関節 90°屈曲位，右前腕回内位とする．左手は，右上腕遠位部後面を把持する．
ストレッチ位：頸椎を右回旋し，左手で右肘を引き寄せながら，右肩関節を内転・内旋する．
指導ポイント：左手で上腕を前下方に引き寄せる．また，頭部を右回旋させることにより体幹の左回旋を予防する．

1 開始肢位

2 ストレッチ位

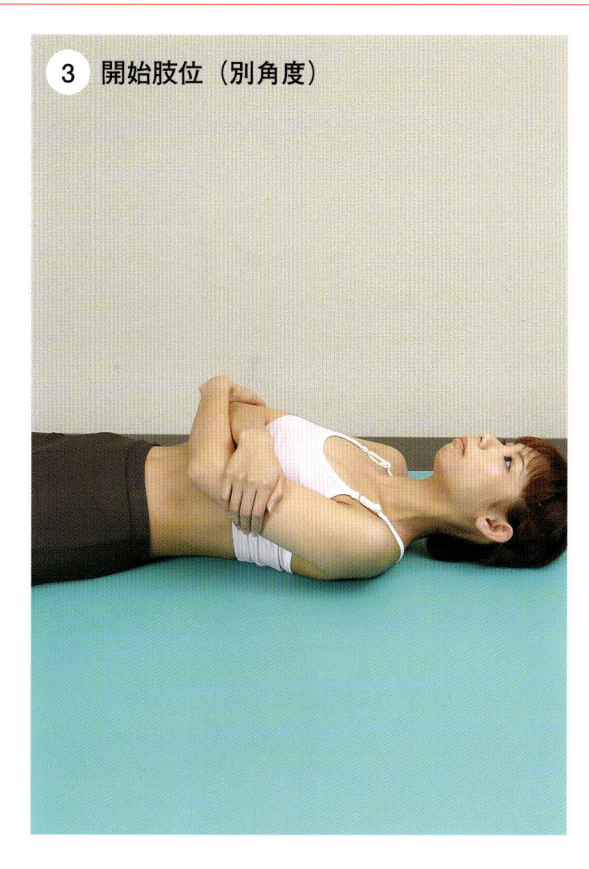

三角筋肩峰部 m. deltoideus acromial part 55

③ 開始肢位（別角度）

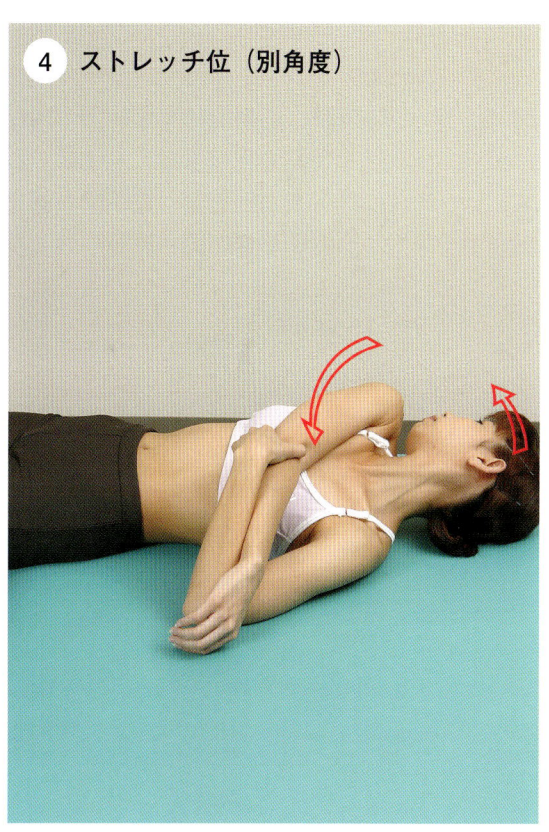

④ ストレッチ位（別角度）

三角筋肩峰部伸張法 2

開 始 肢 位：椅座位．右肩関節軽度屈曲位，右肘関節軽度屈曲位，右前腕回内位とする．左手は，右上腕遠位部後面を把持する．
ストレッチ位：左手で右肘を体幹に引き寄せ，右肘関節を伸展させながら右肩関節を内転・内旋する．
指導ポイント：左手で上腕を前下方に引き寄せる．

① 開始肢位

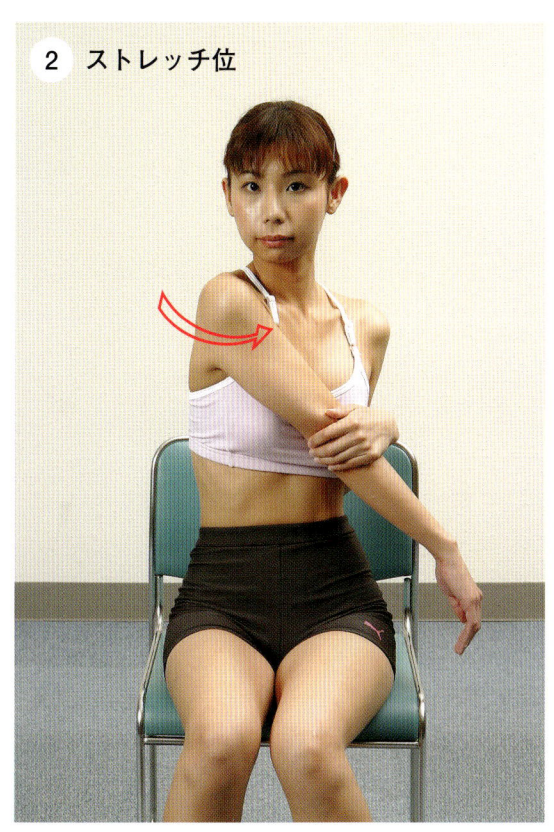

② ストレッチ位

三角筋肩峰部伸張法 3

開 始 肢 位：立位．右肩関節軽度屈曲・内転・最大内旋位，右肘関節軽度屈曲位，右前腕回内位とし，右手で柱を把持する．左手は，右肘関節部を把持する．
ストレッチ位：体幹を右回旋し，左手で右肘を引き寄せながら右肩関節を内転・内旋する．
指導ポイント：右肘関節は屈曲角度を増強しないよう留意する．

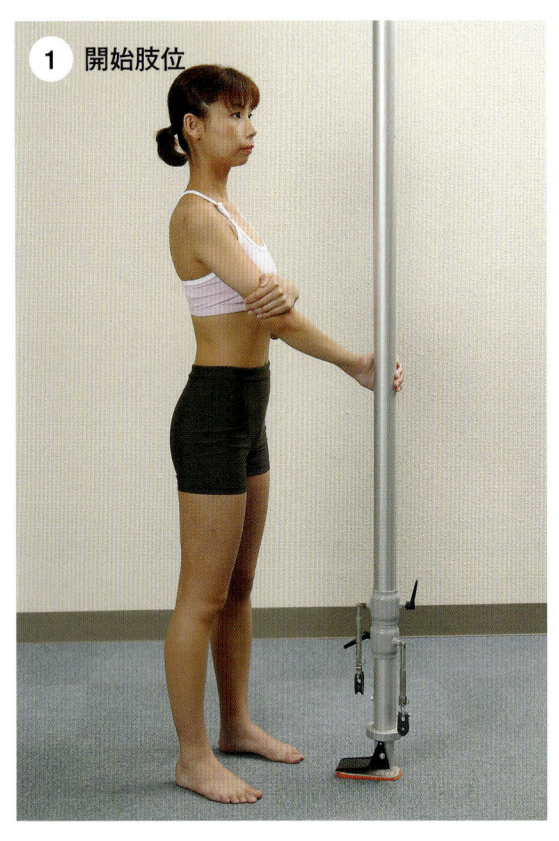

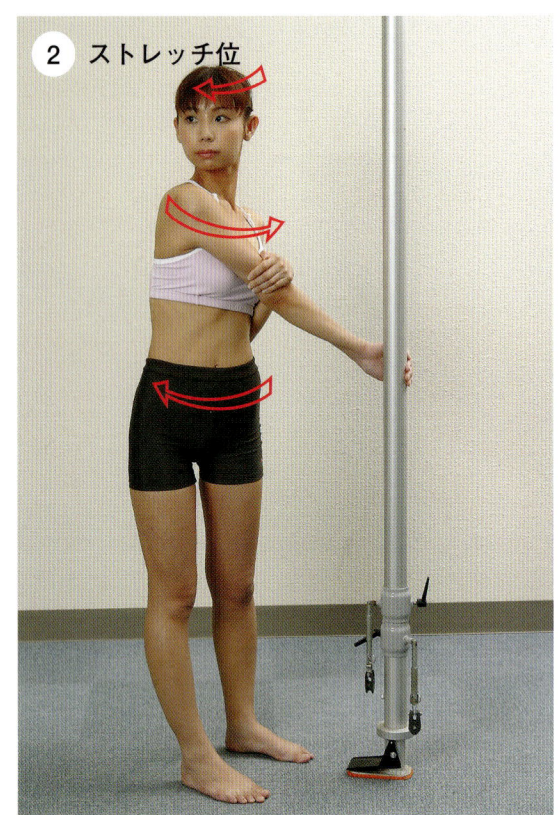

1 開始肢位　　　**2** ストレッチ位

22 三角筋肩甲棘部 m. deltoideus spinal part

起　　　始：肩甲棘
停　　　止：上腕骨三角筋粗面
神 経 支 配：腋窩神経 C4〜6
血 管 支 配：後上腕回旋動脈，胸肩峰動脈，上腕深動脈
筋 　連　 結：三角筋鎖骨部，三角筋肩峰部，僧帽筋，棘下筋，大胸筋，烏口腕筋，広背筋，上腕筋，広頸筋，上腕三頭筋外側頭，上腕三頭筋長頭

三角筋肩甲棘部伸張法 1

開 始 肢 位：背臥位．右肩関節軽度屈曲・内転位，右肘関節中等度屈曲位，右前腕回内位とする．左手は，右上腕遠位部を把持する．なお，胸背部の下に巻きタオルを置き，頸椎は伸展させる．
ストレッチ位：左手で右肘を引き寄せ，右肘関節を伸展しながら右肩関節を屈曲・水平内転する．
指導ポイント：左手で右上腕を左側方に引き寄せる．

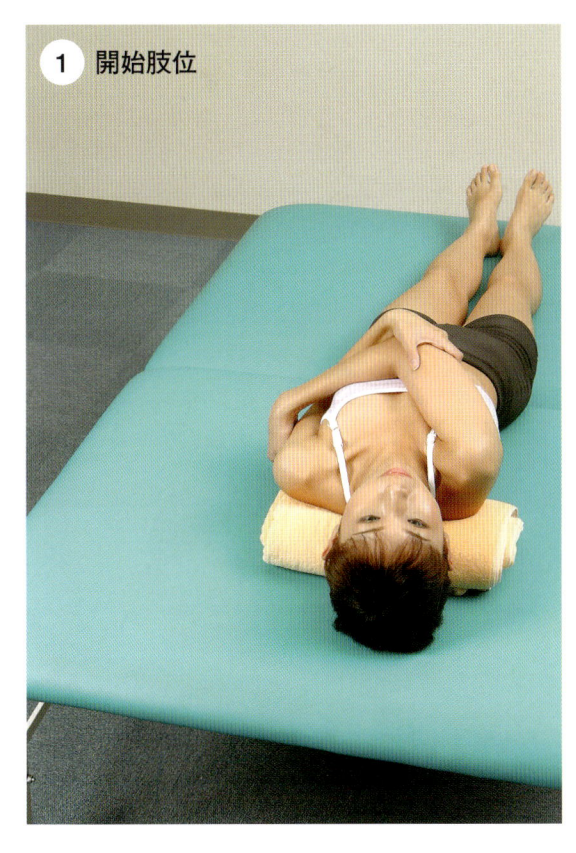

1 開始肢位

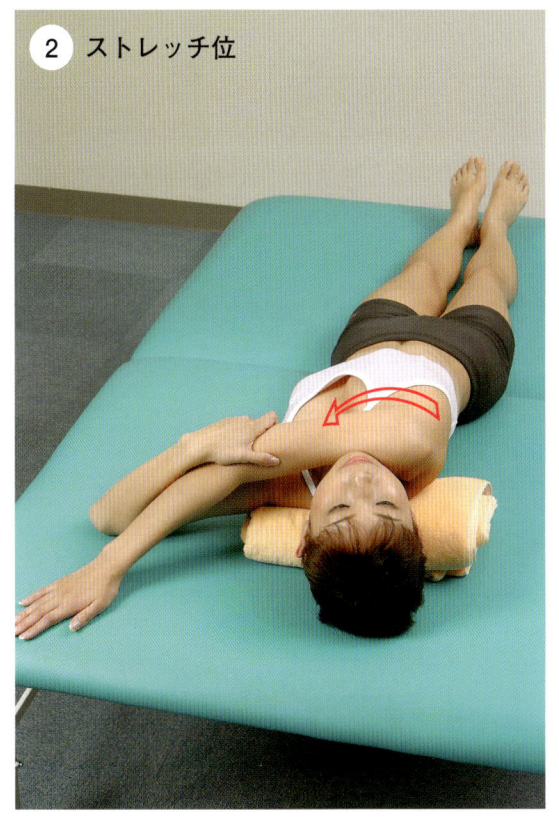

2 ストレッチ位

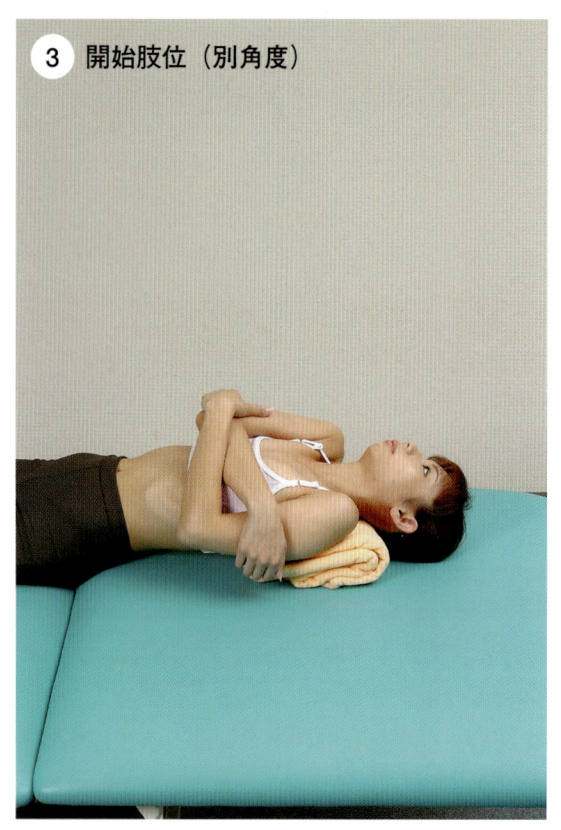

③ 開始肢位（別角度）

④ ストレッチ位（別角度）

三角筋肩甲棘部伸張法 2

開始肢位：椅座位．右肩関節軽度屈曲位，右肘関節中等度屈曲位，右前腕回内位とし，右前腕を左前腕にのせ，左手は右肘関節後面を把持する．
ストレッチ位：左手で右肘を左側方に引き寄せながら，右肩関節を屈曲・水平内転する．
指導ポイント：左手で右上腕を左側方に引き寄せると，右肘関節は伸展していき，右前腕は左上腕部にのることになる．

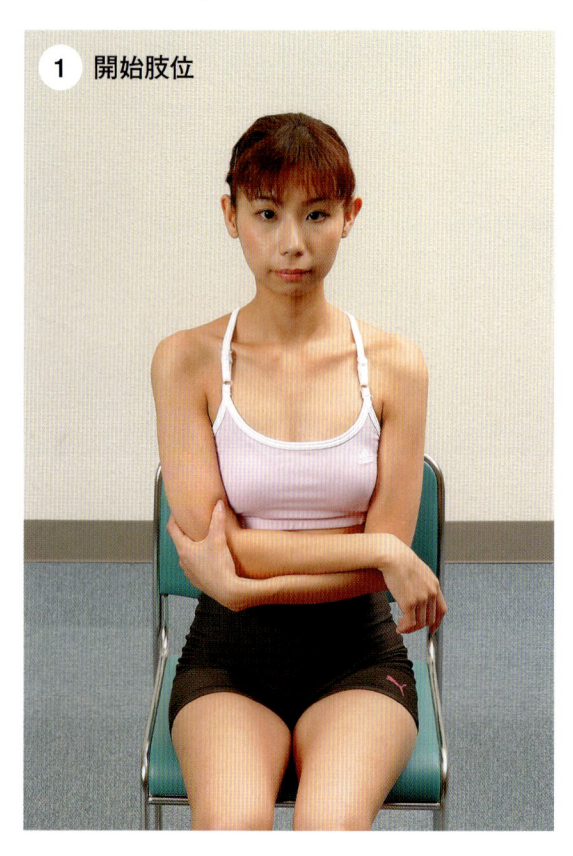

① 開始肢位

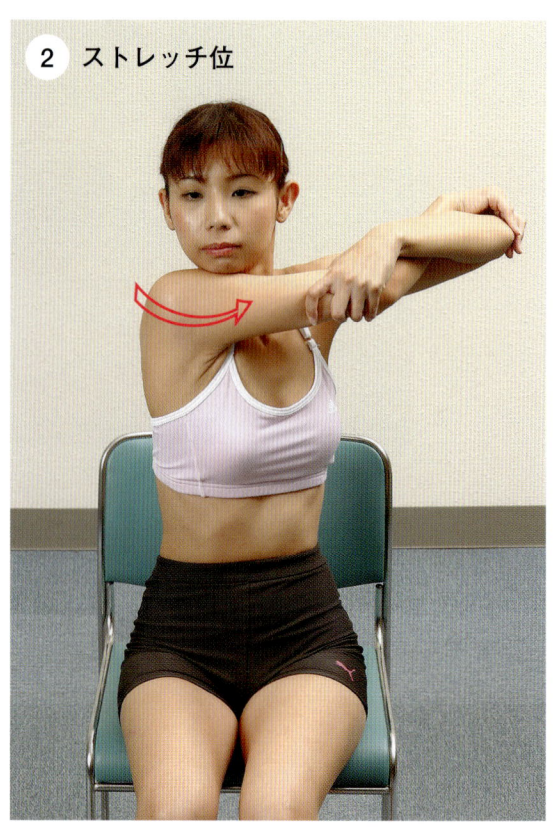

② ストレッチ位

三角筋肩甲棘部 m. deltoideus spinal part | 59

三角筋肩甲棘部伸張法 3

開 始 肢 位：立位．右肩関節約 90°屈曲・内転・内旋位，右肘関節軽度屈曲位，右前腕回内位とし，右手で柱を把持する．左手は，右肘関節部を把持する．
ストレッチ位：体幹を右回旋し，左手で右肘を引き寄せながら右肩関節を水平内転する．
指導ポイント：右肘関節の屈曲角度を増強しないよう留意する．

1 開始肢位

2 ストレッチ位

23 棘上筋 m. supraspinatus

起　　　始：棘上窩，棘上筋膜
停　　　止：上腕骨大結節，肩関節包
神 経 支 配：肩甲上神経 C4〜6
血 管 支 配：肩甲上動脈，肩甲回旋動脈
筋　連　結：棘下筋，小円筋，（肩関節包を介して）大胸筋，肩甲下筋，上腕二頭筋，上腕三頭筋，小胸筋，肩甲挙筋

棘上筋伸張法 1

開 始 肢 位：端座位．右肩関節は軽度伸展・内旋位，右肘関節軽度屈曲位とし，左手で右肘関節後面を把持する．
ストレッチ位：左手で右肘関節を引き寄せ，右肩関節を内転する．
指導ポイント：伸張時，左手で右上肢を上腕長軸方向に牽引する．

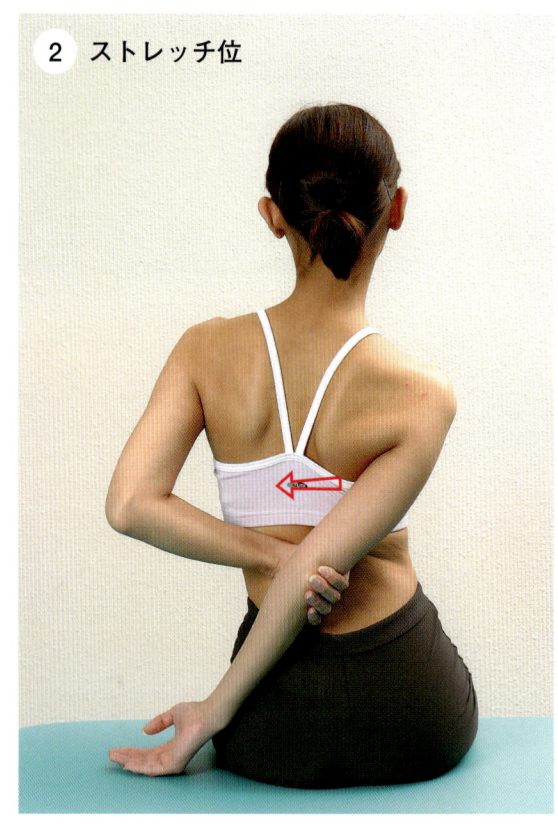

1 開始肢位	2 ストレッチ位

棘上筋 m. supraspinatus 61

棘上筋伸張法 2

開 始 肢 位：端座位．両肩関節は軽度伸展・内転・内旋位，両肘関節伸展位とし，両手をベッド後方に置く．
ストレッチ位：右肘関節を屈曲し，右肩関節を内転しながら右上肢に体重を移動する．
指導ポイント：両手を置く位置が殿部からあまり離れすぎないよう留意する．

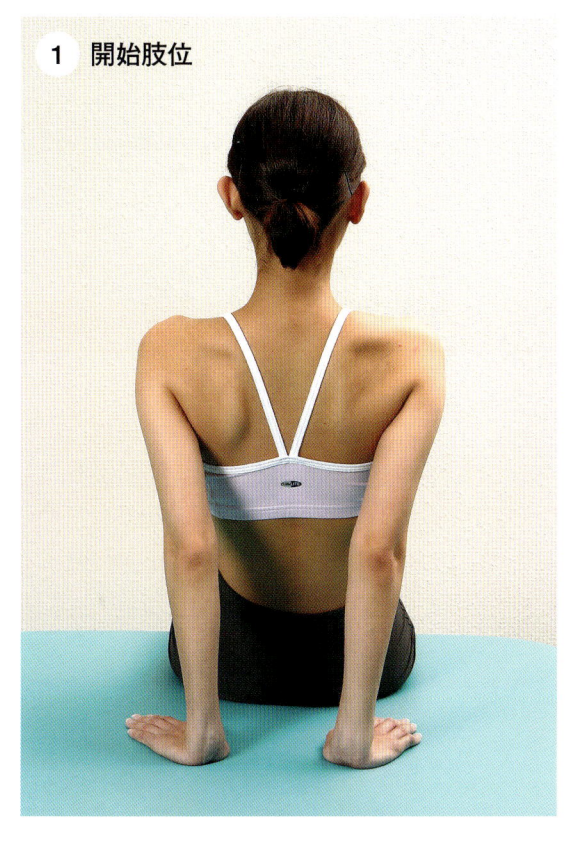

1 開始肢位

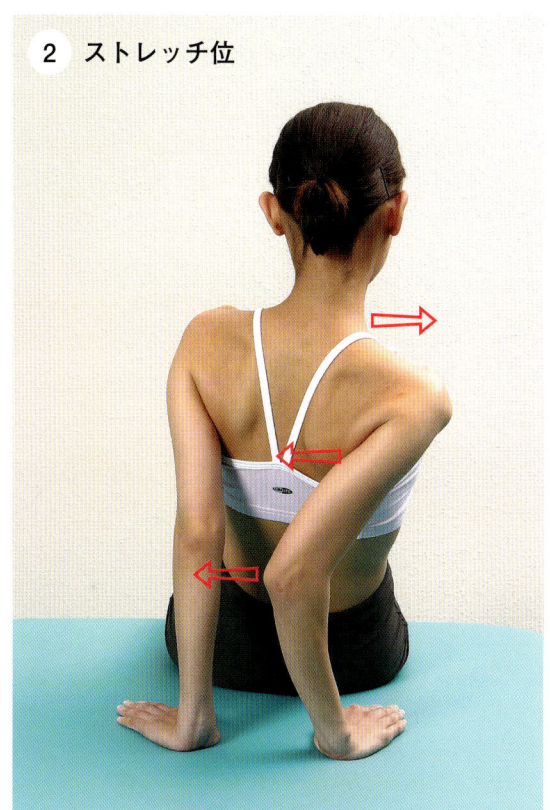

2 ストレッチ位

24 棘下筋 m. infraspinatus

- 起　　　始：棘下窩，棘下筋膜
- 停　　　止：上腕骨大結節中央部，肩関節包
- 神 経 支 配：肩甲上神経 C5～6
- 血 管 支 配：肩甲回旋動脈，肩甲上動脈
- 筋 　連 　結：棘上筋，小円筋，三角筋，大円筋，広背筋，（肩関節包を介して）大胸筋，棘上筋，小円筋，肩甲下筋，上腕二頭筋，上腕三頭筋

棘下筋伸張法 1

- 開 始 肢 位：端座位．左手で右肘関節後面を把持する．
- ストレッチ位：頸椎は伸展・左回旋位，右肩関節は約 130°屈曲・軽度内転・中等度内旋位，右肘関節は軽度屈曲位とし，左手で右肘を斜め上方に引き寄せ，右肩関節を内転・屈曲する．
- 指導ポイント：伸張時の肩関節屈曲角度は三角筋肩甲棘部より大きく，小円筋よりも小さいことに留意する．

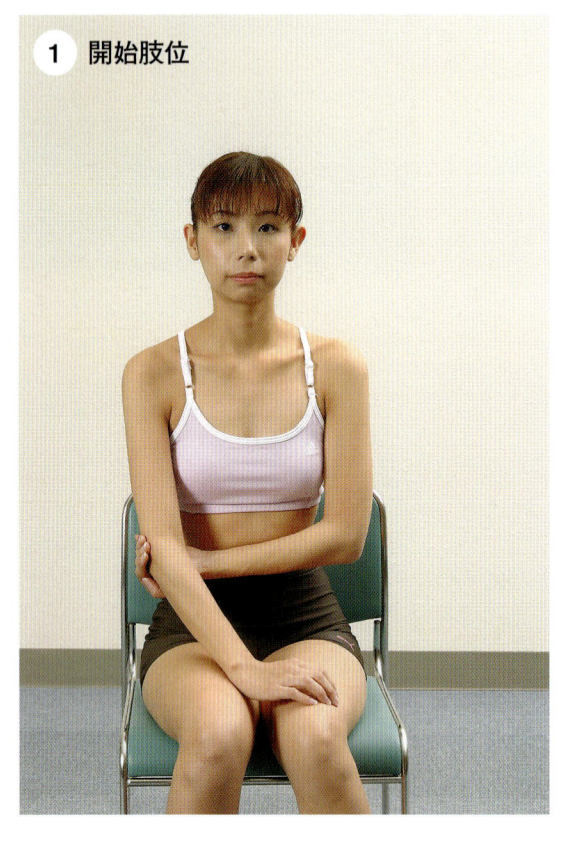

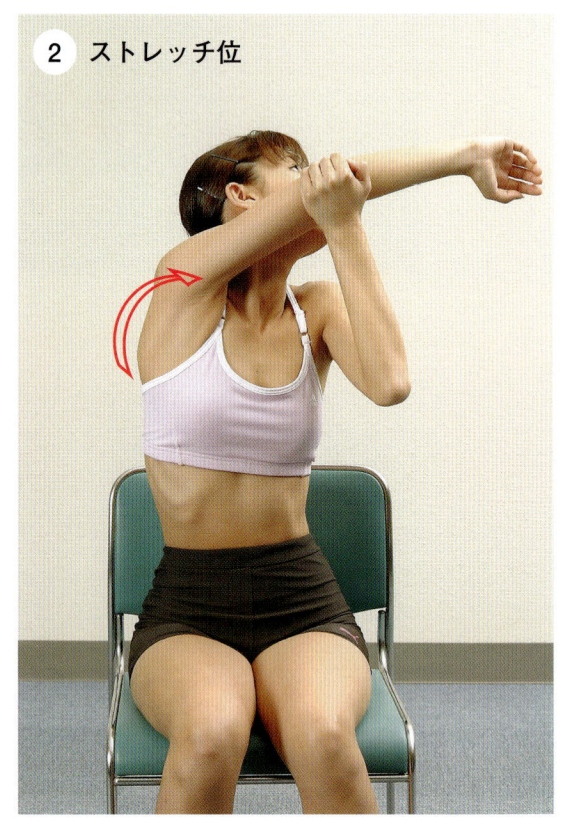

1　開始肢位

2　ストレッチ位

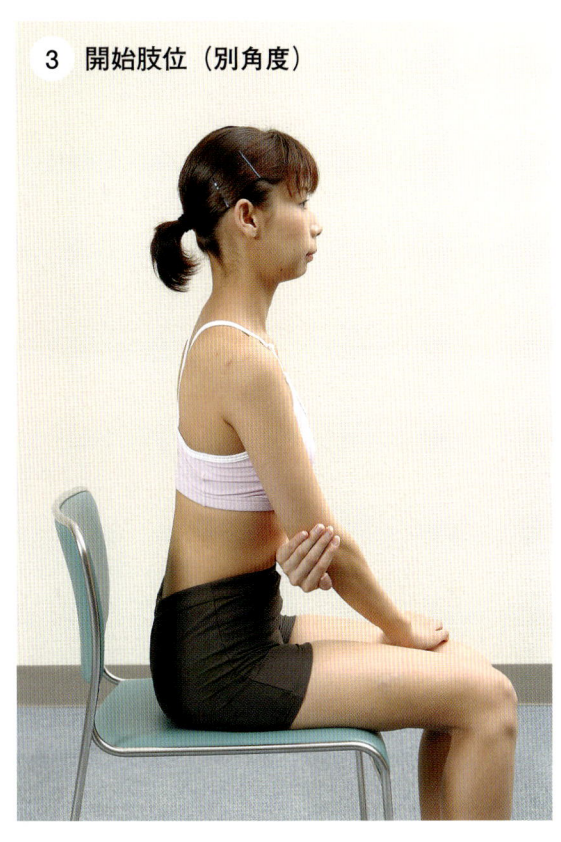

棘下筋 m. infraspinatus

3　開始肢位（別角度）

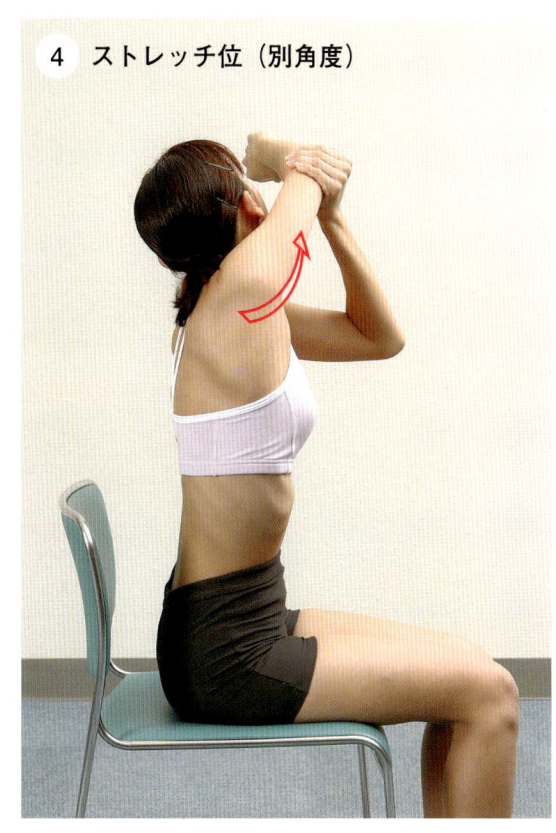

4　ストレッチ位（別角度）

棘下筋伸張法 2

開 始 肢 位：肘立て腹臥位．右肩関節は中等度屈曲位とし，左手で右肘関節後面を把持する．
ストレッチ位：左手で右肘を斜め上方に引き上げ，頸椎を伸展・左回旋し，右肩に体重を移動しながら右肩
　　　　　　　関節を約130°屈曲・最大内転・中等度内旋する．
指導ポイント：右肩に体重を移動する際，体幹が左回旋しすぎないよう留意する．伸張時の右肩関節屈曲角
　　　　　　　度は三角筋肩甲棘部より大きく，小円筋よりも小さいことに注意する．

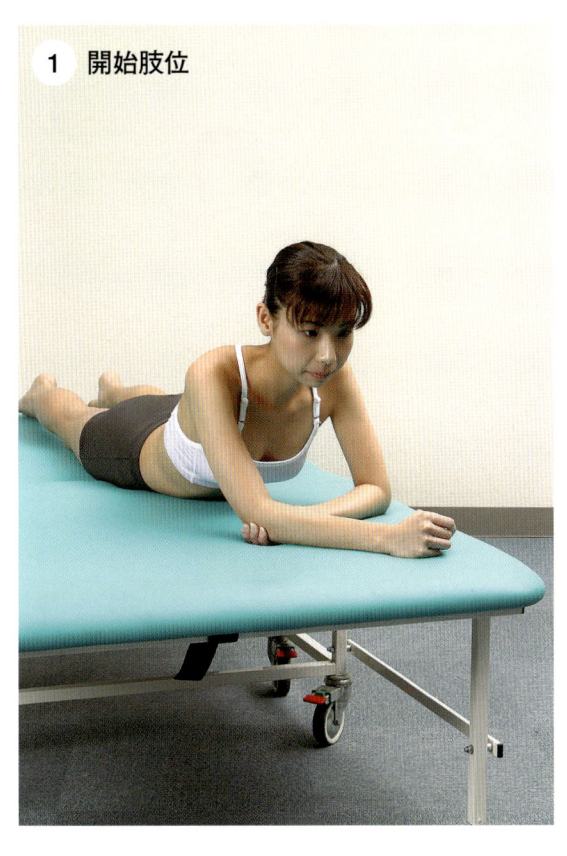

1　開始肢位

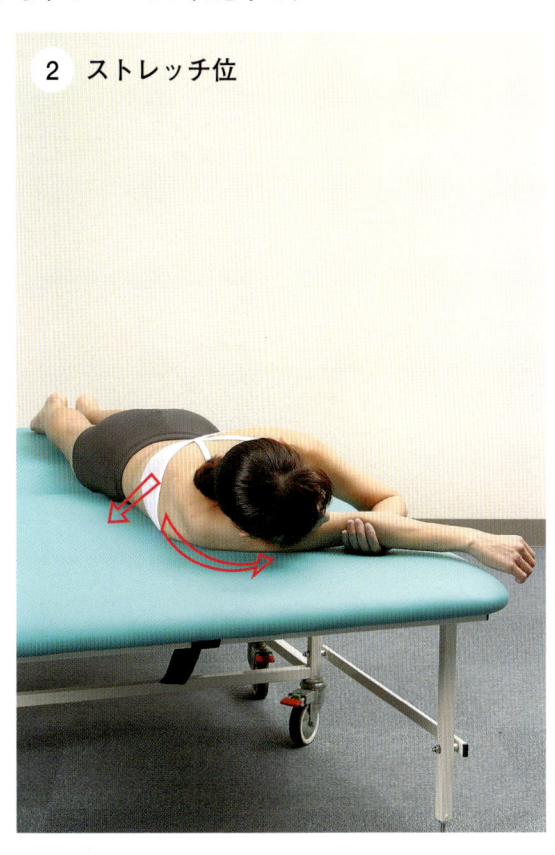

2　ストレッチ位

| 3 開始肢位（別角度） | 4 ストレッチ位（別角度） |

棘下筋伸張法 3

開始肢位：立位．右肩関節は約130°屈曲・中等度内転・中等度内旋位，右肘関節は軽度屈曲位とし，右手を柱に置く．体重は，左下肢にのせたまま右下肢を1歩前に出す．
ストレッチ位：頸椎を左回旋しながら体重を右下肢に移動し，右肩関節をさらに内転する．
指導ポイント：体幹は左回旋しすぎないよう留意する．伸張時の右肩関節屈曲角度は三角筋肩甲棘部より大きく，小円筋よりも小さいことに注意する．

| 1 開始肢位 | 2 ストレッチ位 |

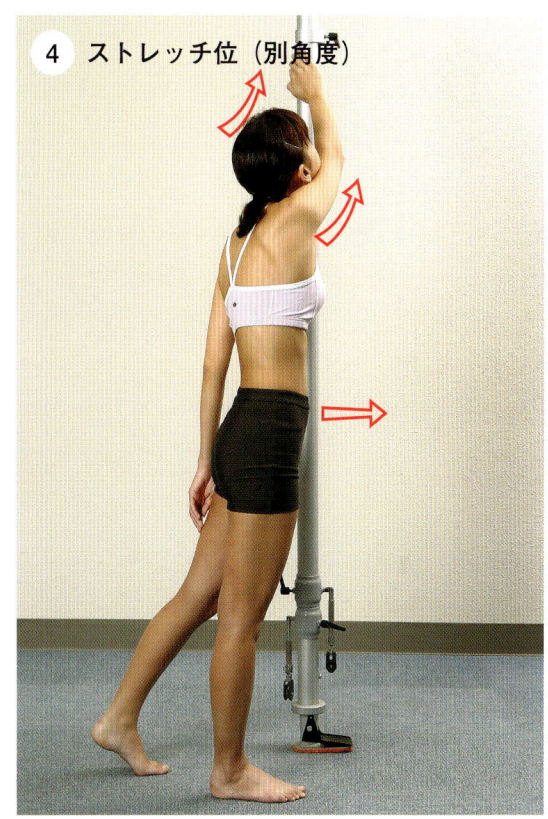

棘下筋 m. infraspinatus | 65

③ 開始肢位（別角度）

④ ストレッチ位（別角度）

25 小円筋 m. teres minor

- 起　　　始：肩甲骨外側縁近くの後面，棘下筋膜
- 停　　　止：上腕骨大結節，肩関節包
- 神 経 支 配：腋窩神経 C5
- 血 管 支 配：肩甲回旋動脈
- 筋 連 結：棘上筋，棘下筋，大円筋，（肩関節包を介して）大胸筋，棘上筋，棘下筋，肩甲下筋，上腕二頭筋，小胸筋，上腕三頭筋

小円筋伸張法 1

- 開 始 肢 位：椅座位．左手で右肘関節後面を把持する．
- ストレッチ位：頸椎は伸展・左回旋位，右肩関節は約 150°屈曲・軽度内転・中等度内旋位，右肘関節は軽度屈曲位とし，左手で右肘を斜め上方に引き寄せ，右肩関節を内転・屈曲する．
- 指導ポイント：伸張時の右肩関節屈曲角度は三角筋肩甲棘部，棘下筋より大きいことに注意する．

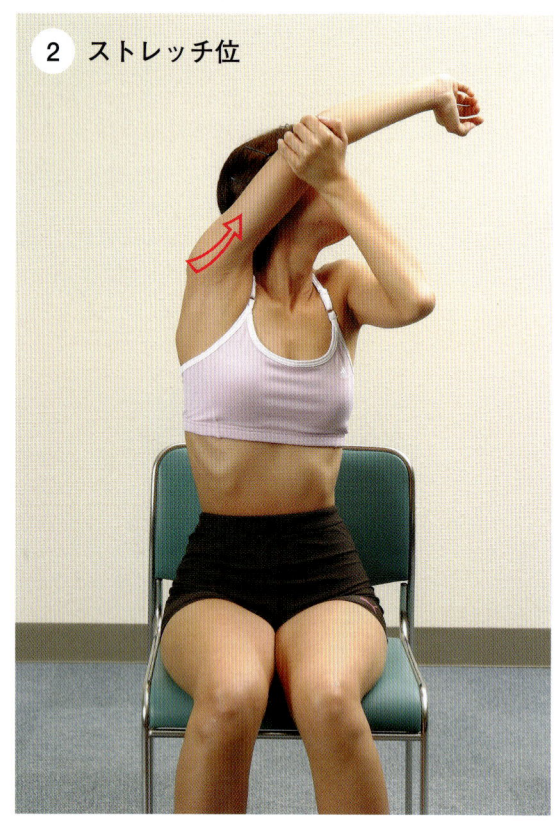

1 開始肢位

2 ストレッチ位

小円筋 m. teres minor 67

3 開始肢位（別角度）　　　　　　　　4 ストレッチ位（別角度）

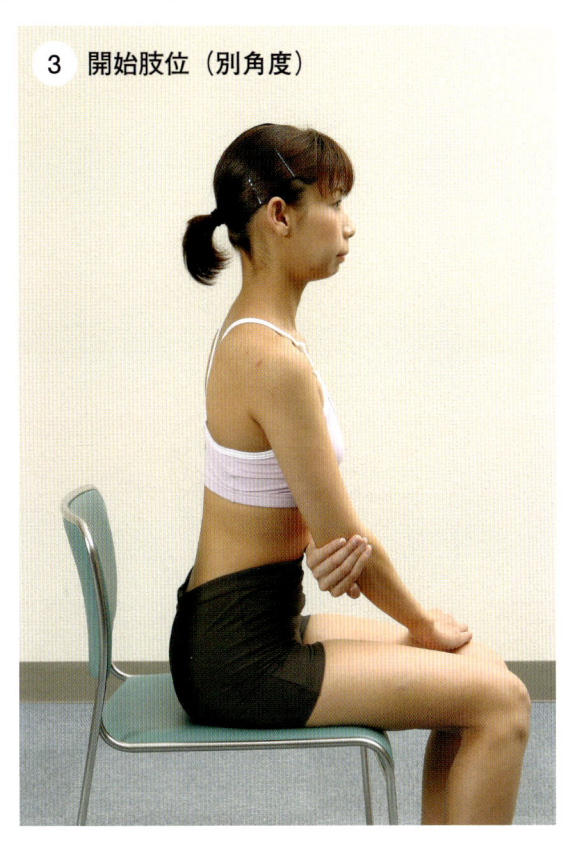

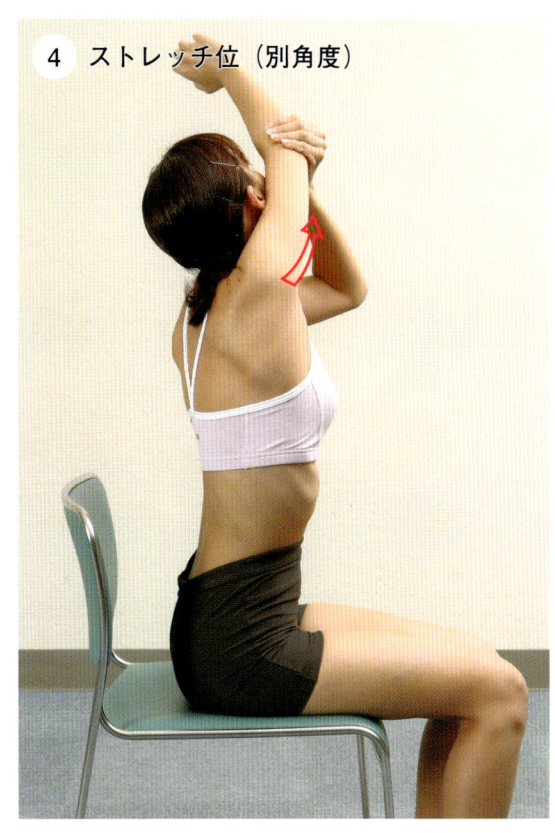

小円筋伸張法 2

開 始 肢 位：肘立て腹臥位．右肩関節は中等度屈曲位とし，左手で右肘関節後面を把持する．
ストレッチ位：左手で右肘を斜め上方に引き上げ，頸椎を伸展・左回旋し，右肩に体重を移動しながら右肩関節を約150°屈曲・最大内転・中等度内旋する．
指導ポイント：右肩に体重を移動する際，体幹が左回旋しすぎないよう留意する．伸張時の右肩関節屈曲角度は三角筋肩甲棘部，棘下筋より大きいことに注意する．

1 開始肢位　　　　　　　　　　　　　2 ストレッチ位

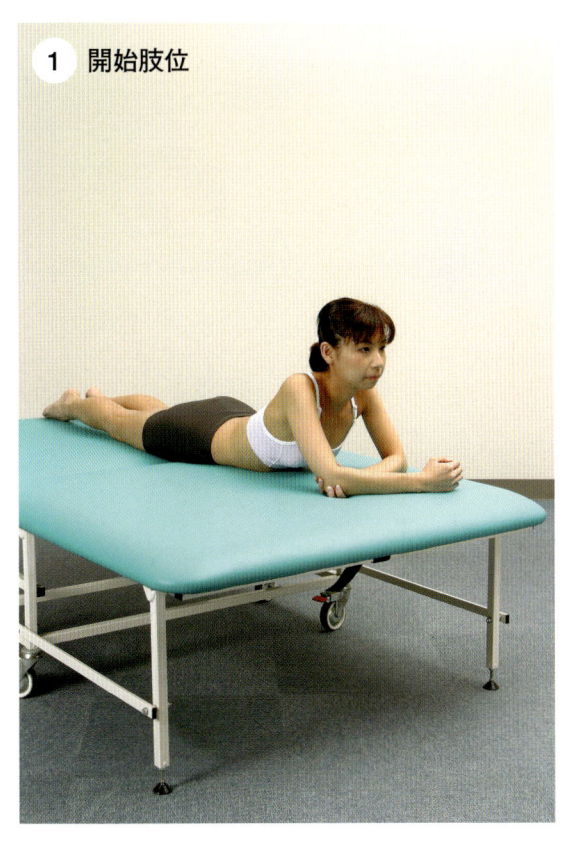

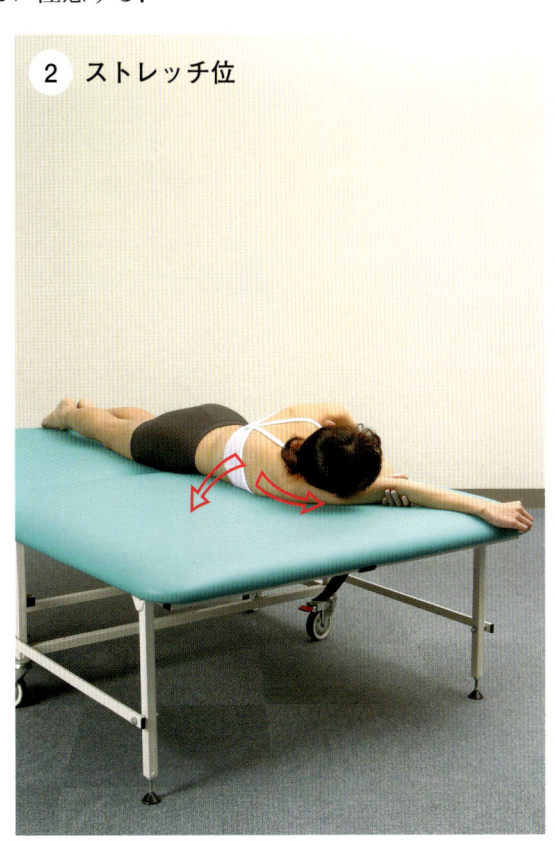

3 開始肢位（別角度）

4 ストレッチ位（別角度）

小円筋伸張法 3

開始肢位：立位．右肩関節は約150°屈曲・中等度内転・中等度内旋位，右肘関節は軽度屈曲位とし，右手を柱に置く．体重は，左下肢にのせたまま右下肢を1歩前に出す．
ストレッチ位：頸椎を伸展・左回旋しながら体重を右下肢に移動し，右肩関節をさらに内転する．
指導ポイント：体幹は左回旋しすぎないよう留意する．伸張時の右肩関節屈曲角度は三角筋肩甲棘部，棘下筋より大きいことに注意する．

1 開始肢位

2 ストレッチ位

小円筋 m. teres minor | 69

3 開始肢位（別角度）

4 ストレッチ位（別角度）

26 大円筋 m. teres major

起　　　　始：肩甲骨下角後面
停　　　　止：上腕骨小結節稜
神 経 支 配：肩甲下神経 C5〜7
血 管 支 配：肩甲下動脈，胸背動脈，肩甲回旋動脈
筋　連　結：広背筋，上腕三頭筋，大菱形筋，棘下筋

27 広背筋 m. latissimus dorsi

起　　　　始：胸腰筋膜浅葉，下位第4〜8胸椎・全腰椎・仙椎の棘突起，肩甲骨下角，腸骨稜，下位第3〜4肋骨
停　　　　止：上腕骨小結節稜
神 経 支 配：胸背神経 C6〜8
血 管 支 配：胸背動脈，頸横動脈
筋　連　結：外腹斜筋，大胸筋，大円筋，三角筋，上腕三頭筋，脊柱起立筋群，烏口腕筋，上腕二頭筋，橈側手根屈筋，尺側手根伸筋，僧帽筋，下後鋸筋，棘下筋

大円筋・広背筋伸張法 1

開 始 肢 位：椅座位．右肩関節屈曲・中等度外旋位，右肘関節中等度屈曲位とし，左手で右手首を把持する．右前腕近位部は後頭部にあてる．
ストレッチ位：頸椎を伸展して右前腕近位部を後方へ押すことにより，右肩関節屈曲を増大させる．
指導ポイント：体幹を伸展しないよう留意する．

大円筋 m. teres major・広背筋 m. latissimus dorsi | 71

1 開始肢位

2 ストレッチ位

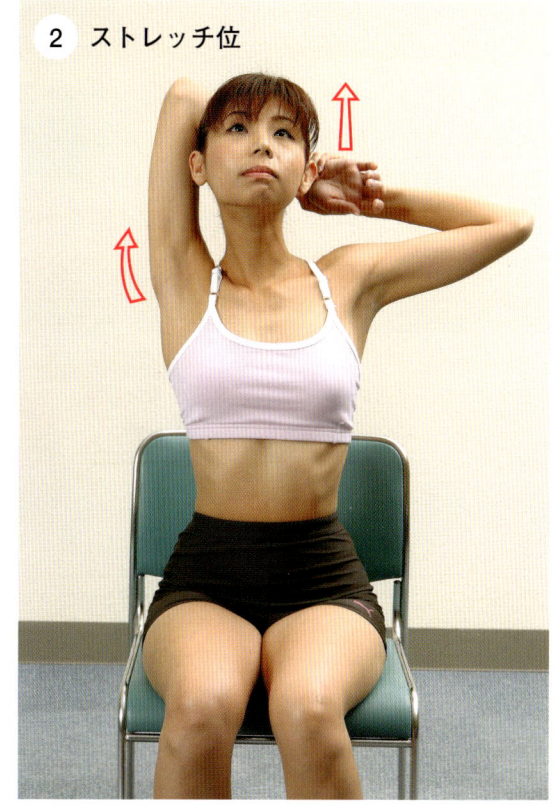

3 開始肢位（別角度）

4 ストレッチ位（別角度）

大円筋・広背筋伸張法 2

開 始 肢 位：立位．右肩関節屈曲・中等度外旋位，右肘関節中等度屈曲位，左手で右手首を把持し，右上腕遠位部後面を柱にあてる．体重は左下肢にのせたまま右下肢を1歩前に出す．
ストレッチ位：右上腕遠位部後面を柱に押しつけたまま体重を右下肢に移動し，右肩関節屈曲を増大させる．
指導ポイント：体幹を伸展しないよう留意する．

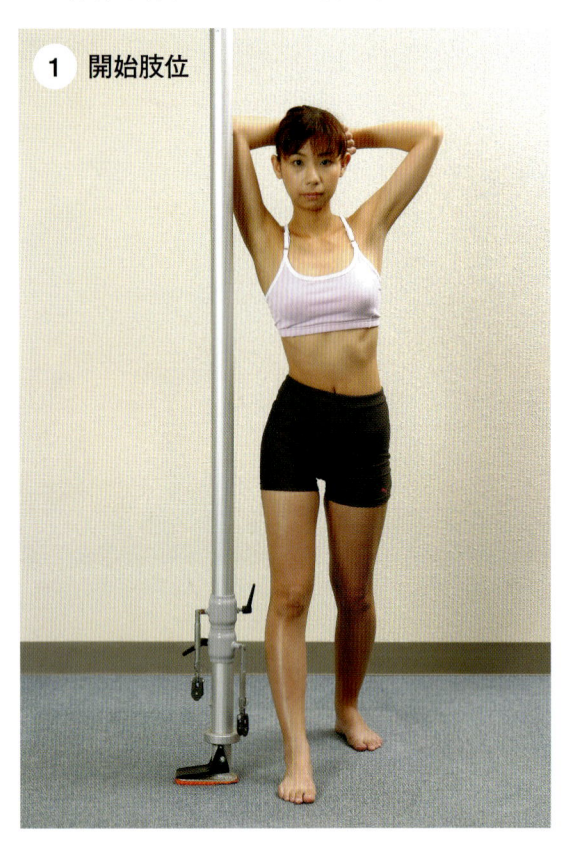

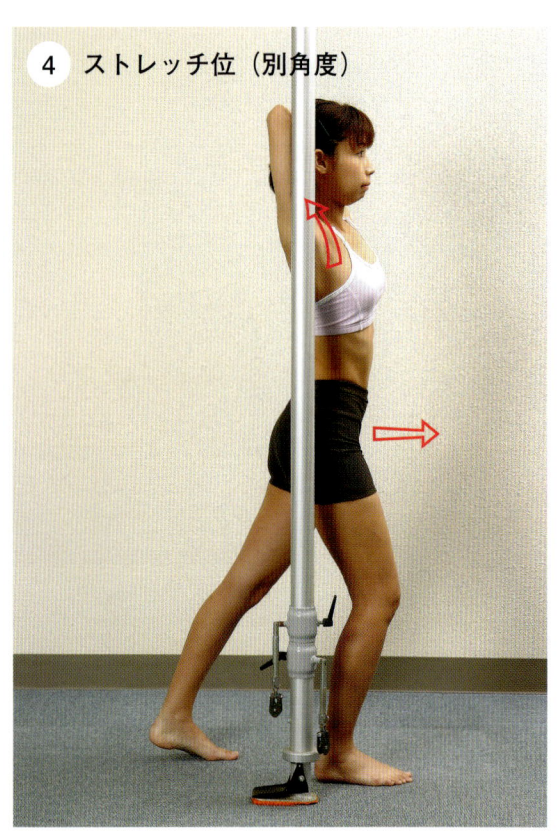

1 開始肢位

2 ストレッチ位

3 開始肢位（別角度）

4 ストレッチ位（別角度）

大円筋 m. teres major・広背筋 m. latissimus dorsi | 73

大円筋・広背筋伸張法 3

開 始 肢 位：四つ這い位．両肘を屈曲して床に肘をつける．
ストレッチ位：頸椎を伸展し，体重を右斜め後方に移動させながら右肩関節屈曲を増大させる．
指導ポイント：両側を同時に伸張する場合は，体重を左右均等に後方移動させるとよい．

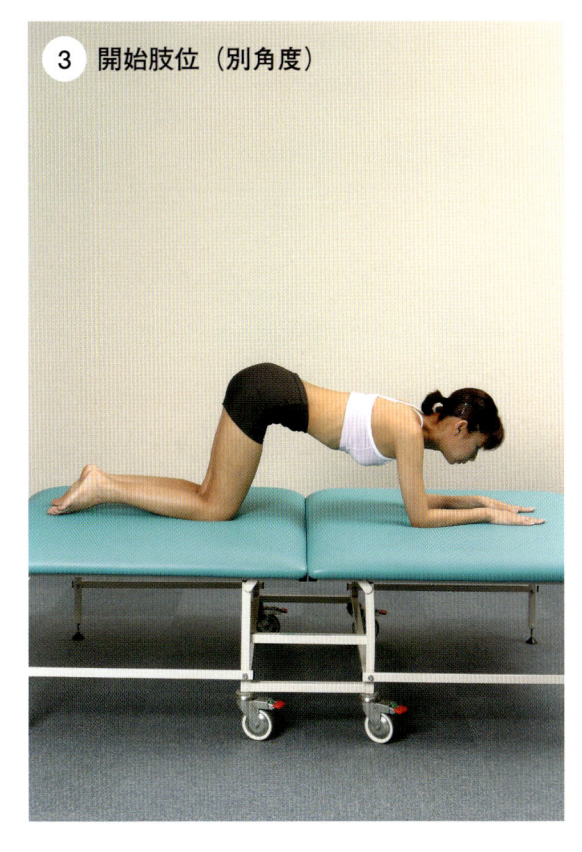

1 開始肢位

2 ストレッチ位

3 開始肢位（別角度）

4 ストレッチ位（別角度）

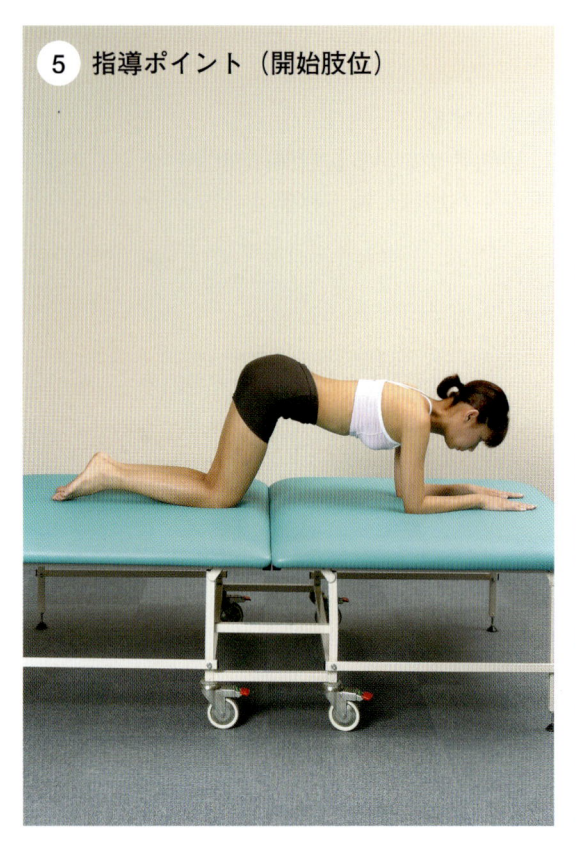

| 5 指導ポイント（開始肢位） | 6 指導ポイント（ストレッチ位） |

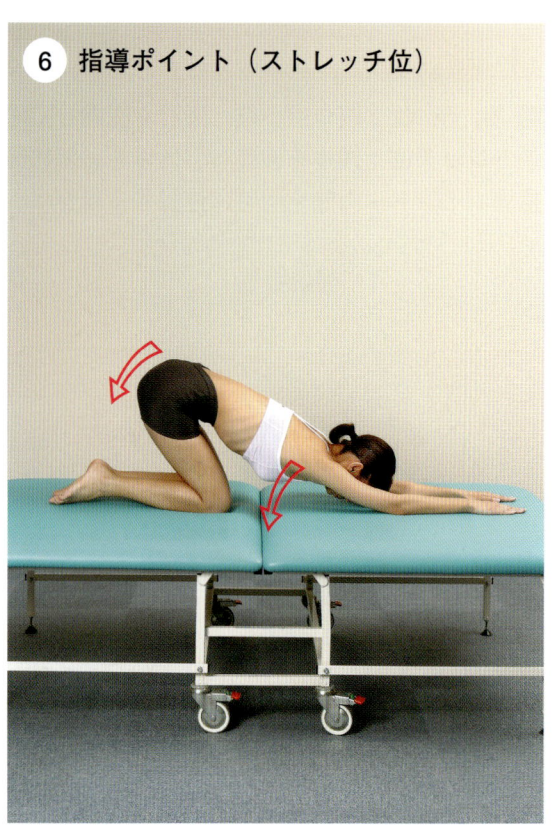

大円筋・広背筋伸張法 4

開 始 肢 位：端座位．巻きタオルを左殿部外側に置く．
ストレッチ位：体幹を左に倒して左側臥位となり，右肩関節を最大外転する．
指導ポイント：体幹の回旋が起こらないよう留意する．

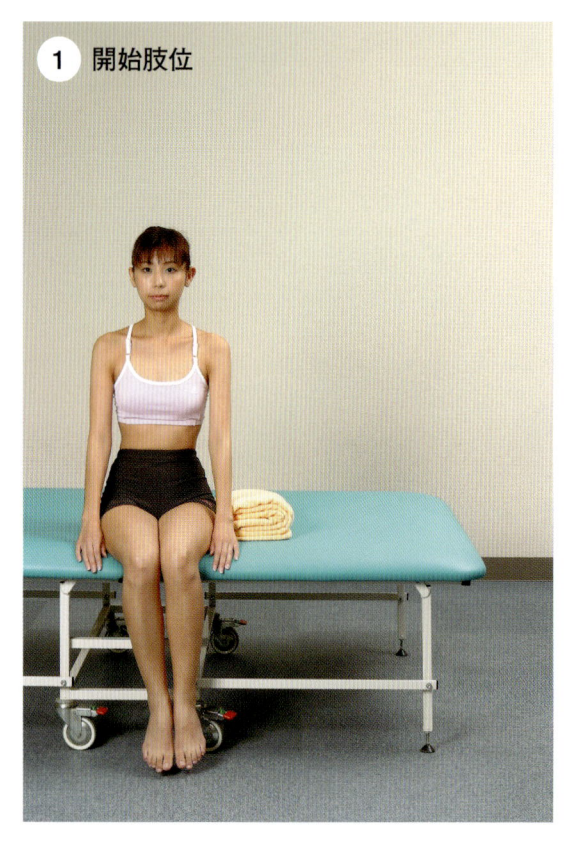

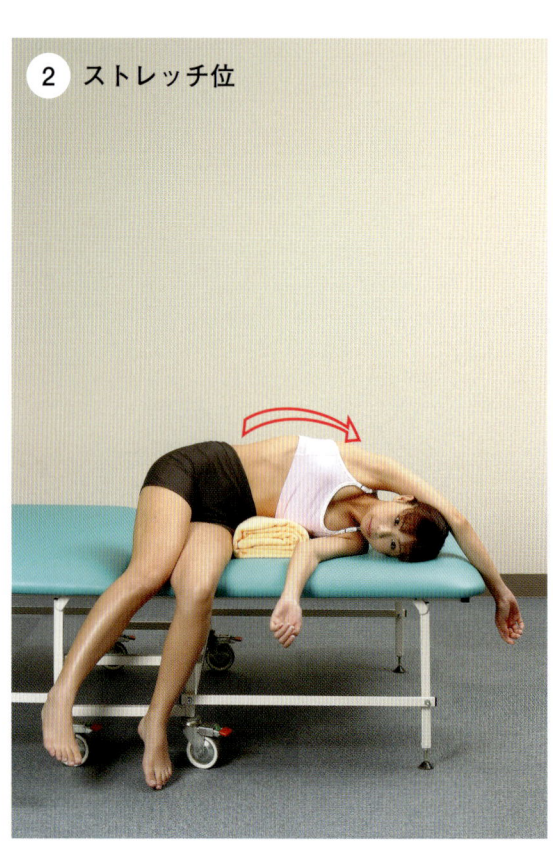

| 1 開始肢位 | 2 ストレッチ位 |

大円筋・広背筋伸張法 5

開 始 肢 位：端座位．巻きタオルを左殿部外側に置く．
ストレッチ位：体幹を左に倒して左側臥位となり，右肩関節を約130°屈曲・中等度内転し，体幹を軽度左回旋する．
指導ポイント：体幹の回旋角度を調整することにより，伸張する筋線維を変化させる．

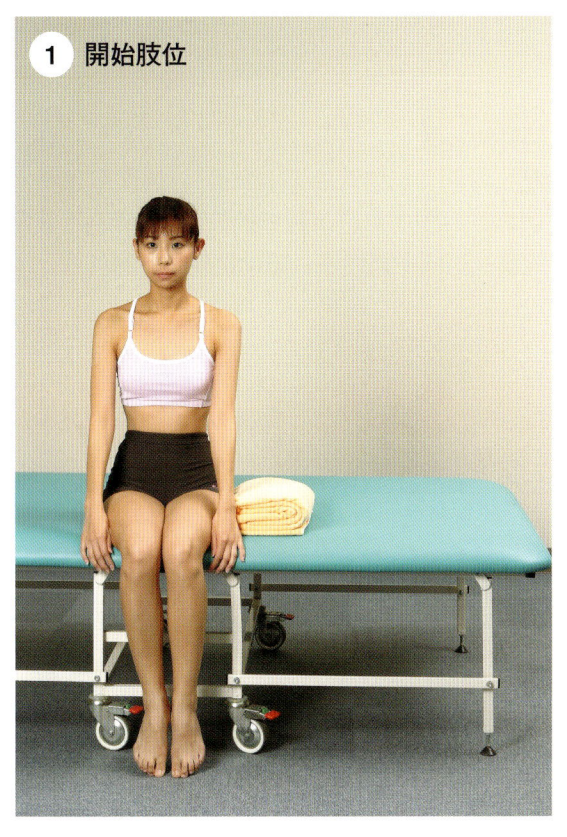

| 1 開始肢位 | 2 ストレッチ位 |

28 上腕三頭筋 m. triceps brachii

起　　　　始：肩甲骨関節下結節（長頭），上腕骨後面および外側上腕筋間中隔（外側頭），上腕骨後面および内側上腕筋間中隔（内側頭）
停　　　　止：尺骨肘頭
神 経 支 配：橈骨神経 C6〜8
血 管 支 配：後上腕回旋動脈，上腕深動脈，尺側側副動脈
筋 　連　 結：大円筋，肩甲下筋，広背筋，大胸筋，肘筋，烏口腕筋，上腕筋，（肩関節包を介して）大胸筋，小胸筋，棘上筋，棘下筋，小円筋，肩甲下筋，上腕二頭筋，（肘関節包を介して）上腕筋，肘筋，総指伸筋，短橈側手根伸筋，尺側手根伸筋，短母指伸筋，回外筋，浅指屈筋

上腕三頭筋伸張法 1（長頭部）

開 始 肢 位：椅座位．右肘関節最大屈曲位とし，左手で右肘関節後面を把持する．
ストレッチ位：左手で右肘を持ち上げて右肩関節を屈曲した後，後方に引き寄せ，右肩関節を最大屈曲する．
指導ポイント：右肘関節の最大屈曲を保持するよう留意する．

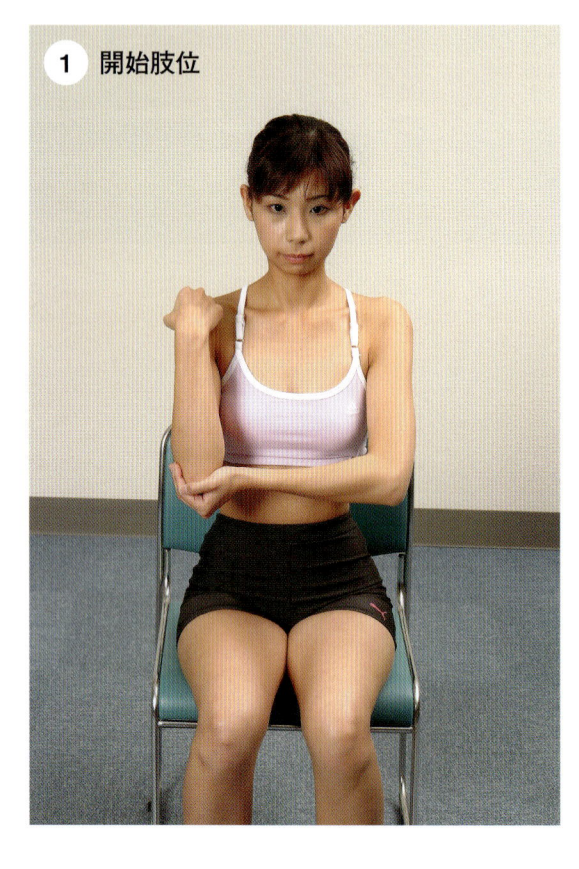

1　開始肢位

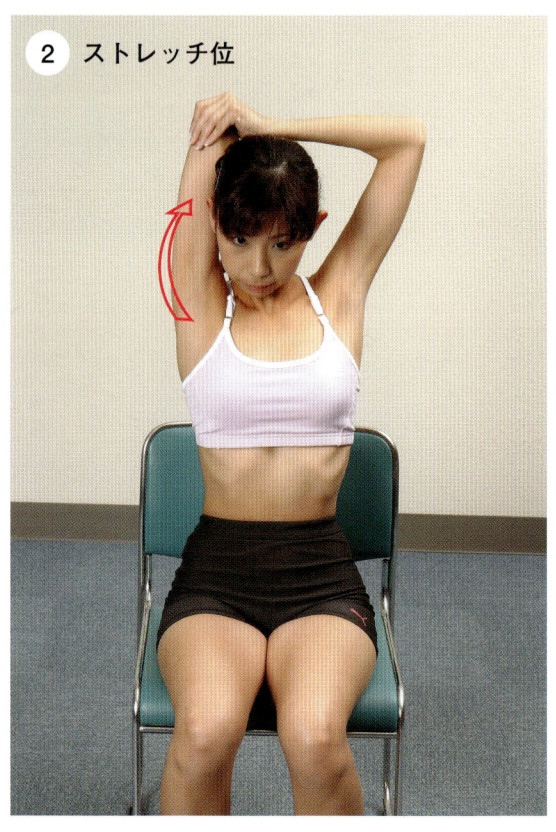

2　ストレッチ位

3 開始肢位（別角度）　　　　4 ストレッチ位（別角度）

上腕三頭筋伸張法 1（長頭部）

開 始 肢 位：立位．右肩関節を中等度屈曲し，左手で右前腕遠位部を押さえ込み，右肘関節最大屈曲位とする．右上腕遠位部後面を柱にあて，体重は左下肢にのせたまま右下肢を1歩前に出す．
ストレッチ位：体重を右下肢前方に移動させながら，右肩関節を最大屈曲する．
指導ポイント：柱にあてた右上腕遠位部後面は上方に移動することになる．また，右肘関節は最大屈曲を保持するよう留意する．

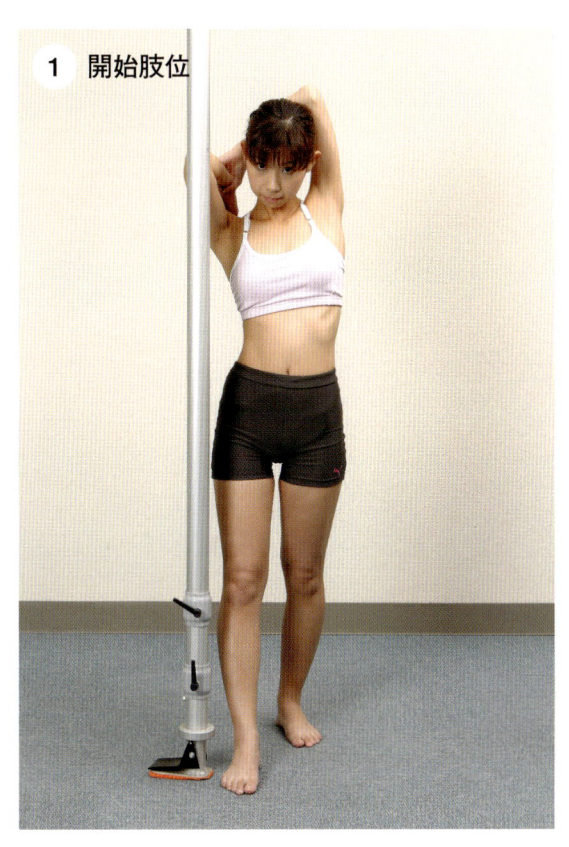

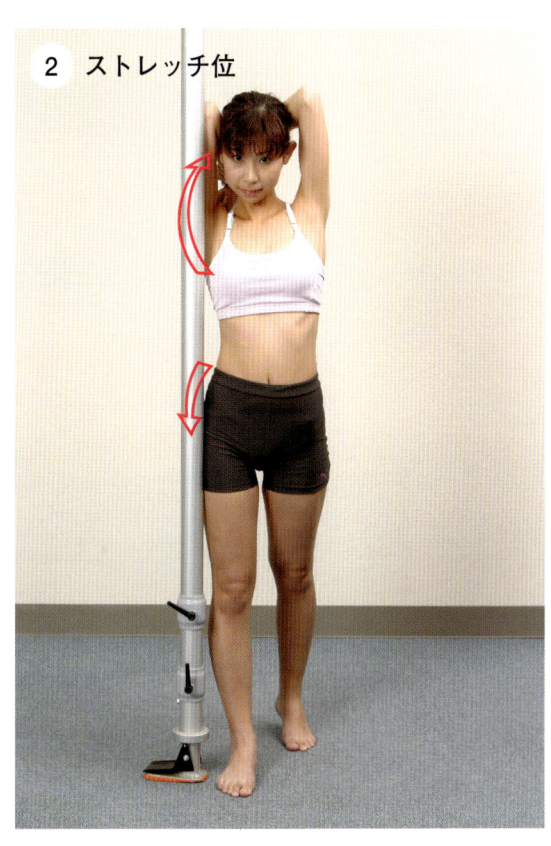

1 開始肢位　　　　2 ストレッチ位

| 3 開始肢位（別角度） | 4 ストレッチ位（別角度） |

上腕三頭筋伸張法 3（外側頭部）

開 始 肢 位：椅座位．右肘関節最大屈曲位とし，左手は右肘関節後面を把持する．
ストレッチ位：左手で右肘を持ち上げ，右手を左肩甲骨部にあてるように右肩関節を屈曲・外転・外旋した後，左後方に引き寄せ，右肩関節を最大屈曲・外転・外旋する．
指導ポイント：右肘の最大屈曲を保持するよう留意する．

| 1 開始肢位 | 2 ストレッチ位 |

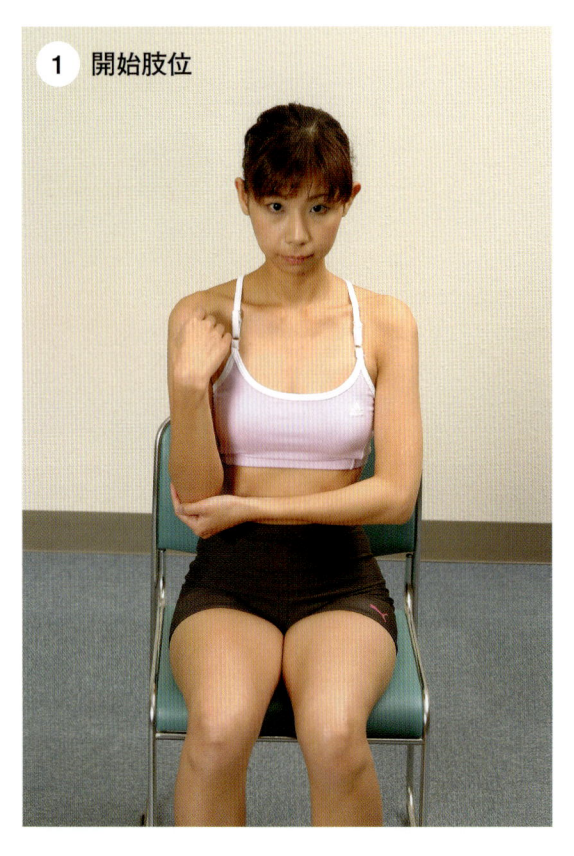

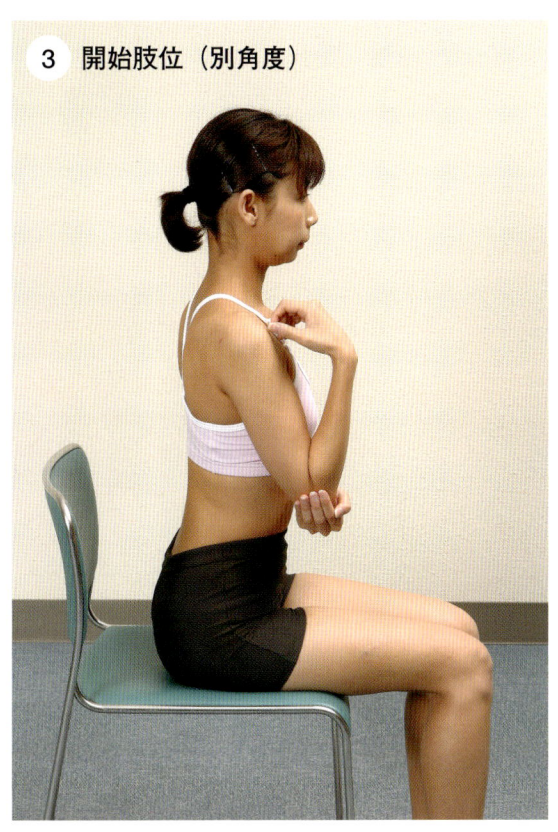

上腕三頭筋 m. triceps brachii

3 開始肢位（別角度）

4 ストレッチ位（別角度）

上腕三頭筋伸張法 4（外側頭部）

開始肢位：立位．右肩関節を中等度屈曲・軽度外転・軽度外旋し，左手で右前腕遠位部を把持し，右肘関節最大屈曲位とする．右上腕遠位部を柱にあて，体重は左下肢にのせたまま右下肢を1歩前に出す．

ストレッチ位：体重を右下肢斜め前方に移動しながら，右肩関節を最大屈曲・外転する．

指導ポイント：柱にあてた右上腕遠位部後面は，上方に移動することになる．また，右肘は最大屈曲を保持するよう留意する．開始肢位は長頭部に比べ，柱から離れた立ち位置とする．

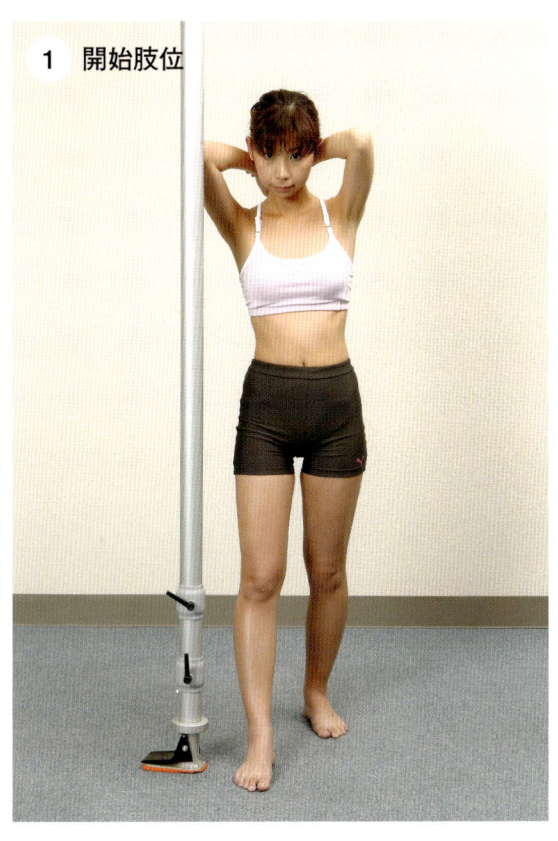

1 開始肢位

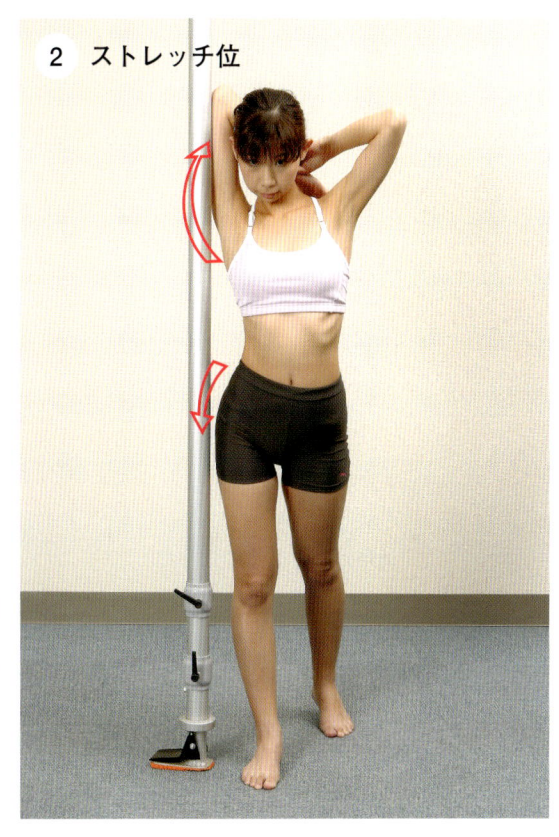

2 ストレッチ位

❸ 開始肢位（別角度）

❹ ストレッチ位（別角度）

29 上腕二頭筋 m. biceps brachii

起　　　　始：肩甲骨関節上結節（長頭），烏口突起（短頭）
付　　　　着：橈骨粗面，前腕筋膜
神 経 支 配：筋皮神経 C5〜6
血 管 支 配：腋窩動脈，上腕動脈
筋 　連 　結：円回内筋，大胸筋，上腕筋，腕橈骨筋，橈側手根屈筋，長橈側手根伸筋，広背筋，長掌筋，
　　　　　　　尺側手根屈筋，総指伸筋，小指伸筋，小指対立筋，(短頭) 烏口腕筋，(肩関節包を介して)
　　　　　　　大胸筋，棘上筋，棘下筋，小円筋，肩甲下筋，上腕三頭筋，小胸筋

上腕二頭筋伸張法1（長頭部）

開 始 肢 位：立位．右肩関節を伸展・内旋し，右手掌を指先が下に向くように壁にあてる．
ストレッチ位：両下肢を屈曲し，右肘は伸展したまま右肩関節伸展を増大させる．
指導ポイント：最終域で軽度内転するとより伸張される．

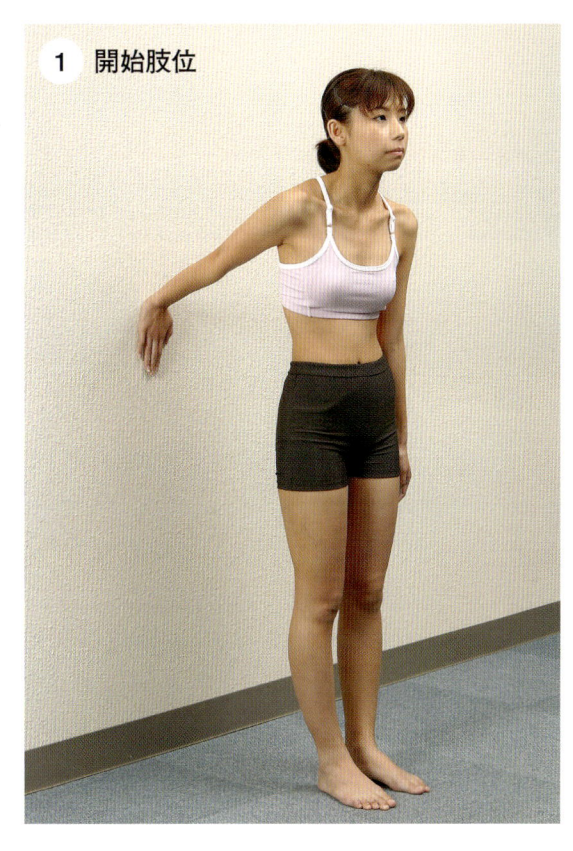

1 開始肢位

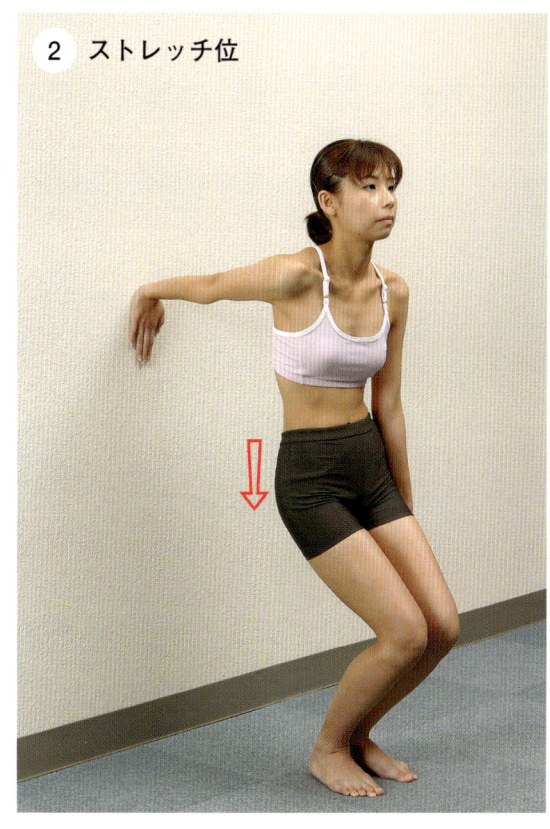

2 ストレッチ位

上腕二頭筋伸張法 2（短頭部）

開 始 肢 位：立位．右肩関節を伸展・外旋し，右手掌を指先が上を向くように壁にあてる．
ストレッチ位：両下肢を屈曲し，右肘は伸展したまま右肩関節伸展を増大させる．
指導ポイント：最終域で軽度内転するとより伸張される．

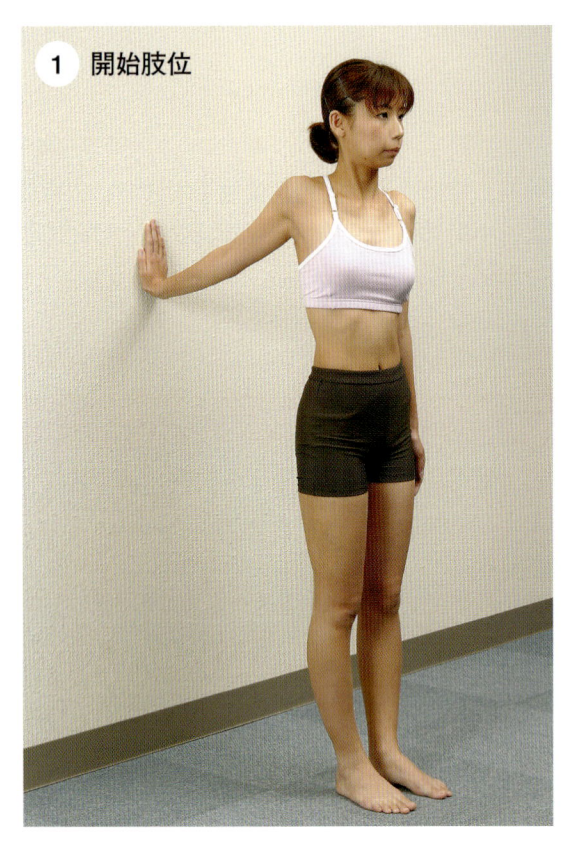

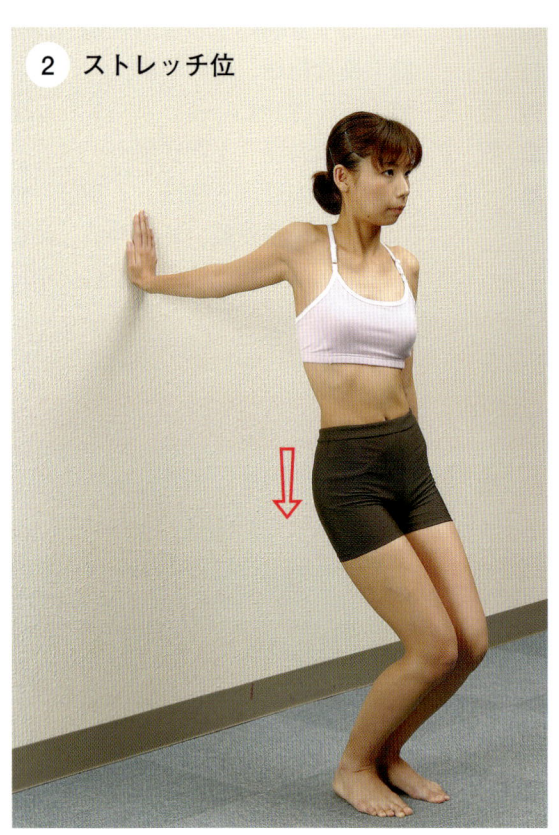

1 開始肢位

2 ストレッチ位

烏口腕筋 m. coracobrachialis | 83

30 烏口腕筋 m. coracobrachialis

起　　　始：肩甲骨烏口突起
停　　　止：上腕骨中央部小結節稜下方
神 経 支 配：筋皮神経 C6〜7
血 管 支 配：後上腕回旋動脈，前上腕回旋動脈
筋　連　結：三角筋，上腕二頭筋短頭，上腕筋，上腕三頭筋，円回内筋，広背筋，小胸筋

烏口腕筋伸張法

開 始 肢 位：立位．右肩関節軽度外転・外旋位，肘関節中等度屈曲位とし，右手で柱を把持する．右下肢を1歩前に出し，体重は左下肢にのせておく．左手指は右肩甲棘部に置き，右肩甲骨を固定する．
ストレッチ位：体重を右下肢に移動し，左手で肩甲骨を固定したまま右肩関節の伸展・外旋を増大させる．
指導ポイント：体幹の右回旋および右肩甲骨内転を防止するよう留意する．

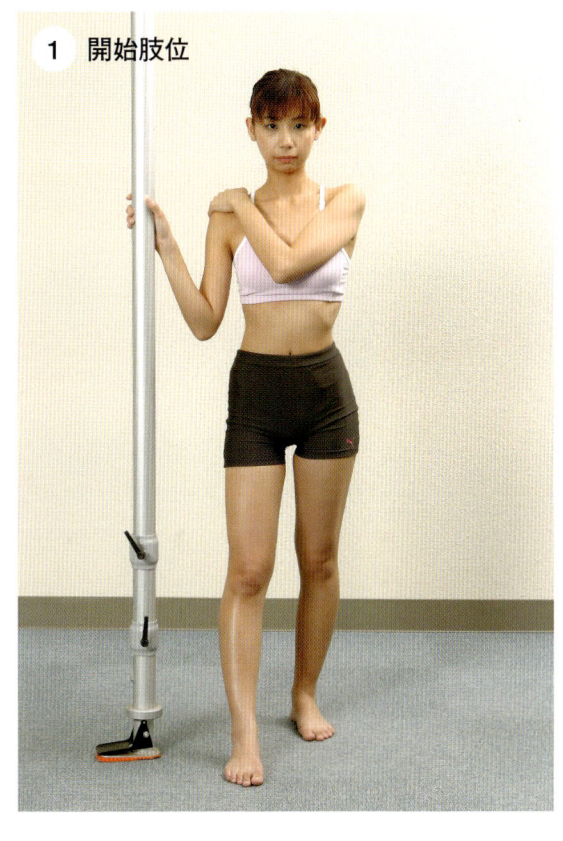

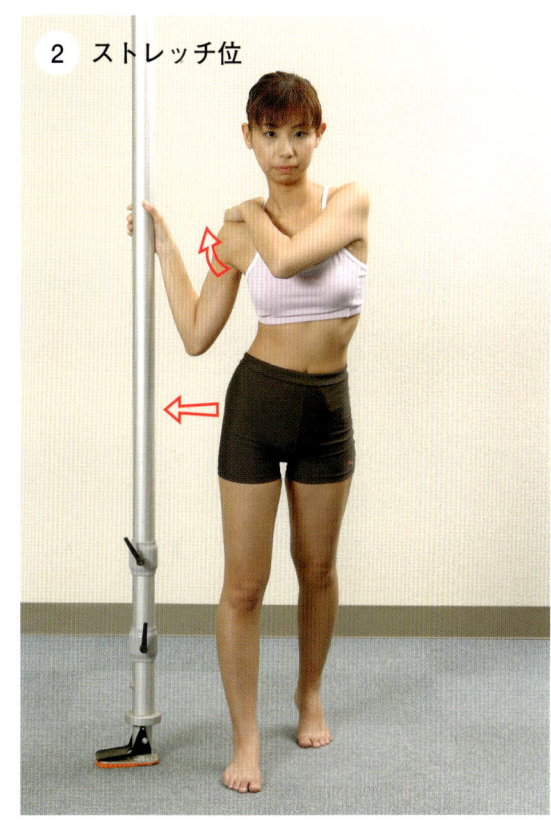

1　開始肢位

2　ストレッチ位

③ 開始肢位（別角度）　　　④ ストレッチ位（別角度）

31 腕橈骨筋 m. brachioradialis

起　　　始：上腕骨外側縁下部，外側上腕筋間中隔
停　　　止：橈骨茎状突起上方
神 経 支 配：橈骨神経 C5〜6
血 管 支 配：橈側側副動脈，橈側反回動脈
筋 　 連 　 結：上腕筋，長橈側手根伸筋，長母指外転筋，上腕二頭筋，上腕三頭筋

腕橈骨筋伸張法 1

開 始 肢 位：椅座位．右肘関節軽度屈曲位，右前腕最大回内位，右手関節軽度掌屈位とし，左手で手背部を把持する．
ストレッチ位：右肘関節を伸展しながら，左手で右手関節を掌屈・尺屈する．
指導ポイント：右肘関節は完全伸展しないよう留意する．

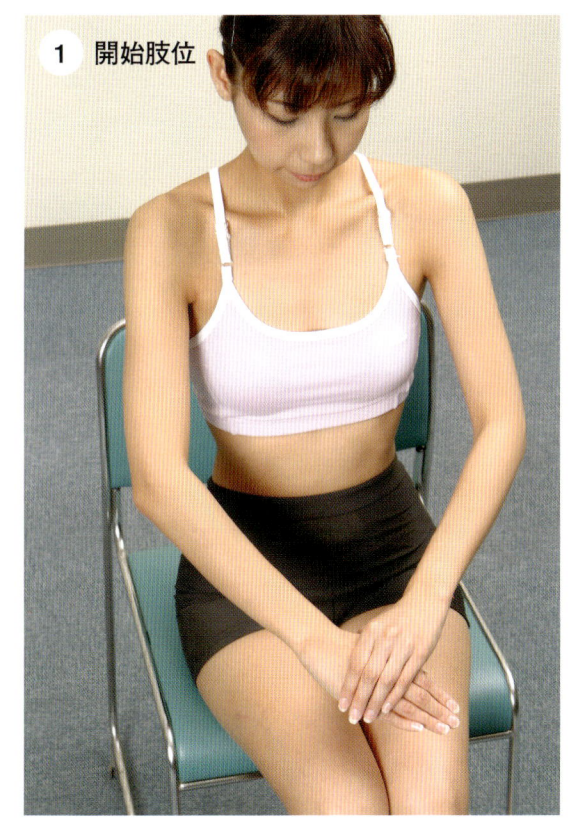

1 開始肢位

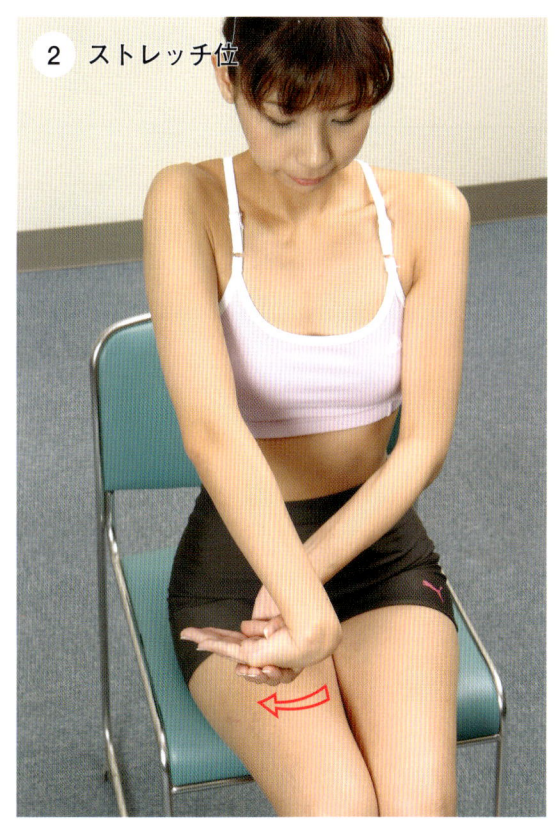

2 ストレッチ位

腕橈骨筋伸張法 2

開 始 肢 位：端座位．右肩関節軽度伸展・軽度外転・内旋位，右肘関節軽度屈曲位，右前腕最大回内位とし，右手関節掌屈位で手背をベッドに置く．
ストレッチ位：体幹を右回旋しながら，体重を右上肢に移動する．
指導ポイント：右肘関節は完全伸展しないよう留意する．

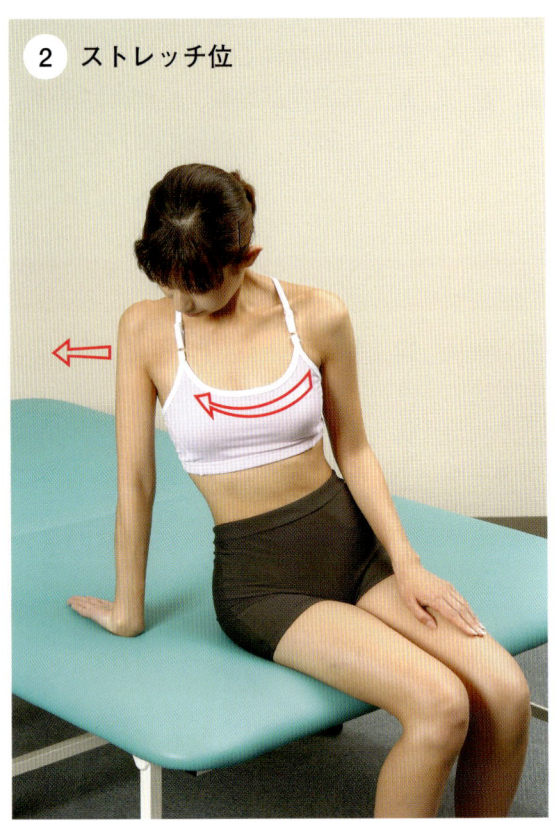

1 開始肢位

2 ストレッチ位

32 長橈側手根伸筋 m. extensor carpi radialis longus

起　　　始：上腕骨外側上顆，外側上腕筋間中隔
停　　　止：第2中手骨底背面
神 経 支 配：橈骨神経 C6〜7
血 管 支 配：橈側側副動脈，橈側反回動脈
筋 　 連 　 結：腕橈骨筋，母指内転筋，短橈側手根伸筋，総指伸筋，小指伸筋，尺側手根伸筋，短母指伸筋，上腕二頭筋，上腕筋，上腕三頭筋

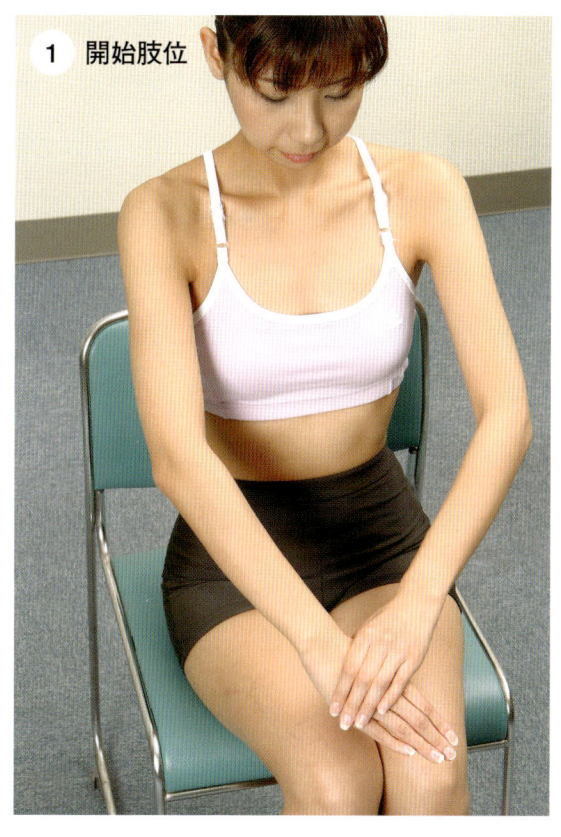

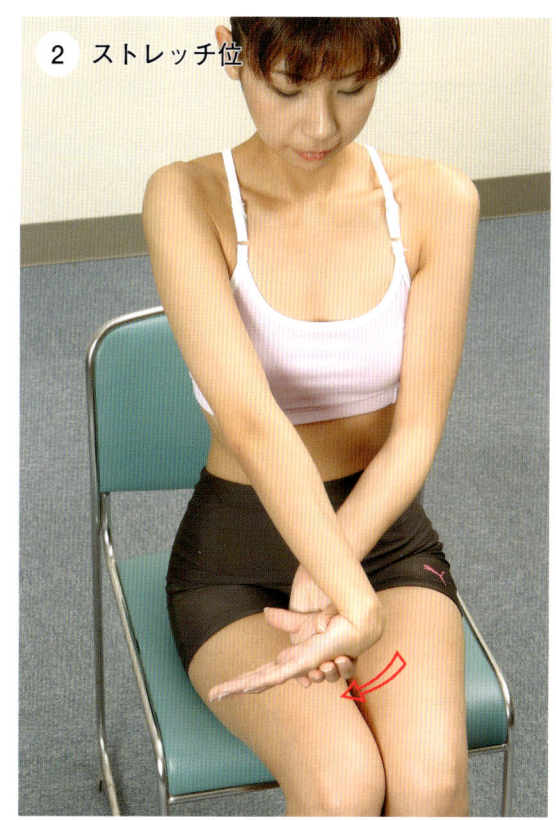

長橈側手根伸筋伸張法 1

開 始 肢 位：椅座位．右肘関節軽度屈曲位，右前腕最大回内位，右手関節軽度掌屈位とし，左手で手背部を把持する．
ストレッチ位：左手で右手関節を掌屈・尺屈し，右肘関節を伸展する．
指導ポイント：右肘関節は屈曲しないよう留意する．

1　開始肢位

2　ストレッチ位

長橈側手根伸筋伸張法 2

開 始 肢 位：端座位．右肘関節軽度屈曲位，右前腕最大回内位，右手関節掌屈位とし，手背をベッドに置く．
ストレッチ位：体幹を右側に倒しながら右手背小指側に体重を移動し，右手関節の掌屈・尺屈を増大させる．
指導ポイント：右肘関節は屈曲しないよう留意する．

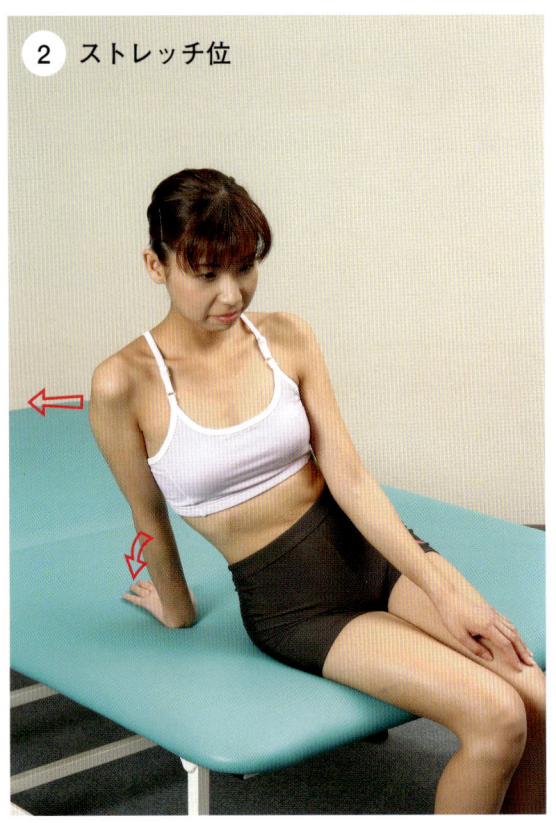

1 開始肢位

2 ストレッチ位

33 短橈側手根伸筋 m. extensor carpi radialis brevis

起　　　始：上腕骨外側上顆，橈骨輪状靱帯，この筋と総指伸筋間の腱板
停　　　止：第3中手骨底
神 経 支 配：橈骨神経深枝 C5〜7
血 管 支 配：橈側側副動脈，橈側反回動脈
筋 連 結：長橈側手根伸筋，回外筋，示指伸筋，(肘関節包を介して) 上腕筋，上腕三頭筋，肘筋，総指伸筋，浅指屈筋，回外筋，尺側手根伸筋，短母指伸筋

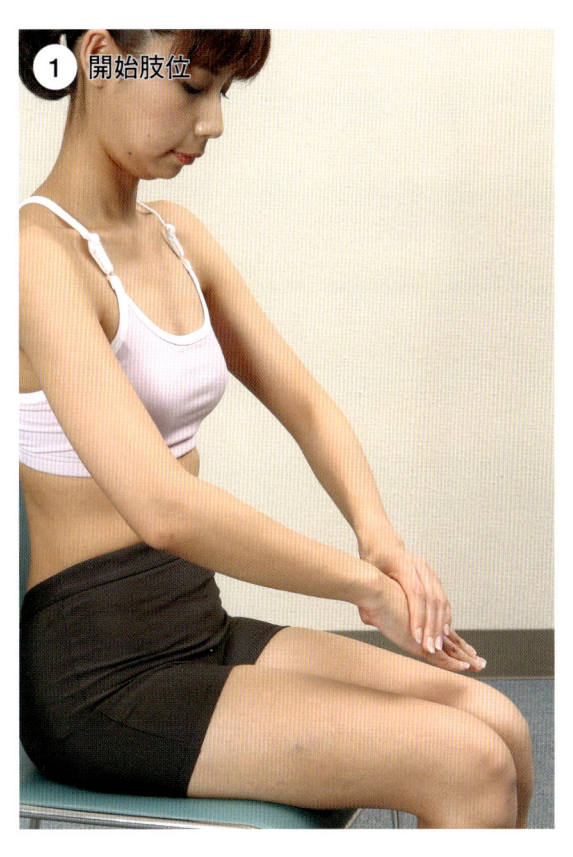

短橈側手根伸筋伸張法 1

開 始 肢 位：椅座位．右肘関節軽度屈曲位，右前腕最大回内位，右手関節軽度掌屈位とし，左手で手背部を把持する．
ストレッチ位：左手で右手関節を掌屈・尺屈し，右肘関節を伸展する．
指導ポイント：右肘関節は屈曲しないよう留意する．

① 開始肢位　② ストレッチ位

短橈側手根伸筋伸張法 2

開 始 肢 位：端座位．右肩関節伸展・内旋位，右肘関節伸展位，右前腕最大回内位，右手関節掌屈位とし，手背をベッドに置く．
ストレッチ位：体幹を右後方に倒しながら右手背中央部に体重を移動し，右手関節の掌屈を増大させる．
指導ポイント：右肘関節は屈曲しないよう留意する．

1 開始肢位

2 ストレッチ位

34 尺側手根伸筋 m. extensor carpi ulnaris

起　　　始：上腕骨外側上顆，肘関節橈側側副靱帯，尺骨後面
停　　　止：第5中手骨底背面
神 経 支 配：橈骨神経深枝 C6〜8
血 管 支 配：後骨間動脈
筋　連　結：尺側手根屈筋，深指屈筋，長橈側手根伸筋，示指伸筋，小指伸筋，（肘関節包を介して）上腕筋，上腕三頭筋，肘筋，総指伸筋，浅指屈筋，短橈側手根伸筋，短母指伸筋，回外筋

尺側手根伸筋伸張法 1

開 始 肢 位：椅座位．右肘関節軽度屈曲位，右前腕回外位とし，左手で小指側から右手を把持する．
ストレッチ位：右肘関節を伸展し，左手で右前腕最大回外しながら右手関節を掌屈・橈屈する．
指導ポイント：この方法は起始部および筋腹が主に伸張される．

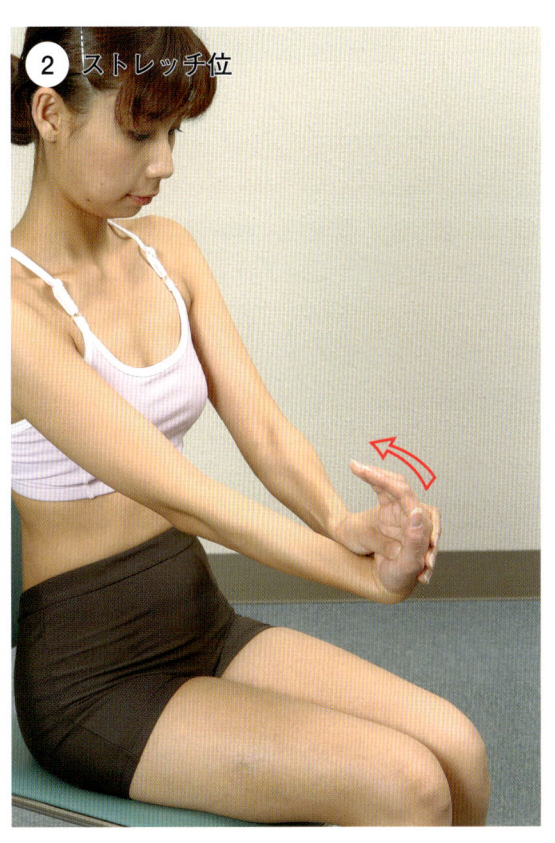

尺側手根伸筋伸張法 2

開 始 肢 位：椅座位．右肘関節軽度屈曲位，右前腕回外位とし，左手で小指側から右手を把持する．
ストレッチ位：右肘関節を90°屈曲し，左手で右前腕最大回外しながら右手関節を掌屈・橈屈する．
指導ポイント：この方法は停止部が主に伸張される．

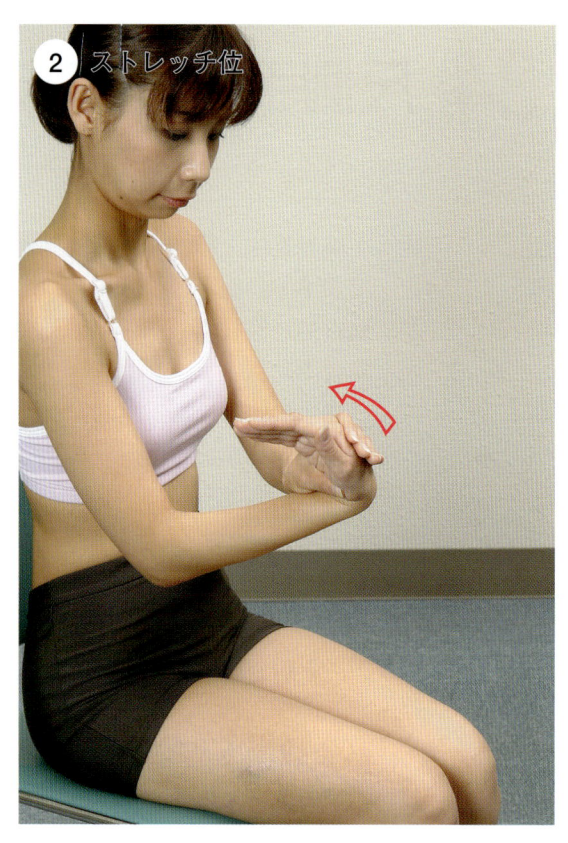

92 第2章 アクティブIDストレッチングの実際―体幹・上肢

尺側手根伸筋伸張法3

開 始 肢 位：端座位．右肩関節軽度伸展・外旋位，右肘関節伸展位，右前腕最大回外位，右手関節掌屈位とし，手背をベッドに置く．
ストレッチ位：体幹を右側方に倒しながら右手背母指側に体重を移動し，右手関節の掌屈・橈屈を増大させる．
指導ポイント：この方法は停止部が主に伸張される．

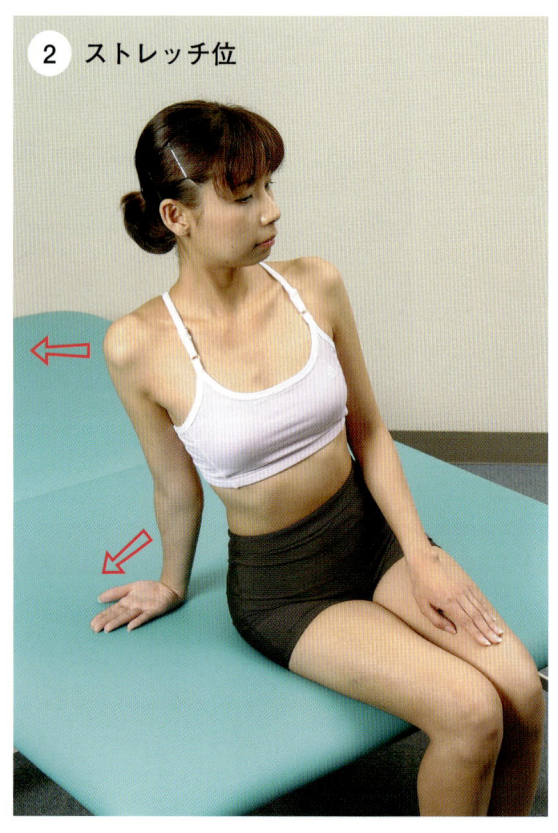

35 総指伸筋 m. extensor digitorum

起　　　始：上腕骨外側上顆，前腕筋膜
停　　　止：第2～5中節骨底・末節骨底
神 経 支 配：橈骨神経深枝 C6～8
血 管 支 配：後骨間動脈
筋　 連　 結：短橈側手根伸筋，尺側手根伸筋，掌側骨間筋，小指伸筋，長母指外転筋，短母指外転筋，短母指伸筋，示指伸筋，母指内転筋，小指外転筋，短小指屈筋，虫様筋，（肘関節包を介して）上腕筋，上腕三頭筋，浅指屈筋，短橈側手根伸筋，尺側手根伸筋，短母指伸筋，回外筋

総指伸筋伸張法 1

開 始 肢 位：椅座位．右肘関節軽度屈曲位，右手関節軽度掌屈位とし，左手で右手背部から右手指を軽く握り込む．
ストレッチ位：右肘関節を伸展し，左手で右手関節を掌屈する．
指導ポイント：右手指の伸展が起こらないよう留意する．

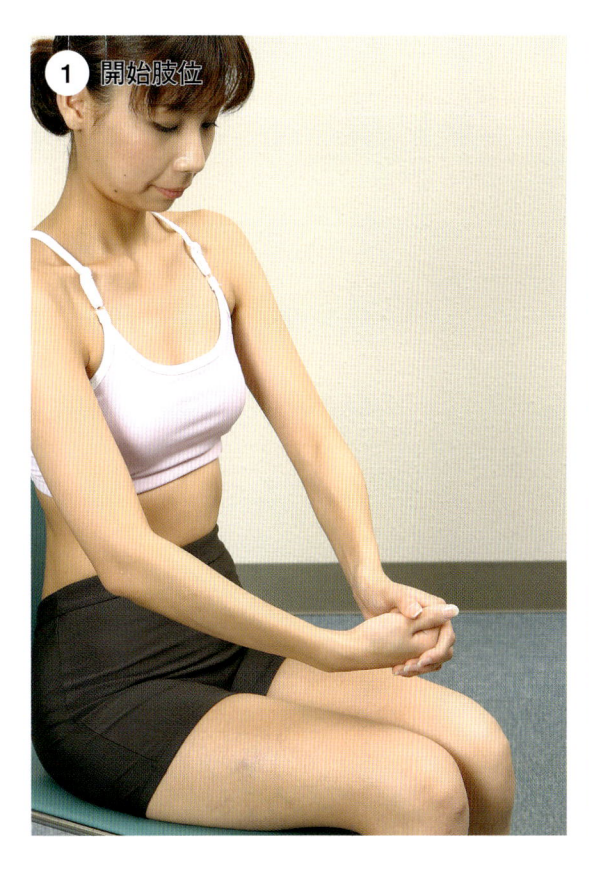

① 開始肢位
② ストレッチ位

総指伸筋伸張法 2

開 始 肢 位：椅座位．右肘関節軽度屈曲位，右手関節軽度掌屈位とし，左手で右手掌部から右手指を軽く握り込み，右大腿部に置く．
ストレッチ位：右肘関節を伸展し，右上肢に体重を移動しながら右手関節を掌屈する．
指導ポイント：右手指の伸展が起こらないよう留意する．

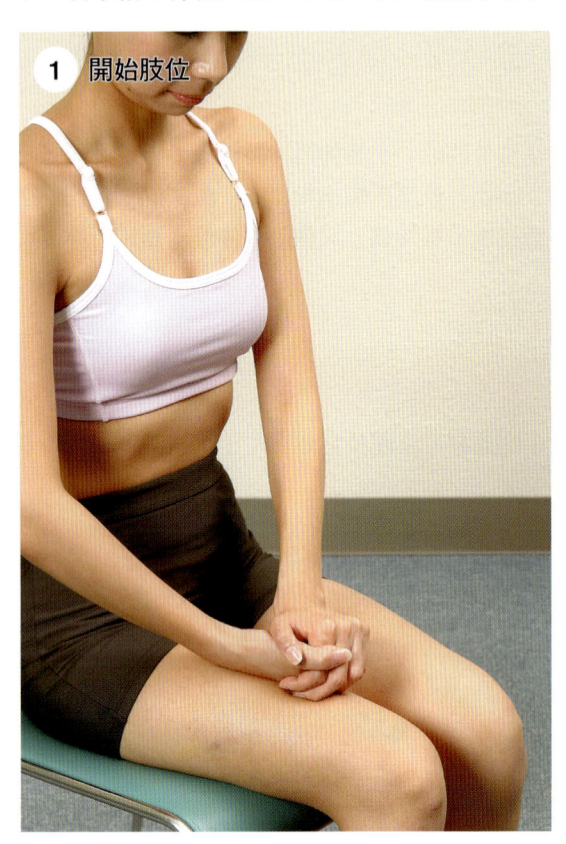

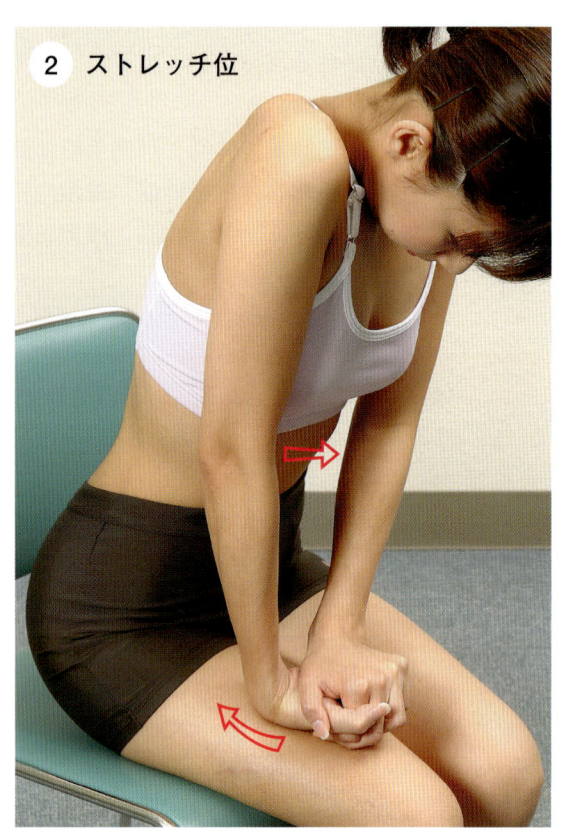

1 開始肢位

2 ストレッチ位

36 長母指伸筋 m. extensor pollicis longus

起　　　　始：前腕骨間膜，尺側手根伸筋筋膜
停　　　　止：母指末節骨底
神 経 支 配：橈骨神経深枝 C6〜8
血 管 支 配：後骨間動脈
筋 　 連 　 結：短母指伸筋，長母指屈筋，総指伸筋，示指伸筋，長母指外転筋，深指屈筋

長母指伸筋伸張法

開 始 肢 位：椅座位．右肘関節中等度屈曲位，右前腕軽度回外位，右手関節軽度掌屈・尺屈位，右母指掌
　　　　　　側外転位とし，左示指と左中指で右母指を挟み込み，左母指を右母指基節骨背面に置く．
ストレッチ位：左手で右母指 MP・IP 関節を最大屈曲する．
指導ポイント：伸張時，右手関節の尺屈は制限しない．

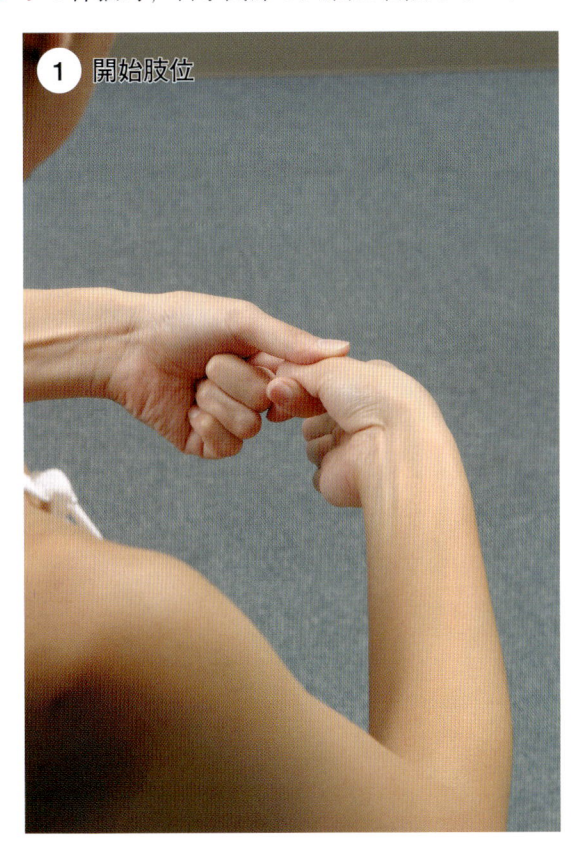

1 開始肢位

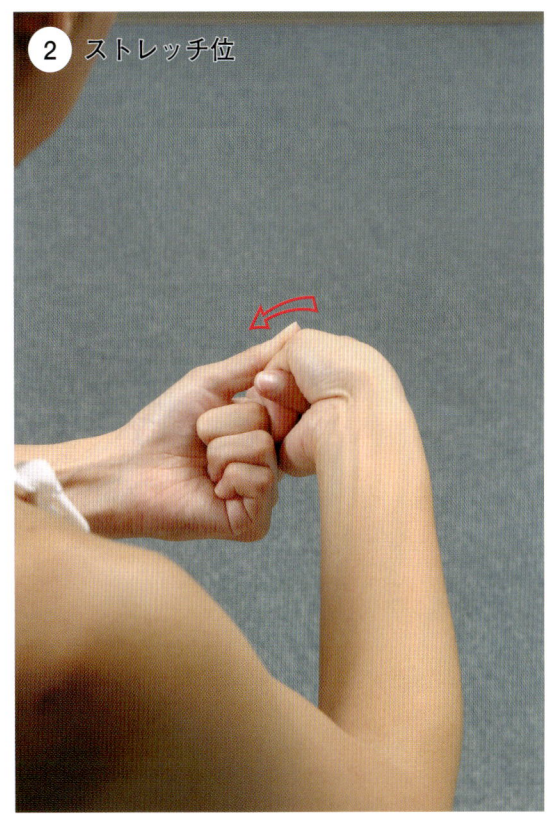

2 ストレッチ位

37 短母指伸筋 m. extensor pollicis brevis

起　　　始：前腕骨間膜，橈骨
停　　　止：母指基節骨底
神 経 支 配：橈骨神経深枝 C6〜8
血 管 支 配：後骨間動脈
筋 連 結：長母指伸筋，短母指外転筋，長橈側手根伸筋，長母指屈筋，総指伸筋，長母指外転筋，（肘関節包を介して）上腕筋，上腕三頭筋，肘筋，総指伸筋，浅指屈筋，短橈側手根伸筋，尺側手根伸筋，回外筋

短母指伸筋伸張法

開 始 肢 位：椅座位．右肘関節中等度屈曲位，右前腕軽度回外位，右手関節軽度背屈・尺屈位，右母指掌側外転位とする．右母指 IP 関節を伸展位のまま左手で右母指を握り込み，左母指を右母指基節骨背面に置く．
ストレッチ位：左手で右母指 MP 関節の屈曲を増大する．
指導ポイント：伸張時，右手関節の尺屈を制限しない．

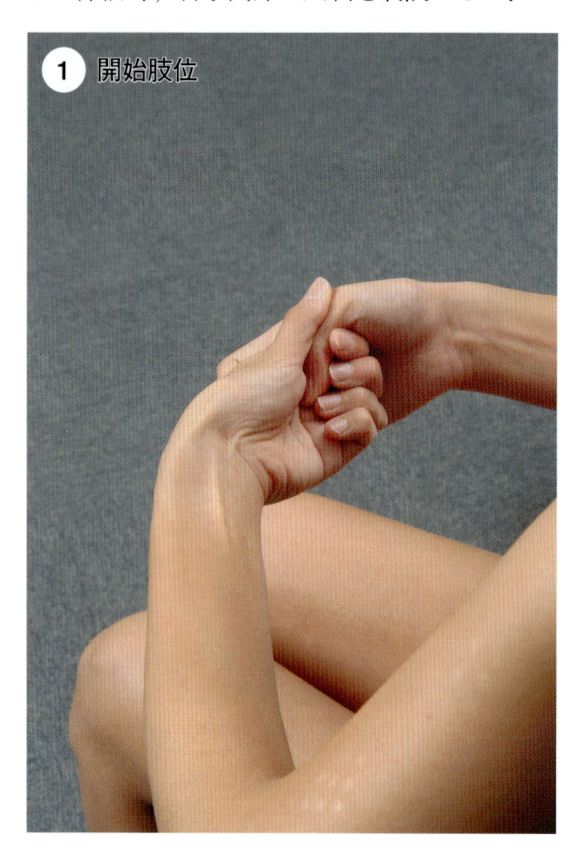

① 開始肢位

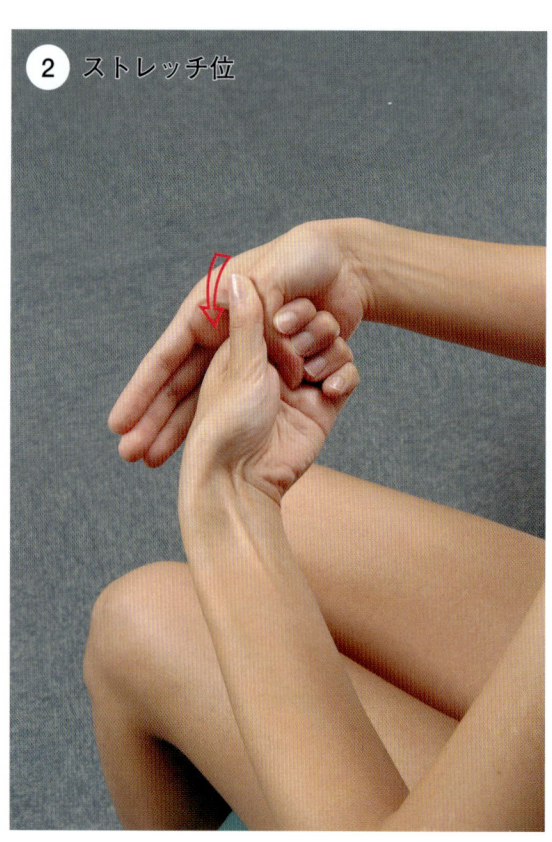

② ストレッチ位

38 長母指外転筋 m. abductor pollicis longus

起　　　始：尺骨骨間縁，前腕骨間膜，橈骨後面
停　　　止：第1中手骨底
神 経 支 配：橈骨神経深枝 C6〜8
血 管 支 配：後骨間動脈
筋　連　結：短母指外転筋，母指対立筋，腕橈骨筋，母指内転筋，長母指屈筋，総指伸筋，短母指伸筋，回外筋，長母指伸筋，深指屈筋

長母指外転筋伸張法

開 始 肢 位：椅座位．右肘関節中等度屈曲位，右前腕軽度回外位，右手関節軽度背屈・尺屈位，右母指は軽度内転位とする．右母指 IP・MP 関節を伸展位のまま左手指を右母指中手骨および基節骨に引っ掛け，左母指を小指側より右手根部背側に置く．
ストレッチ位：左手で右手関節を背屈・尺屈しながら，右母指 CM 関節の内転を増大する．
指導ポイント：右母指は掌側外転しないよう留意する．

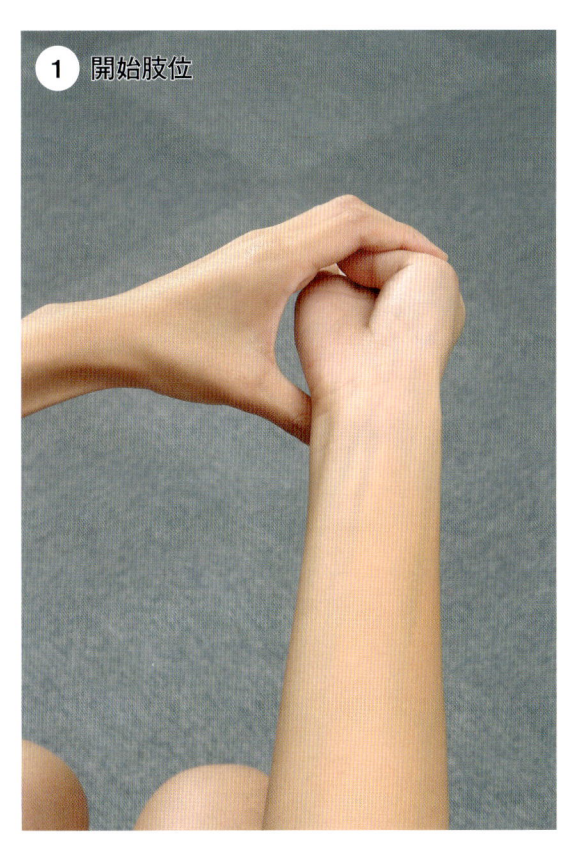

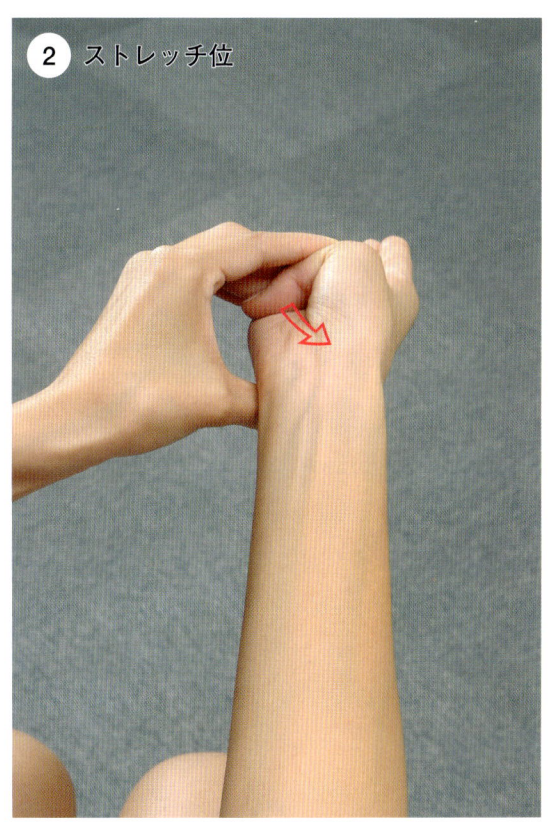

❶ 開始肢位

❷ ストレッチ位

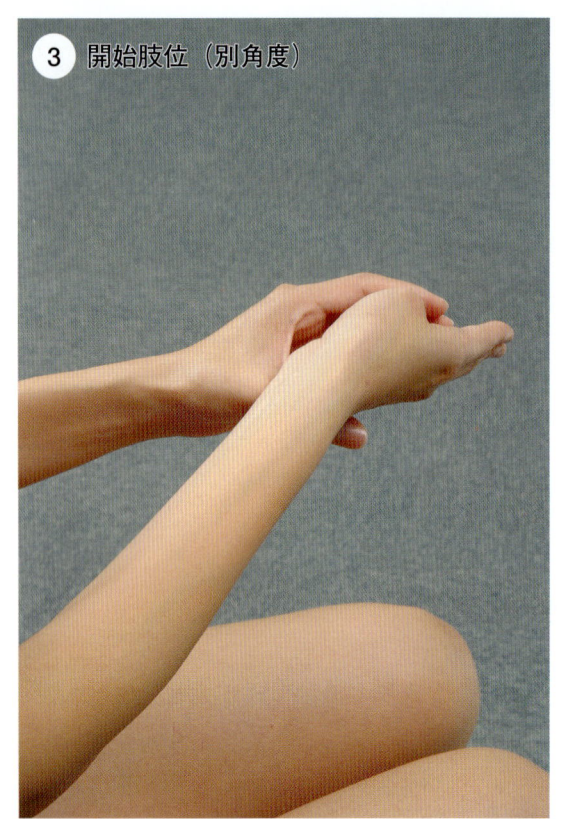

98　第2章　アクティブIDストレッチングの実際―体幹・上肢

③ 開始肢位（別角度）

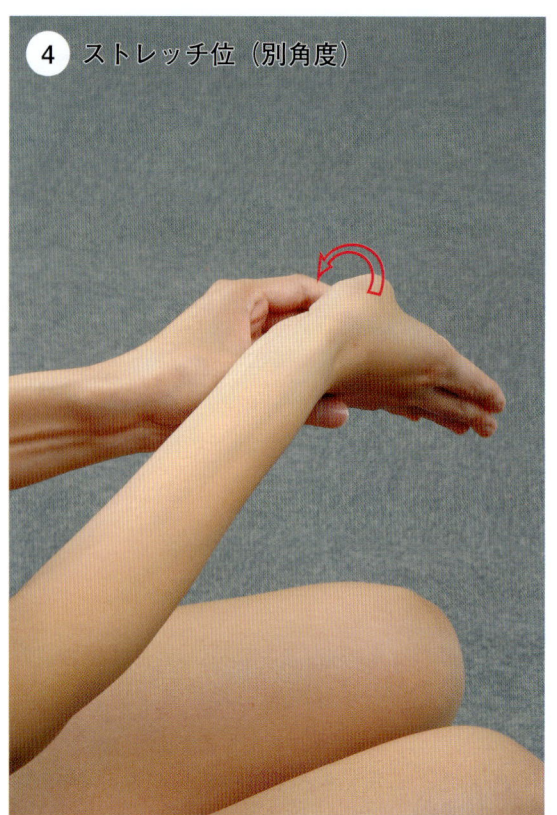

④ ストレッチ位（別角度）

39 示指伸筋 m. extensor indicis

起　　　始：前腕骨間膜，尺骨後面，尺側手根伸筋筋膜
停　　　止：第2指指背腱膜
神 経 支 配：後骨間神経 C6～8
血 管 支 配：後骨間動脈，前骨間動脈
筋 　連　 結：総指伸筋，尺側手根伸筋，長母指伸筋，短橈側手根伸筋

示指伸筋伸張法

開 始 肢 位：椅座位．右肘関節中等度屈曲位，右前腕回内位，右手関節軽度掌屈位とする．右示指は全関節中等度屈曲位とし，左母指を右示指末節骨背側，左示指を右示指基節骨背側に置く．
ストレッチ位：左手で右手関節掌屈を増大しながら，右示指全関節を最大屈曲する．
指導ポイント：右第3～5指は軽度屈曲位のままとする．

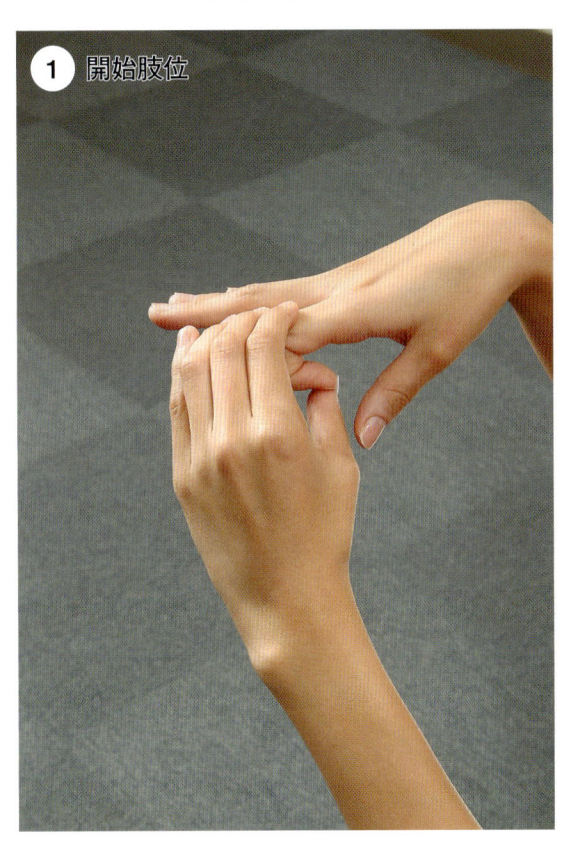

1 開始肢位

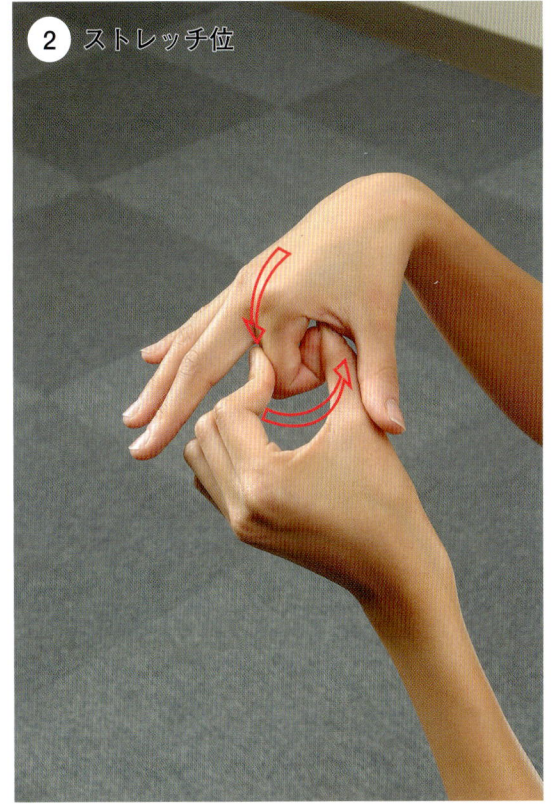

2 ストレッチ位

40 小指伸筋 m. extensor digiti minimi

起　　　始：前腕骨間膜，橈骨
停　　　止：小指基節骨底
神 経 支 配：橈骨神経深枝 C6〜8
血 管 支 配：後骨間動脈
筋 連 結：総指伸筋，尺側手根伸筋

小指伸筋伸張法

開 始 肢 位：椅座位．右肘関節中等度屈曲位，右前腕回外位，右手関節軽度掌屈位，右小指は MP 関節中等度屈曲位とし，左母指を右小指基節骨背側遠位に置く．
ストレッチ位：左手で右手関節掌屈を増大しながら，左母指で右小指 MP 関節を最大屈曲する．
指導ポイント：右小指 DIP・PIP 関節は伸展位のままとする．

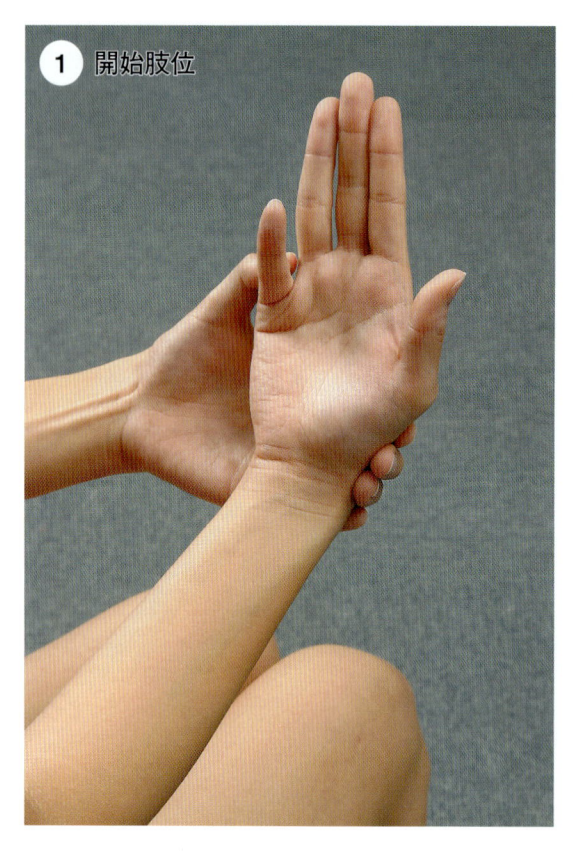

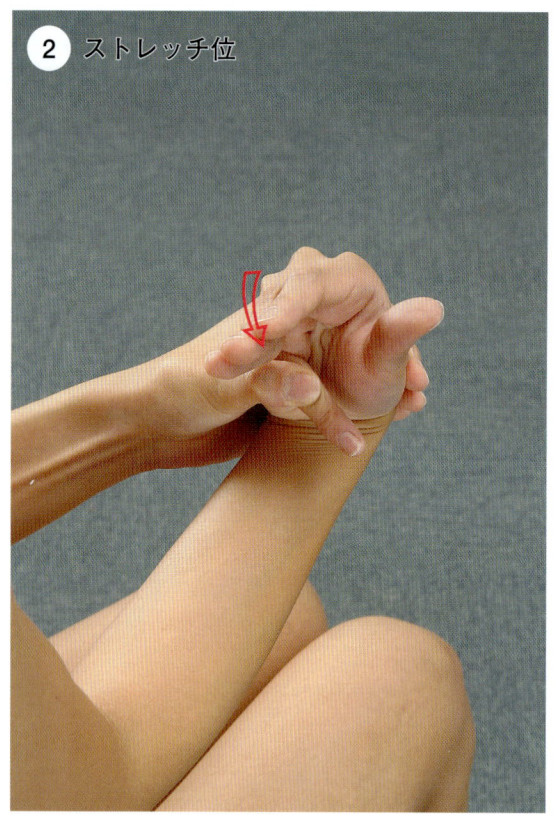

① 開始肢位

② ストレッチ位

41 橈側手根屈筋 m. flexor carpi radialis

起　　　始：上腕骨内側上顆，前腕筋膜
停　　　止：第2〜3中手骨底掌側
神 経 支 配：正中神経 C6〜8
血 管 支 配：橈骨動脈
筋　連　結：円回内筋，長掌筋，尺側手根屈筋，浅指屈筋，上腕二頭筋，短母指外転筋

橈側手根屈筋伸張法 1

開 始 肢 位：椅座位．右肘関節伸展位，右前腕最大回外位，右手関節中間位，右手指屈曲位とし，右母指を中に握り込む．左手で右手掌部を把持する．
ストレッチ位：左手で右手関節を背屈・尺屈する．
指導ポイント：伸張時，右肘関節を軽度屈曲すると停止部付近がより伸張される．

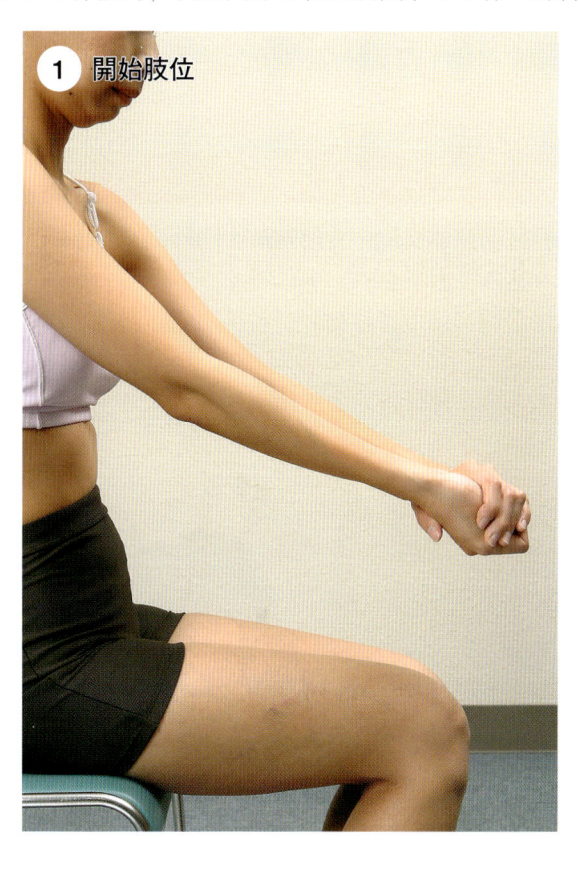

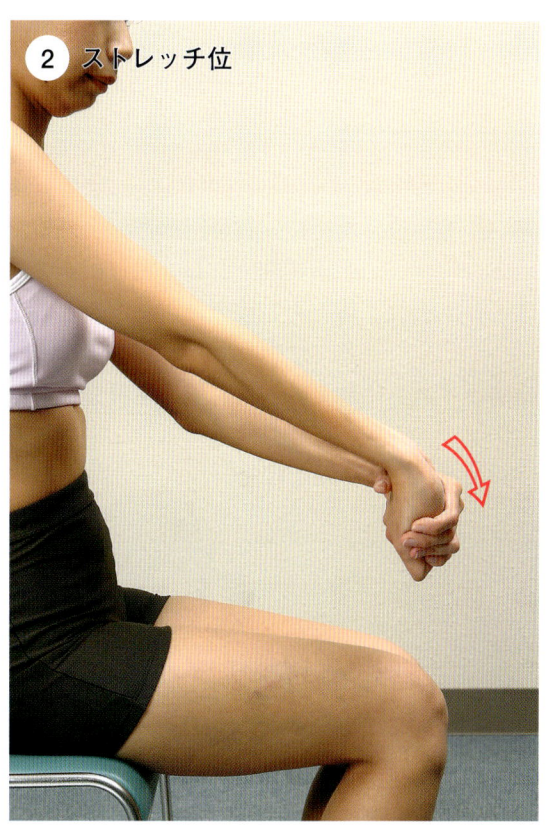

1 開始肢位　　　**2** ストレッチ位

| 3 開始肢位（別角度） | 4 ストレッチ位（別角度） |

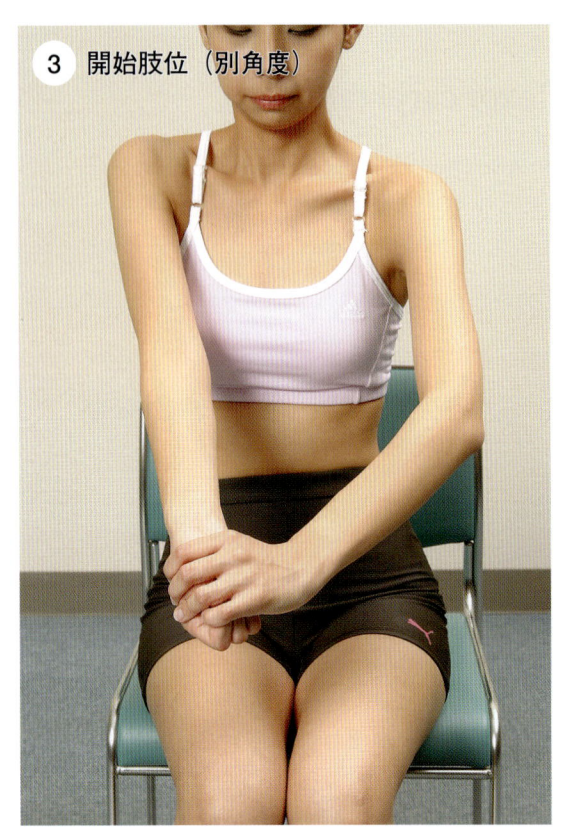

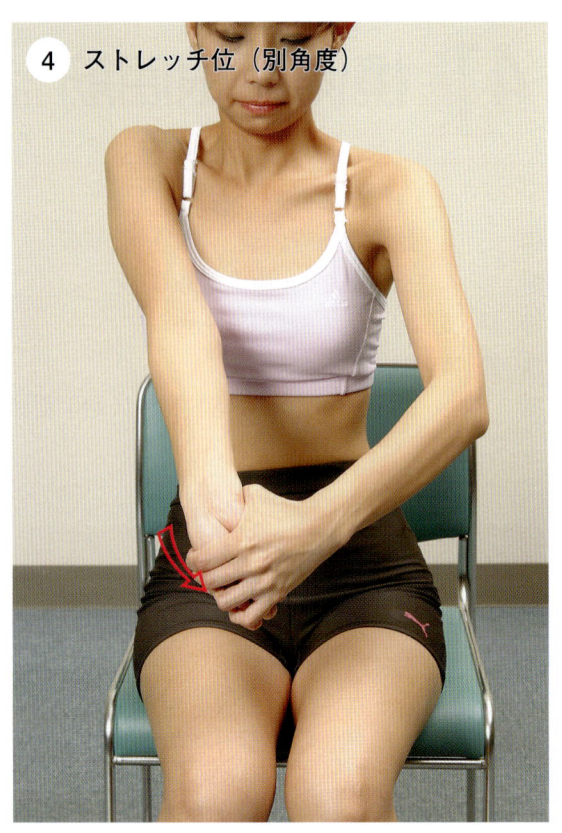

橈側手根屈筋伸張法 2

開 始 肢 位：端座位．右肩関節伸展・外旋位，右肘関節伸展位，右前腕最大回外位，右手関節背屈位，右手指屈曲位とし，右母指を中に握り込み，右手をベッドに置く．
ストレッチ位：体幹を右後方に倒しながら右手掌母指側に体重を移動し，右手関節の背屈・尺屈を増大させる．
指導ポイント：伸張時，右肘関節を軽度屈曲させると停止部付近がより伸張される．

| 1 開始肢位 | 2 ストレッチ位 |

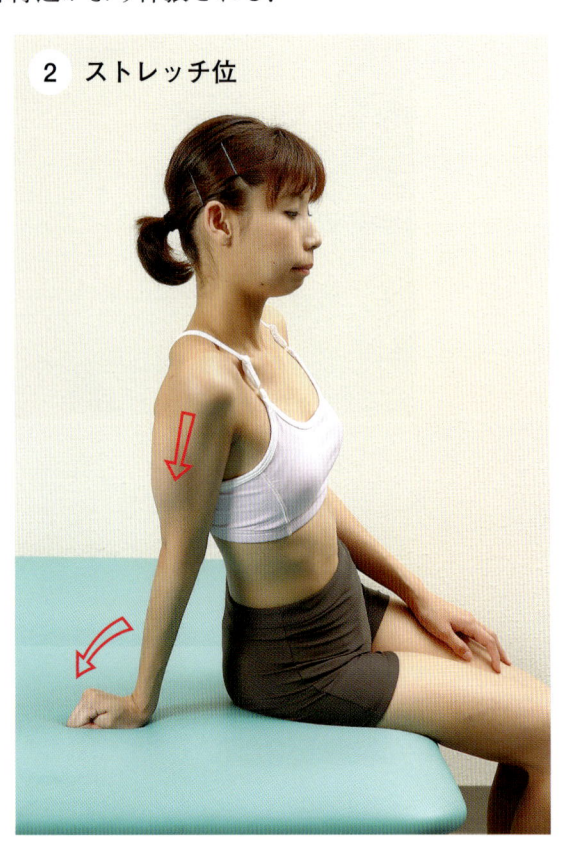

橈側手根屈筋 m. flexor carpi radialis | 103

3 開始肢位(別角度)

4 ストレッチ位(別角度)

42 長掌筋 m. palmaris longus

起　　　　始：上腕骨内側上顆，前腕筋膜
停　　　　止：手掌腱膜
神 経 支 配：正中神経 C7〜Th1
血 管 支 配：尺骨動脈
筋 　連　 結：橈側手根屈筋，尺側手根屈筋，母指内転筋，円回内筋，小指対立筋，上腕二頭筋，浅指屈筋

長掌筋伸張法 1

開 始 肢 位：椅座位．右肘関節伸展位，右前腕回外位，右手関節軽度背屈位，右手指外転位とし，左手指を右手指 MP 関節掌側に置く．
ストレッチ位：右手指外転位を維持したまま，右手関節背屈，右第 2〜5 指 MP 関節伸展を増大する．
指導ポイント：伸張時，右母指が内転しないよう，また右手指 IP 関節が軽度屈曲位になるよう留意する．

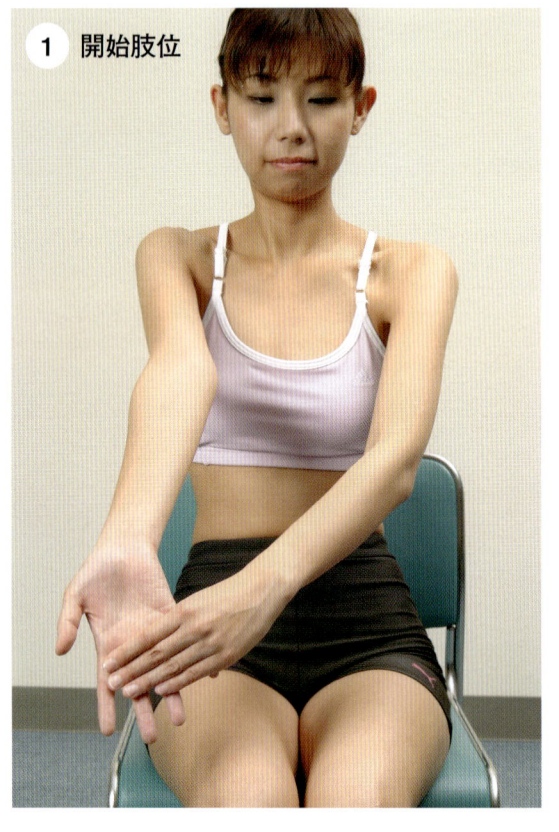

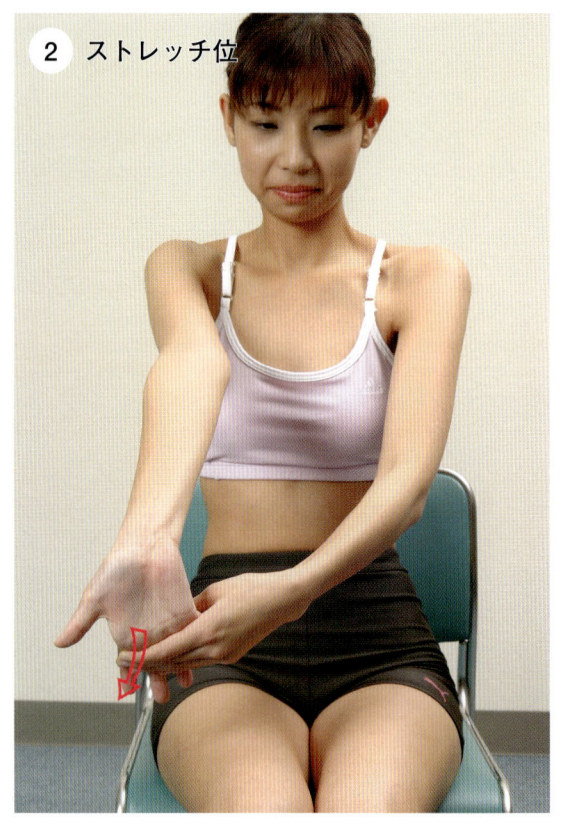

1　開始肢位

2　ストレッチ位

長掌筋 m. palmaris longus | 105

③ 開始肢位（別角度）

④ ストレッチ位（別角度）

長掌筋伸張法 2

開 始 肢 位：端座位．右肩関節外旋位，右肘関節伸展位，右前腕回外位，右手関節軽度背屈位，右手指軽度屈曲・最大外転位とし，右手掌を右殿部外側のベッド上に置く．
ストレッチ位：体幹を右斜め後方に倒しながら，右手関節背屈，右第2〜5指MP関節伸展を増大する．
指導ポイント：伸張時，右母指が内転しないよう，また右手指IP関節が軽度屈曲位になるよう留意する．

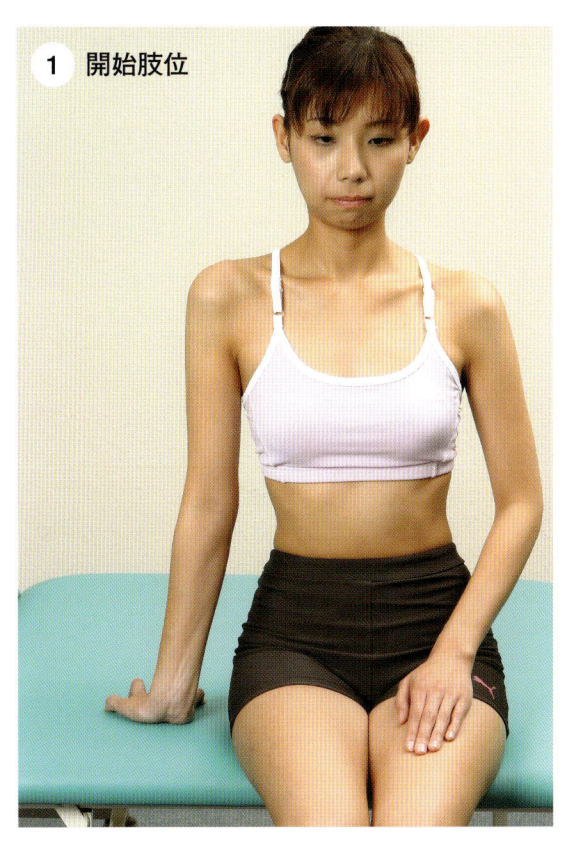

① 開始肢位

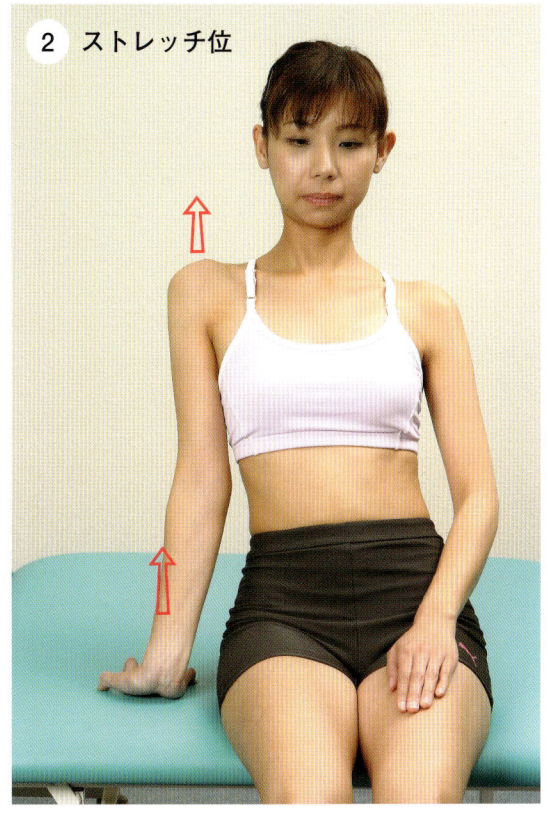

② ストレッチ位

3 開始肢位（別角度）

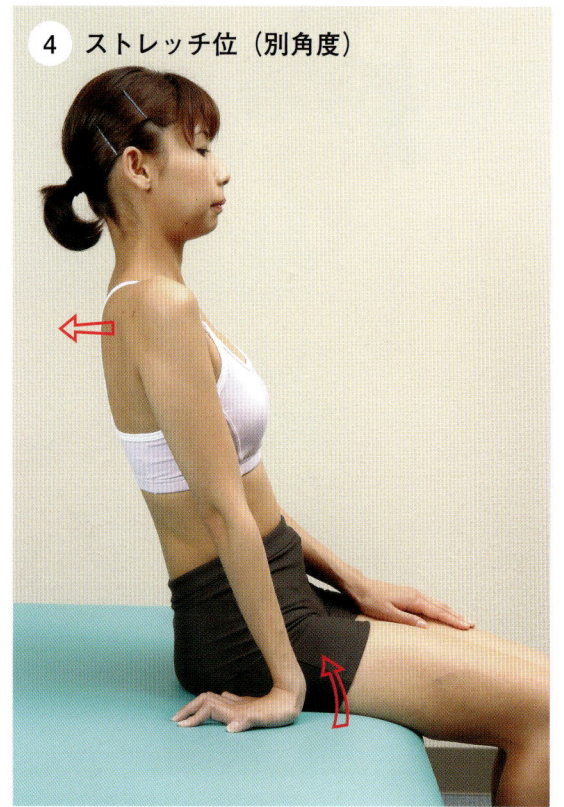

4 ストレッチ位（別角度）

43 尺側手根屈筋 m. flexor carpi ulnaris

起　　　始：上腕骨内側上顆，肘頭，前腕筋膜，尺骨中部までの後縁
停　　　止：豆状骨，有鈎骨，第5中手骨
神 経 支 配：尺骨神経 C7〜Th1
血 管 支 配：尺側側副動脈，尺骨動脈
筋 　連　 結：尺側手根伸筋，深指屈筋，小指外転筋，円回内筋，小指対立筋，上腕二頭筋，浅指屈筋，長掌筋

尺側手根屈筋伸張法 1

開 始 肢 位：椅座位．右肘関節伸展位，右前腕回内位，右手関節軽度背屈位，右手指屈曲位とし，右母指を中に握り込み，左手で右手背から右手指を把持する．
ストレッチ位：左手で右前腕を最大回内しながら右手関節を背屈・橈屈する．
指導ポイント：伸張時，右肘関節を軽度屈曲させると起始部がより伸張される．

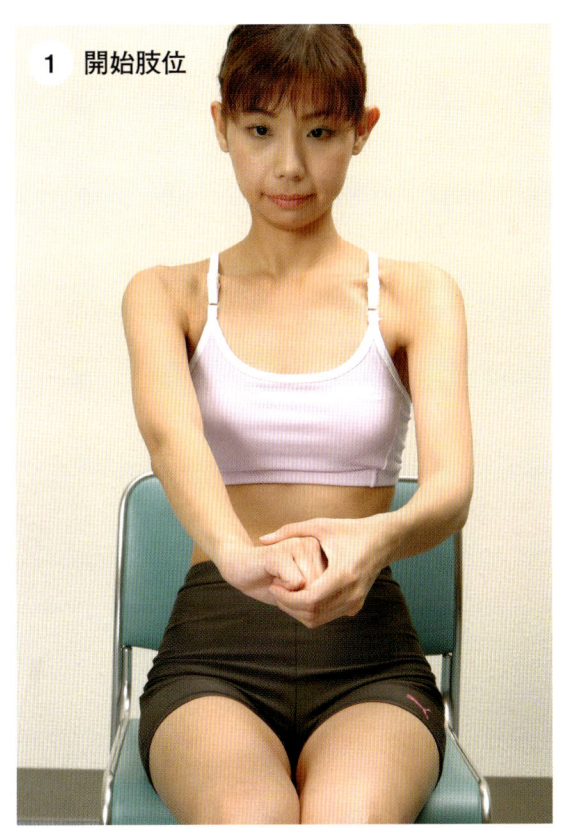

1 開始肢位

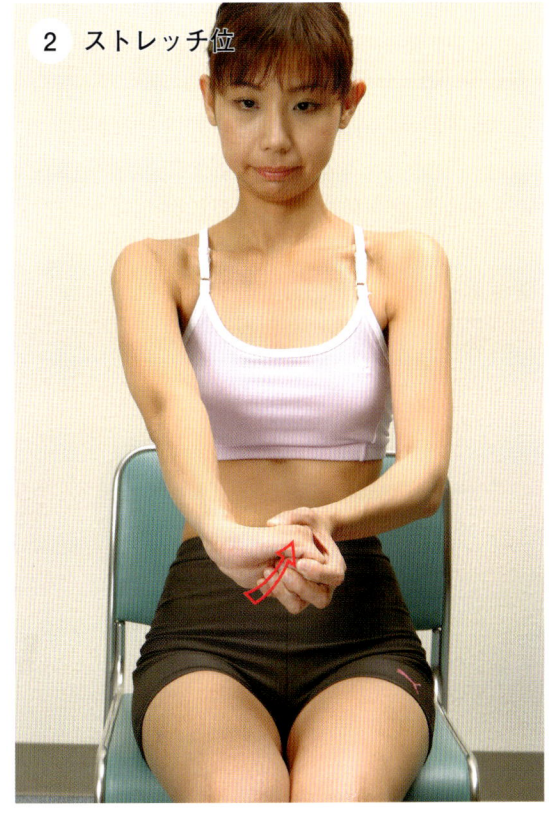

2 ストレッチ位

③ 開始肢位（別角度） ④ ストレッチ位（別角度）

尺側手根屈筋伸張法 2

開 始 肢 位：端座位．右肩関節軽度伸展・内旋位，右肘関節伸展位，右前腕最大回内位，右手関節背屈位とし，右母指を中に握り込み，右手をベッドに置く．
ストレッチ位：体幹を右後方に倒しながら右手掌小指側に体重を移動し，右手関節の背屈・橈屈を増大させる．
指導ポイント：伸張時，手掌部が離床しないように留意する．なお，右肘関節を軽度屈曲させると起始部の伸張が強調される．

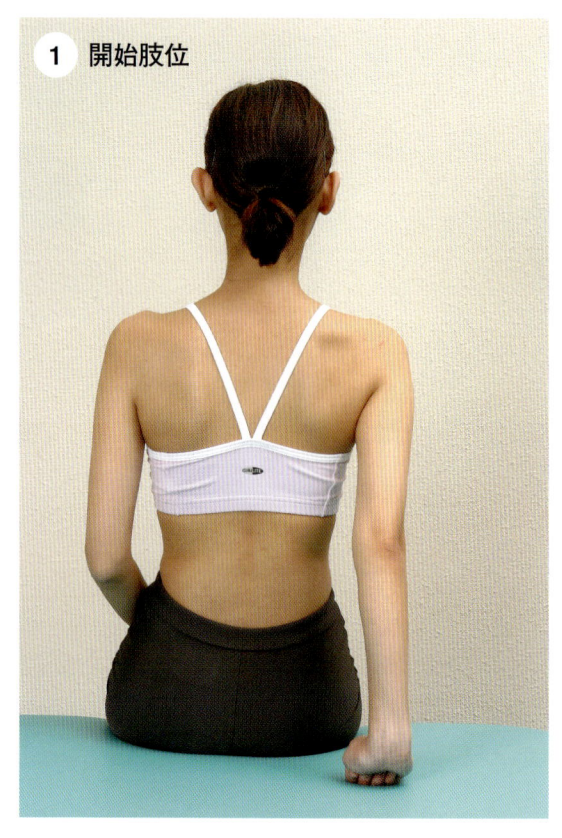

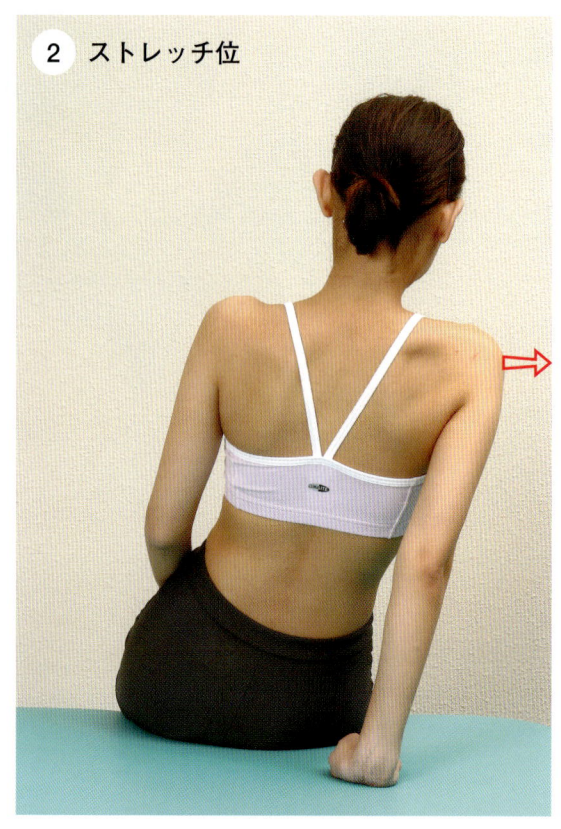

① 開始肢位 ② ストレッチ位

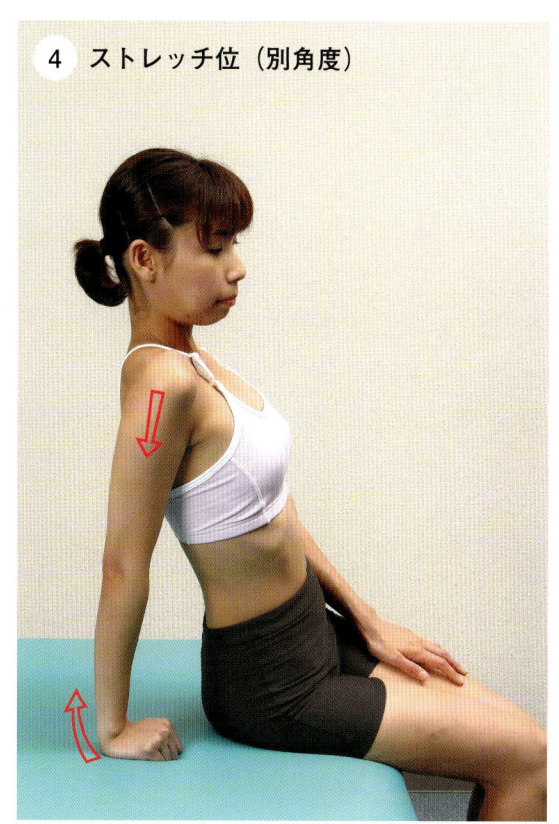

尺側手根屈筋 m. flexor carpi ulnaris | 109

3 開始肢位（別角度）

4 ストレッチ位（別角度）

44 浅指屈筋 m. flexor digitorum superficialis

起　　　始：(上腕尺骨頭) 上腕骨内側上顆，尺骨粗面内側，(橈骨頭) 橈骨上方前面
停　　　止：第2～5中節骨底掌面
神 経 支 配：正中神経 C7～Th1
血 管 支 配：尺骨動脈，橈骨動脈
筋　連　結：深指屈筋，長母指屈筋，円回内筋，長掌筋，橈側手根屈筋，尺側手根屈筋，上腕二頭筋，(肘関節包を介して) 上腕筋，上腕三頭筋，肘筋，総指伸筋，短橈側手根伸筋，尺側手根伸筋，短母指伸筋，回外筋

浅指屈筋伸張法

開 始 肢 位：椅座位．右肘関節伸展位，右前腕最大回外位，右手関節軽度背屈位とし，左手で右小指側から右手指PIP関節までを把持する．
ストレッチ位：左手で右手関節および右手指MP・PIP関節を伸展する．
指導ポイント：右手指DIP関節は伸展しないよう留意する．

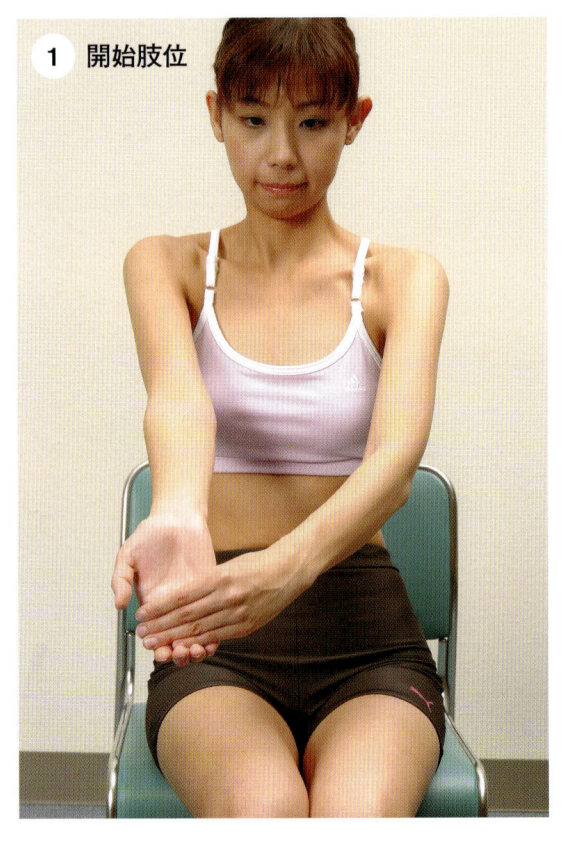

1　開始肢位

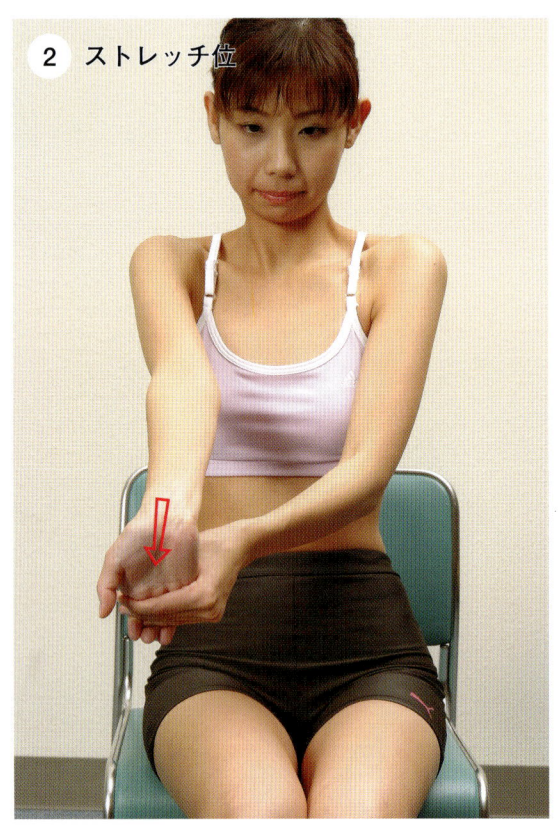

2　ストレッチ位

浅指屈筋 m. flexor digitorum superficialis | 111

3 開始肢位（別角度）

4 ストレッチ位（別角度）

45 深指屈筋 m. flexor digitorum profundus

- 起　　　始：尺骨前面近位 2/3，前腕骨間膜
- 停　　　止：第 2〜5 指末節骨底
- 神 経 支 配：正中神経 C7〜Th1，尺骨神経 C7〜Th1
- 血 管 支 配：尺骨動脈掌側骨間枝および筋枝
- 筋 　連　 結：上腕二頭筋，尺側手根屈筋，長母指屈筋，長母指外転筋，長母指伸筋

深指屈筋伸張法 1

- **開 始 肢 位**：椅座位．右肘関節伸展位，右前腕最大回外位，右手関節軽度背屈位とし，左手で右小指側から右手指先端までを把持する．
- **ストレッチ位**：左手で右手関節および右手指全関節を伸展する．
- **指導ポイント**：伸張時，右肘関節を軽度屈曲すると停止部が主に伸張される．

① 開始肢位　　② ストレッチ位

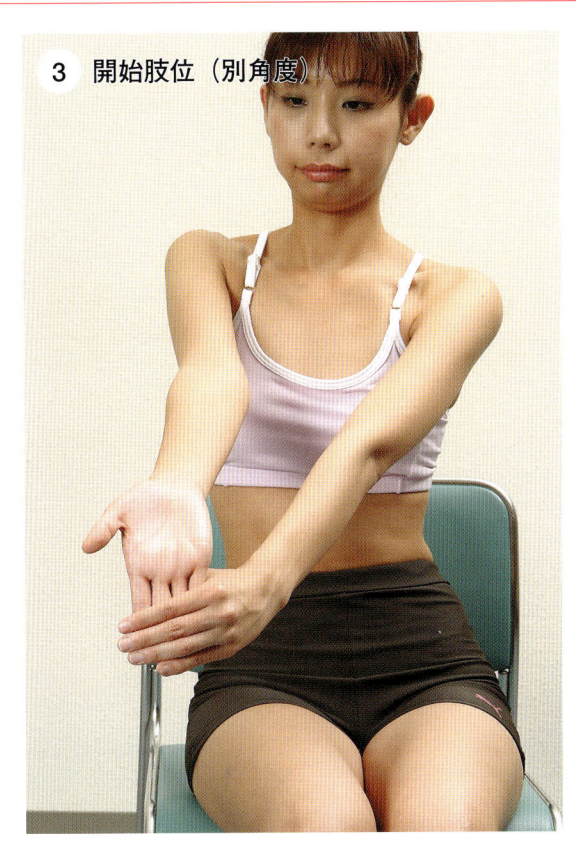

深指屈筋 m. flexor digitorum profundus 113

| 3 開始肢位（別角度） | 4 ストレッチ位（別角度） |

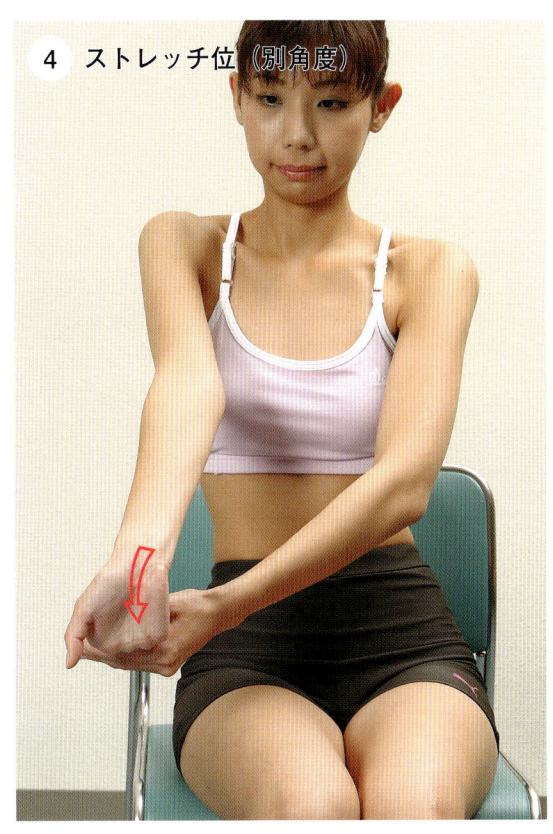

深指屈筋伸張法 2

開 始 肢 位：端座位．右肩関節外旋位，右肘関節伸展位，右前腕回外位，右手関節背屈位，右手指伸展位とし，右手掌を右殿部外側のベッド上に置く．
ストレッチ位：体幹を後方に倒しながら，右手関節背屈を増大する．
指導ポイント：伸張時，手掌面がベッドから離れないよう留意する．

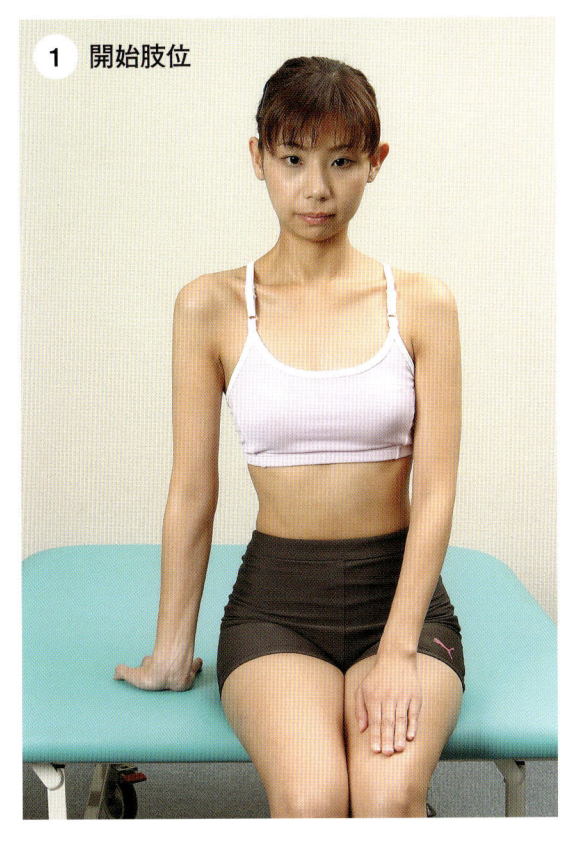

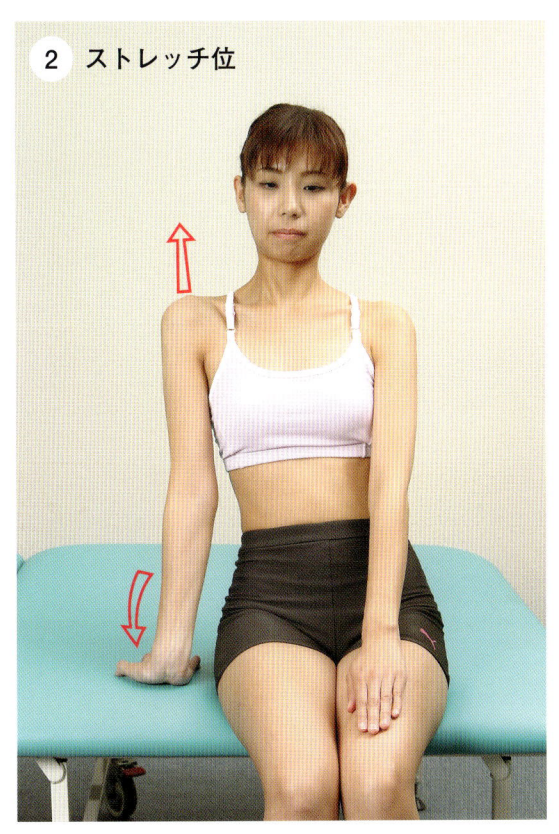

| 1 開始肢位 | 2 ストレッチ位 |

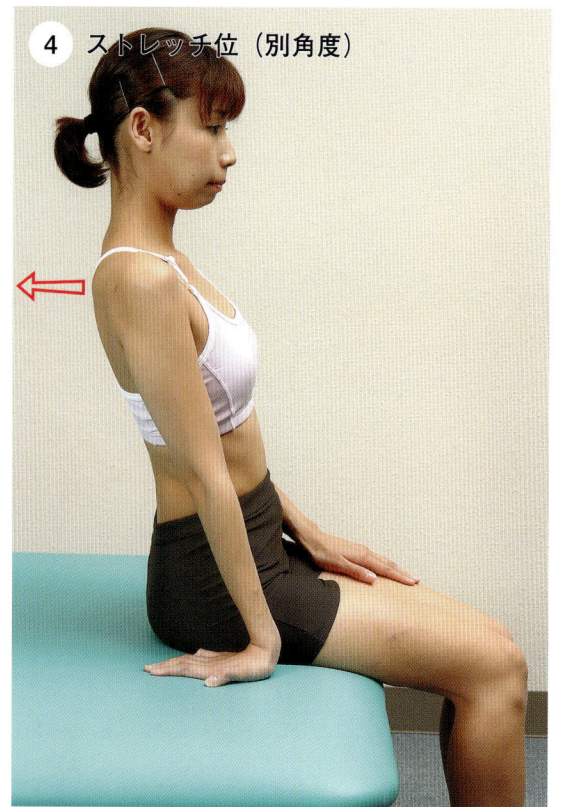

114 第2章 アクティブIDストレッチングの実際―体幹・上肢

3 開始肢位（別角度）

4 ストレッチ位（別角度）

46 長母指屈筋 m. flexor pollicis longus

起　　　始：橈骨前面，前腕骨間膜
停　　　止：母指末節骨底
神 経 支 配：前腕骨間神経 C6〜7
血 管 支 配：尺骨動脈掌側骨間枝
筋 連 結：深指屈筋

長母指屈筋伸張法

開 始 肢 位：椅座位．右肘関節中等度屈曲位，右前腕回外位，右手関節軽度背屈位，右母指 MP・IP 関節中間位とし，左母指と左第 2〜3 指で右母指を把持する．
ストレッチ位：左手で右前腕回外および手関節背屈を増大させながら，右母指を橈側外転・伸展する．
指導ポイント：伸張時，右母指全関節を伸展する．

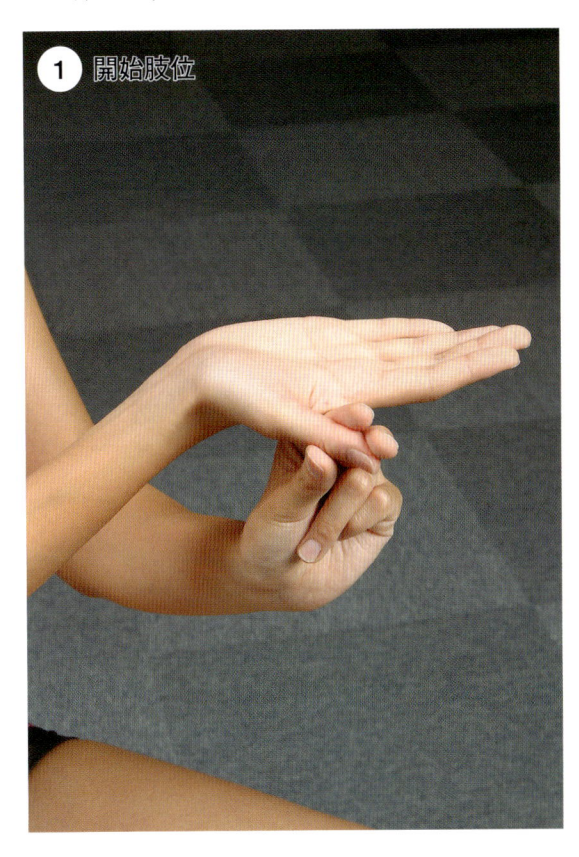

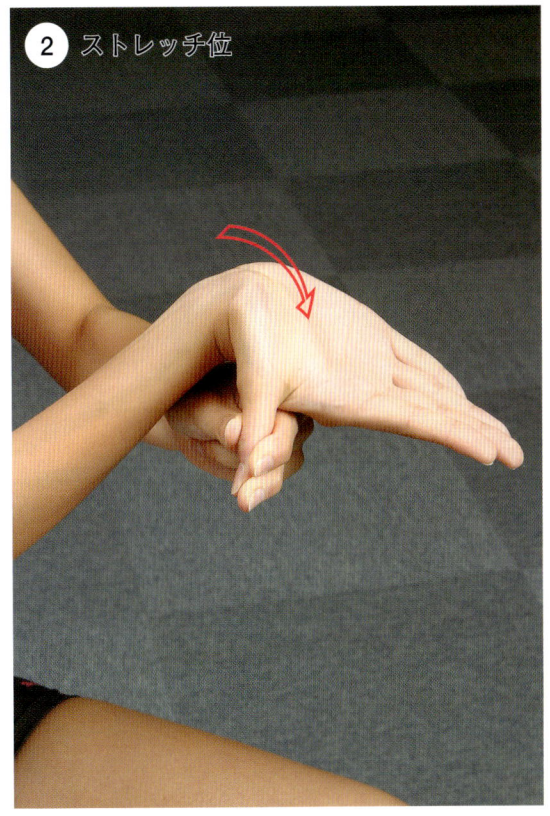

1 開始肢位

2 ストレッチ位

第2章
アクティブIDストレッチングの実際
下肢

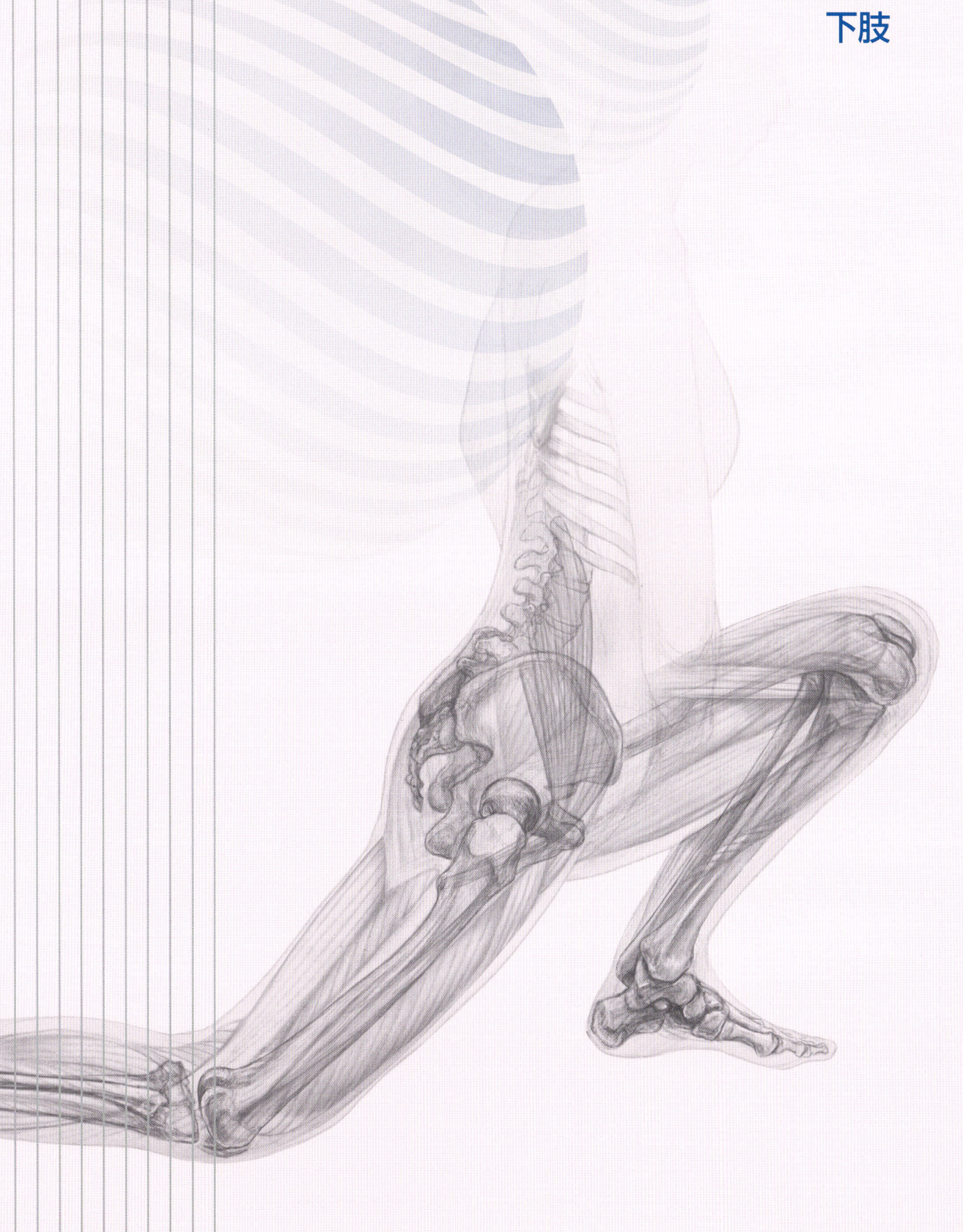

47 腸骨筋 m. iliacus

起　　　始：腸骨上縁・内面
停　　　止：大腰筋内側，大腿骨小転子
神 経 支 配：腰神経叢と大腿神経の枝 L2〜S2
血 管 支 配：腸腰動脈，深腸骨回旋動脈
筋　連　結：大腰筋，腰方形筋，内閉鎖筋，上双子筋，下双子筋，縫工筋，大腿直筋，内側広筋，大腿筋膜張筋，恥骨筋，（股関節包を介して）大腰筋，小腰筋，小殿筋，梨状筋，外閉鎖筋

腸骨筋伸張法 1

開 始 肢 位：立位．右膝関節を屈曲し，椅子にのせる．左下肢を大きく1歩前に出す．
ストレッチ位：両手を左膝にのせ，体重を左下肢に移動し，左下肢を屈曲しながら右股関節を伸展する．
指導ポイント：腰椎は前弯しないよう，また体幹は屈曲しないよう留意する．

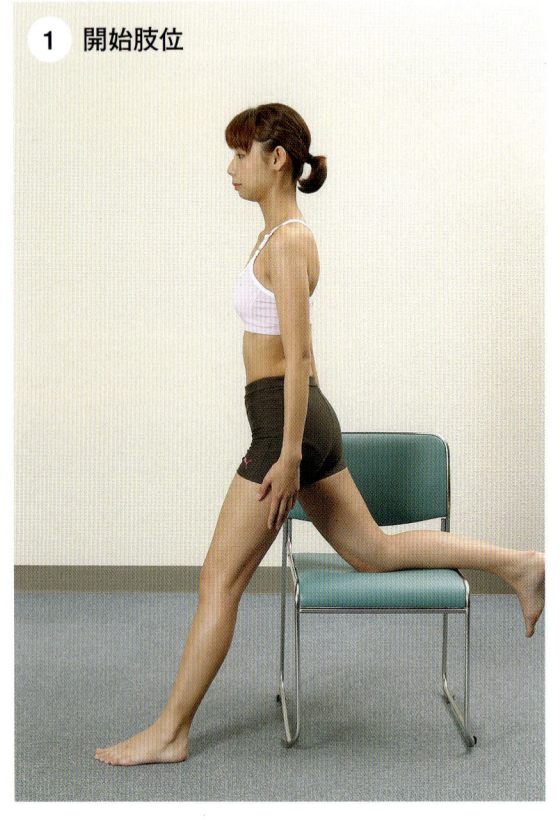

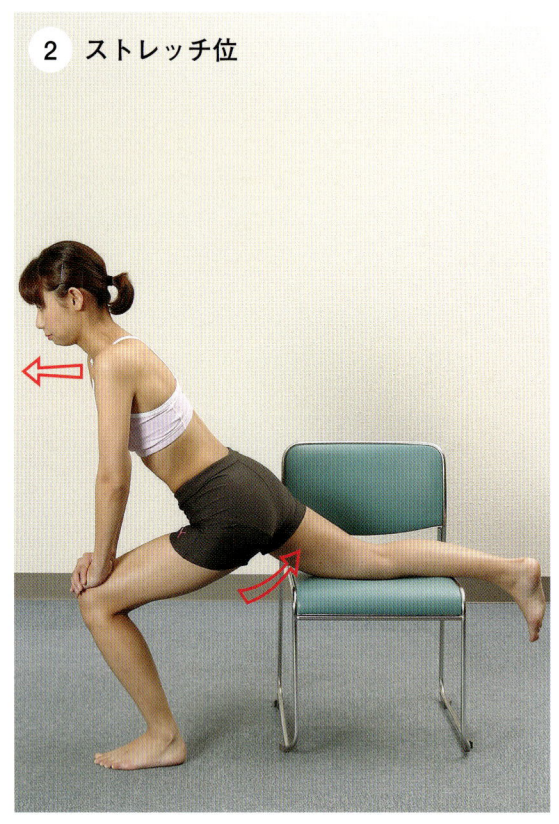

1 開始肢位

2 ストレッチ位

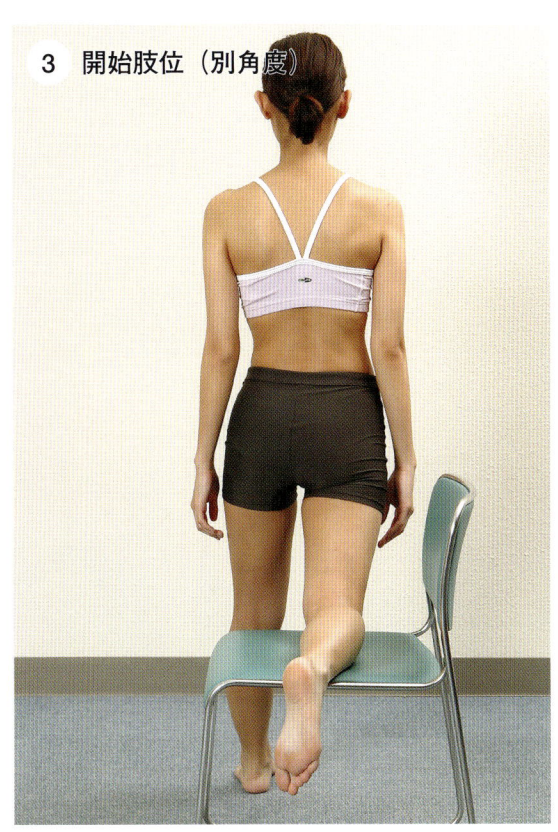

| 3 開始肢位（別角度） | 4 ストレッチ位（別角度） |

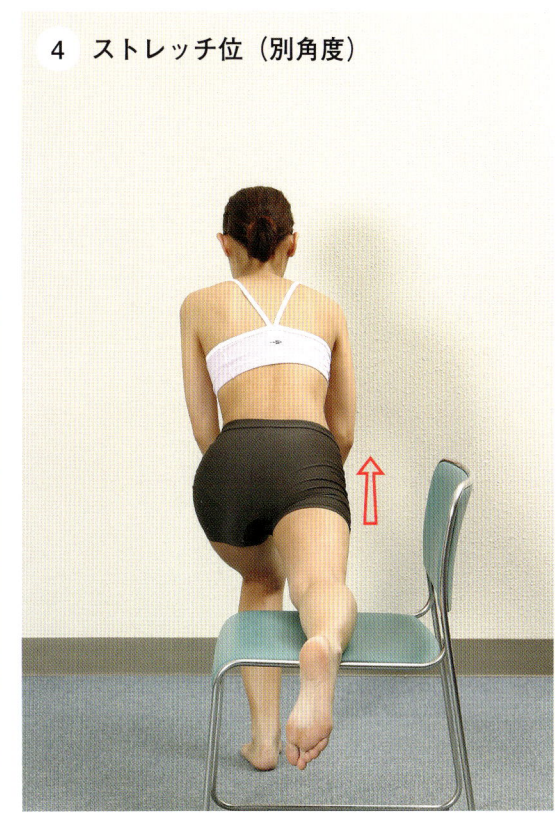

腸骨筋伸張法2

開 始 肢 位：片膝立ち位．左下肢を前に出した片膝立ちとする．
ストレッチ位：左下肢に体重を移動させながら両手を前につき，右股関節を伸展する．
指導ポイント：腰椎は前弯しないよう留意する．

| 1 開始肢位 | 2 ストレッチ位 |

| 3 開始肢位（別角度） | 4 ストレッチ位（別角度） |

腸骨筋伸張法3

開 始 肢 位：背臥位．ベッドに対して斜めに寝る．左膝を立て，右下肢をベッド外側に垂らす．
ストレッチ位：両手で左膝を抱え，両手で引き寄せながら左股関節を最大屈曲する．
指導ポイント：右股関節を外転しないよう留意する．

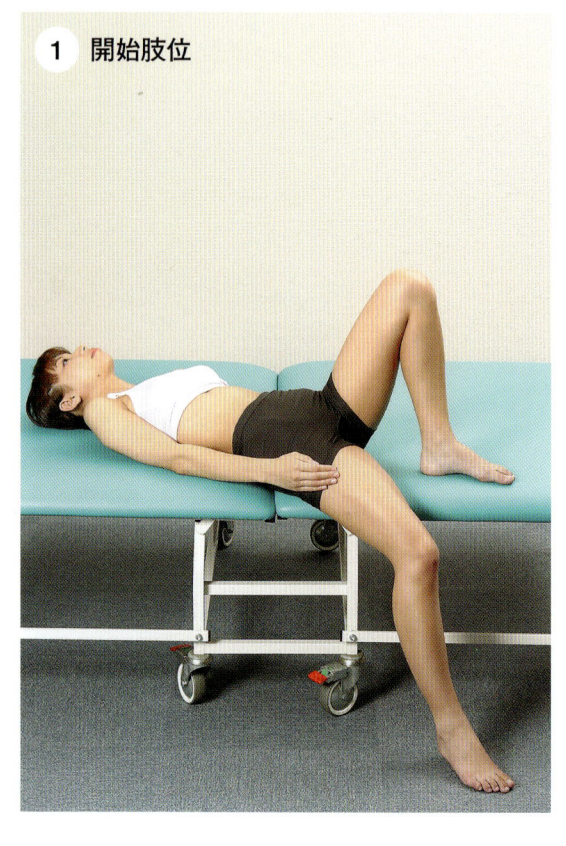

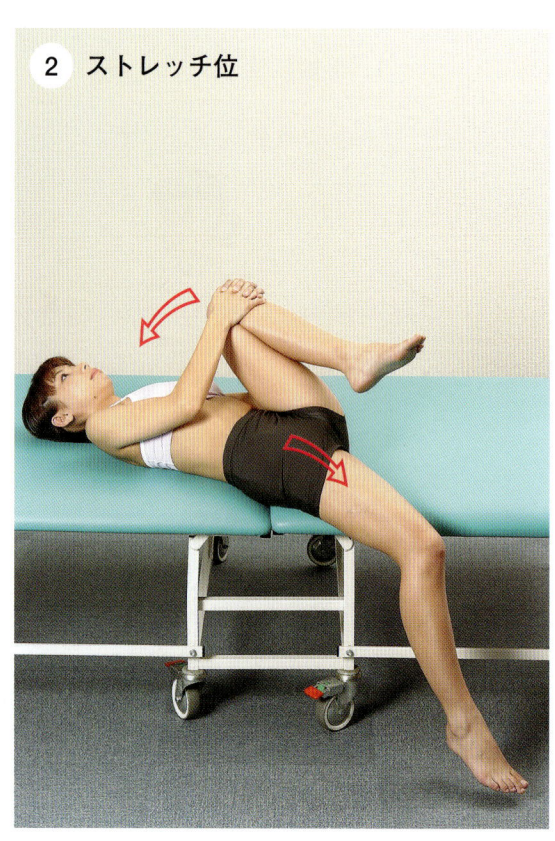

| 1 開始肢位 | 2 ストレッチ位 |

48 大腰筋 m. psoas major

起　　　　始：第12胸椎椎体および第1〜4腰椎の椎体・肋骨突起，第1〜5腰椎肋骨突起
停　　　　止：大腿骨小転子
神 経 支 配：腰神経叢と大腿神経の枝 Th12〜L4
血 管 支 配：肋下動脈，腰動脈，腸腰動脈，内側大腿回旋動脈
筋　連　結：腸骨筋，横隔膜，腰方形筋，最長筋，腸肋筋，（股関節包を介して）腸骨筋，小腰筋，恥骨筋，小殿筋，梨状筋，外閉鎖筋

大腰筋伸張法 1

開 始 肢 位：立位．右膝関節を屈曲し，椅子にのせる．左下肢を大きく1歩前外方に出す．体重は右下肢にかけておく．
ストレッチ位：両手を左大腿部に置き，体重を左下肢に移動し，左下肢を屈曲しながら腰椎を伸展，右股関節を伸展・外転する．
指導ポイント：腸骨筋との違いは腰椎伸展位と右股関節外転位で伸張するところである．

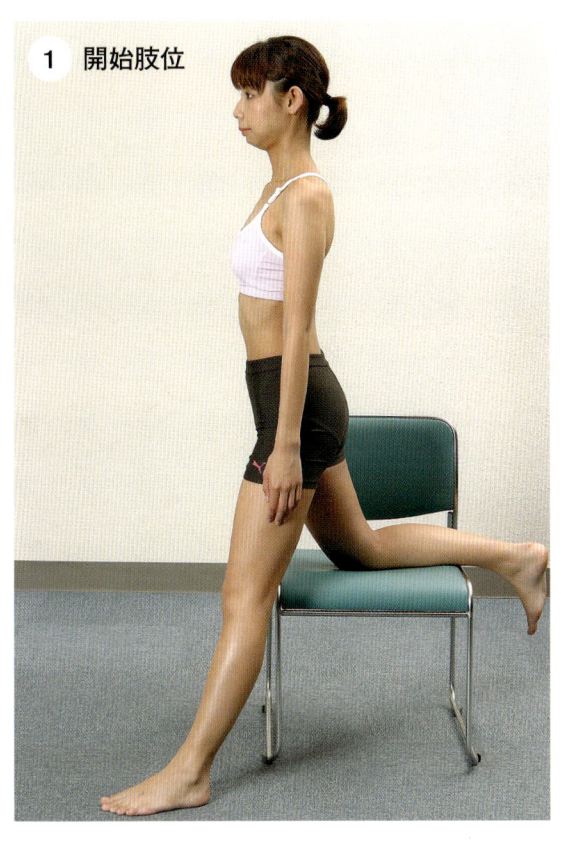

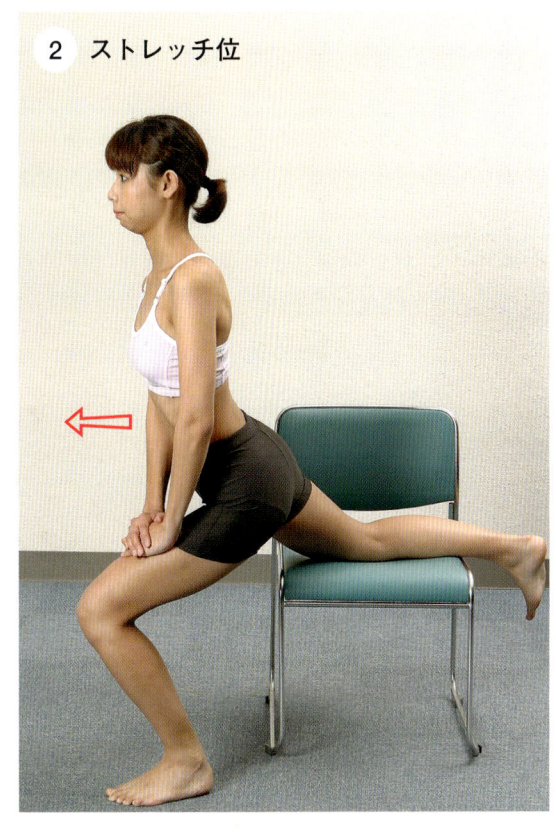

1　開始肢位

2　ストレッチ位

| 3 開始肢位（別角度） | 4 ストレッチ位（別角度） |

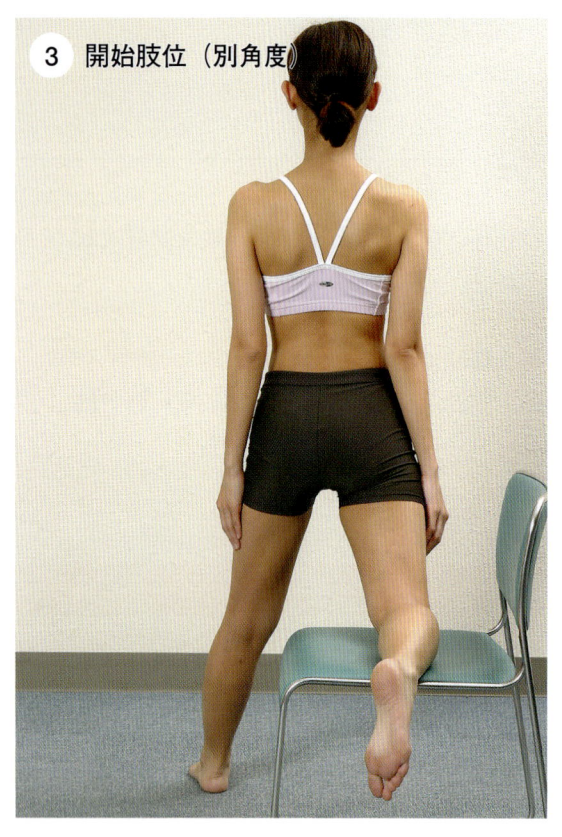

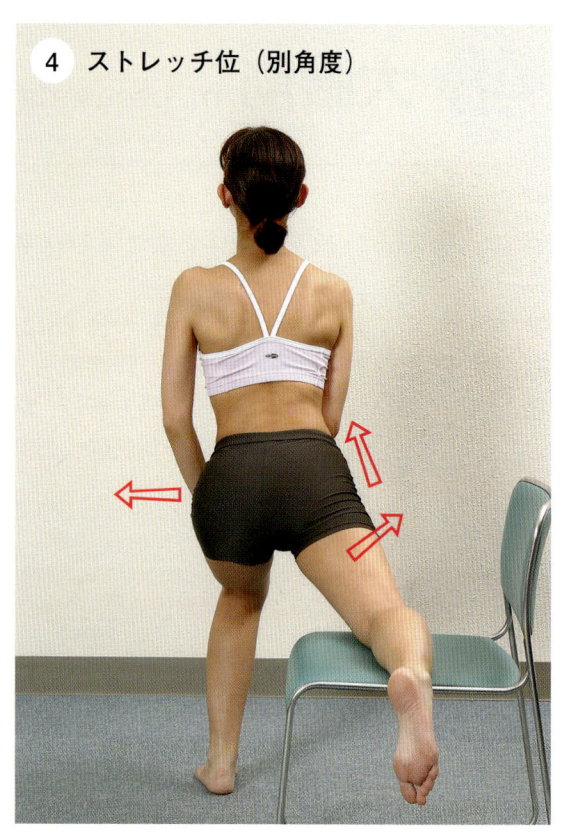

大腰筋伸張法 2

開始肢位：片膝立ち位．左下肢を前外方に出した右股関節外転位の片膝立ちとする．
ストレッチ位：両手を左大腿前面に置き，体重を左下肢に移動し，左下肢を屈曲しながら腰椎を伸展，右股関節を伸展する．
指導ポイント：腸骨筋との違いは腰椎伸展位と右股関節外転位で伸張するところである．

| 1 開始肢位 | 2 ストレッチ位 |

大腰筋 m. psoas major | 123

3 開始肢位（別角度）　　4 ストレッチ位（別角度）

49 大殿筋 m. gluteus maximus

起　　　　始：腸骨翼外面後殿筋線後方，仙骨・尾骨外側縁，胸腰筋膜，仙結節靱帯
停　　　　止：大腿筋膜外側部から腸脛靱帯，大腿骨殿筋粗面，大腿筋膜
神 経 支 配：下殿神経 L4〜S2
血 管 支 配：上・下殿動脈，内側大腿回旋動脈，大腿深動脈の第1貫通動脈
筋 連　　結：脊柱起立筋群，仙棘筋，中殿筋後部（殿筋膜），外側広筋下部，梨状筋，中間広筋，
　　　　　　　大腿筋膜張筋，大腿方形筋，大腿二頭筋短頭

大殿筋伸張法1〔上部線維（腸脛靱帯付着部線維）〕

開 始 肢 位：背臥位．右股関節を屈曲し，両手で右膝を抱え込む．
ストレッチ位：右膝を左腋下に近づけるように両手を引き寄せ，右股関節を屈曲・内転する．
指導ポイント：左股関節の屈曲が起こらないよう留意する．

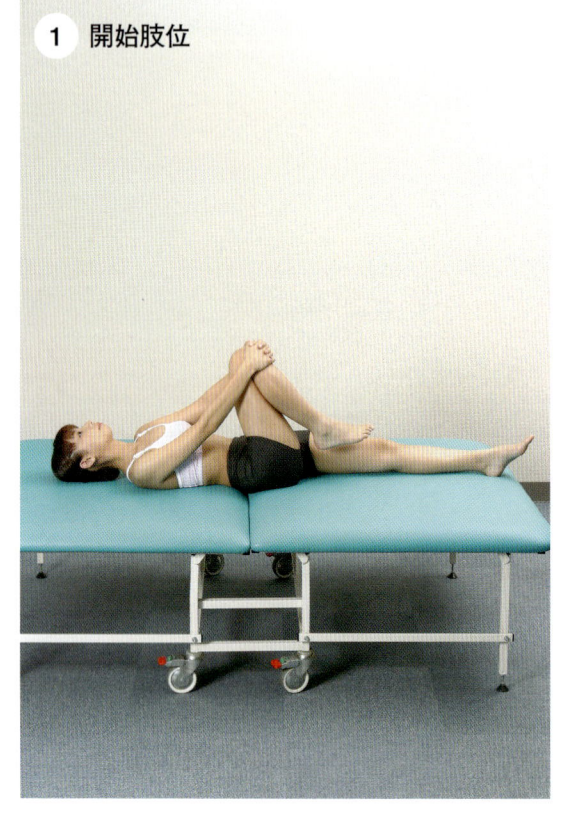

1　開始肢位 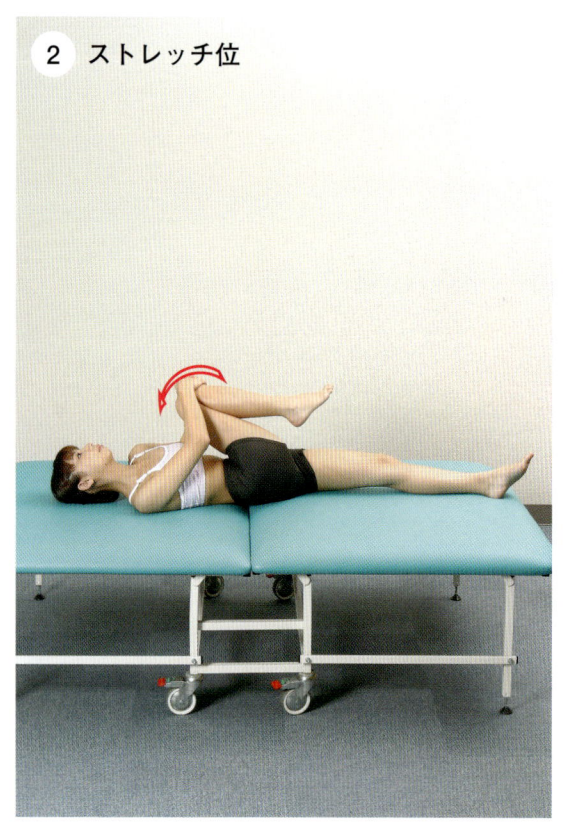　　　　　　　　　　2　ストレッチ位

大殿筋 m. gluteus maximus | 125

3 開始肢位（別角度）

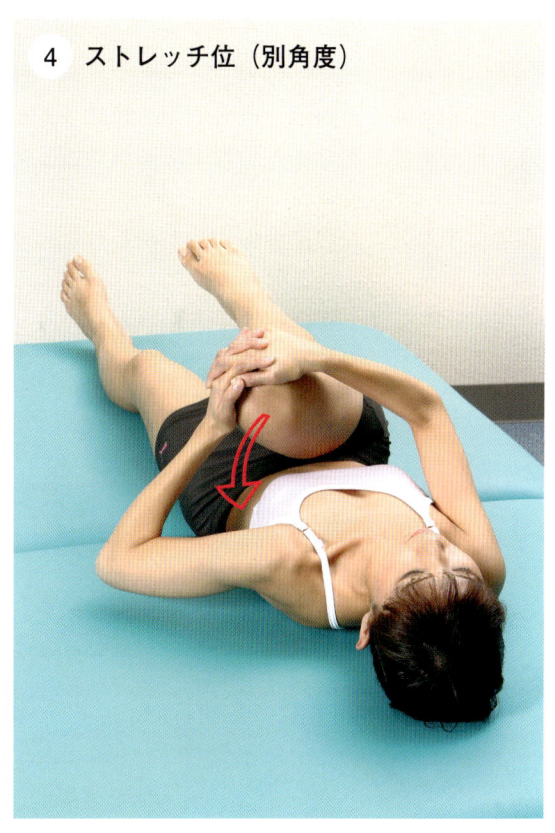

4 ストレッチ位（別角度）

大殿筋伸張法 2〔上部線維（腸脛靱帯付着部線維）〕

開 始 肢 位：椅座位．右下肢を屈曲し，右踵を椅子に置き，両手で右膝を抱え込む．
ストレッチ位：右膝を左腋下に近づけるよう両手を引き寄せ，右股関節を屈曲・内転する．
指導ポイント：伸張時，体幹が屈曲し，殿部が前方に移動しないように留意する．

1 開始肢位

2 ストレッチ位

大殿筋伸張法3〔下部線維（殿筋粗面付着部線維）〕

開 始 肢 位：背臥位．右股関節を屈曲し，右手で右下腿遠位部，左手で右膝を外側から把持する．
ストレッチ位：右膝を左肋骨下部に近づけるよう左手で右股関節を屈曲・内転しながら，右手で股関節を内旋する．
指導ポイント：左股関節の屈曲が起こらないよう留意する．

1 開始肢位

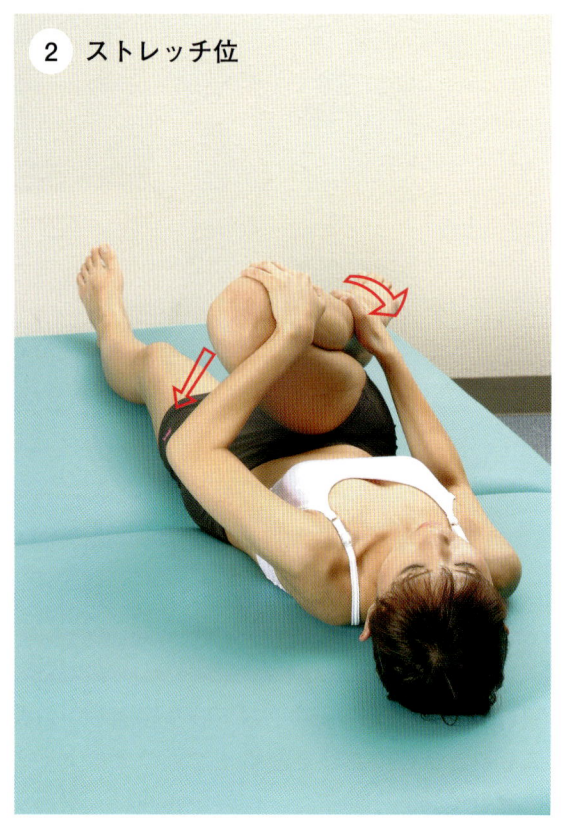

2 ストレッチ位

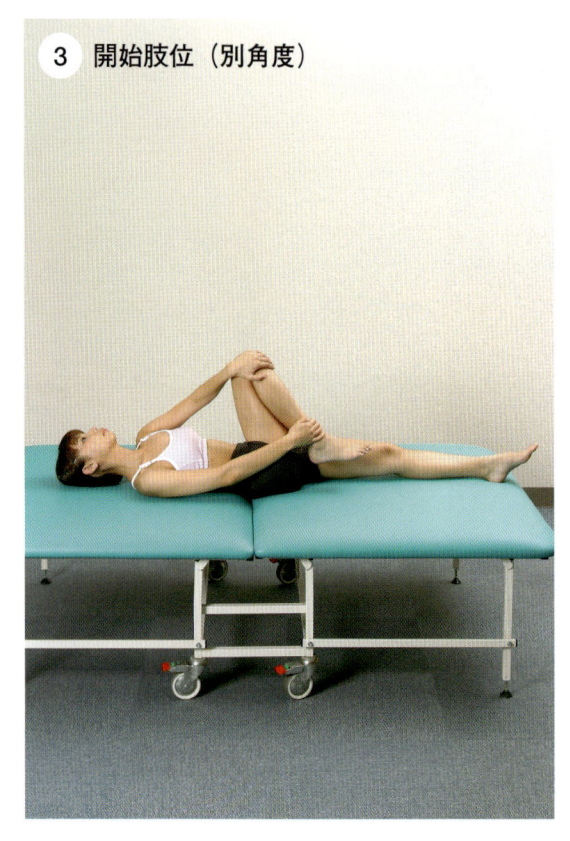

3 開始肢位（別角度）

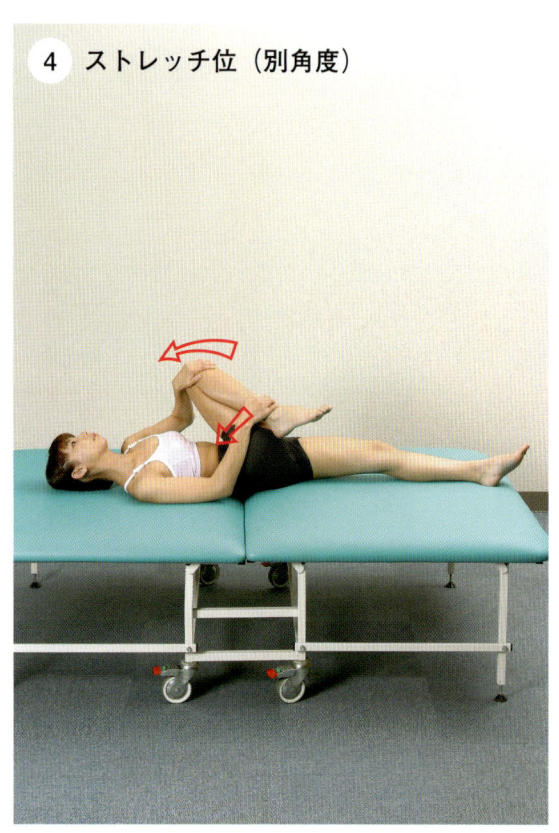

4 ストレッチ位（別角度）

大殿筋伸張法 4〔下部線維（殿筋粗面付着部線維）〕

開 始 肢 位：椅座位．右下肢を屈曲し，右踵を椅子に置き，右手で右下腿遠位部，左手で右膝を外側から把持する．

ストレッチ位：右膝を左上腕に近づけるよう左手で右股関節を屈曲・内転しながら，右手で右股関節を内旋する．

指導ポイント：伸張時，体幹が左側屈しないよう，また体幹が屈曲し，殿部が前方に移動しないよう留意する．

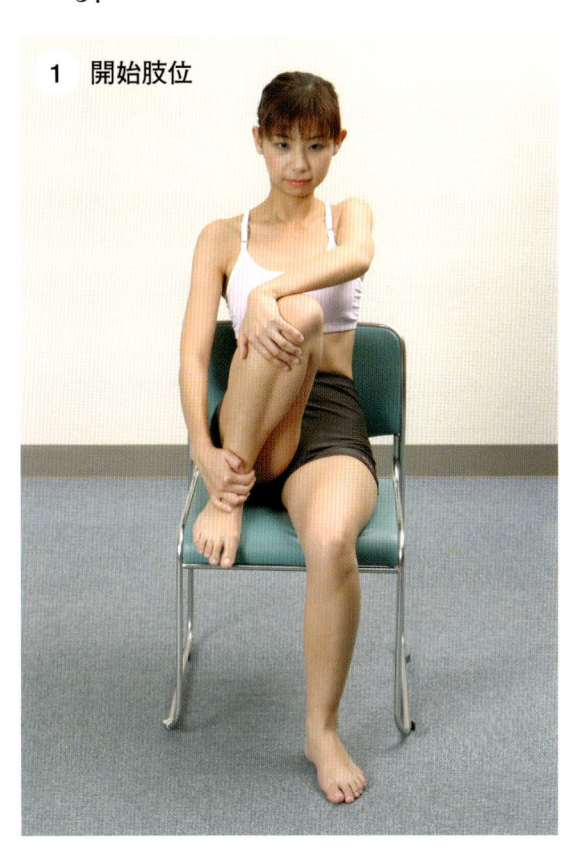

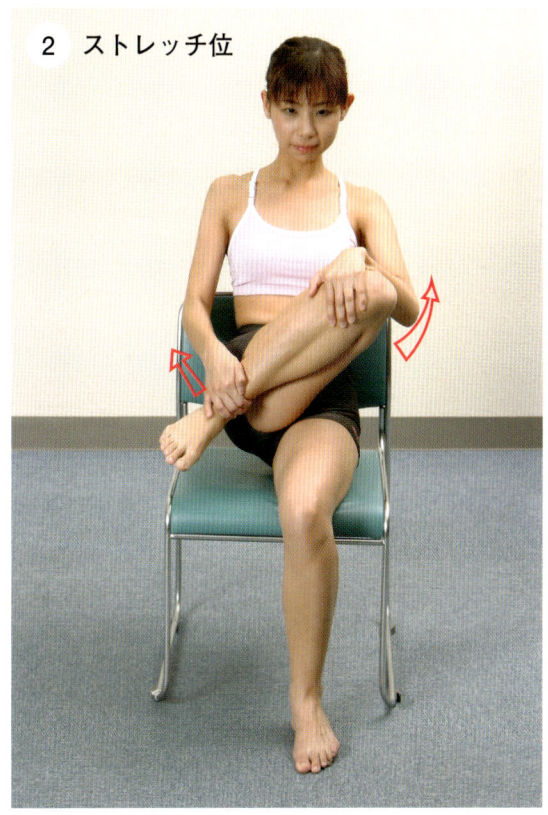

1　開始肢位

2　ストレッチ位

50 中殿筋 m. gluteus medius

起　　　始：腸骨翼外面前殿筋線と後殿筋線の間，腸骨稜外唇，殿筋膜
停　　　止：大転子尖端外側面
神 経 支 配：上殿神経 L4〜S2
血 管 支 配：上殿動脈，外側大腿回旋動脈
筋 　連 　結：大殿筋（殿筋膜），大腿筋膜張筋，外側広筋，縫工筋，小殿筋，梨状筋

中殿筋伸張法 1（後部線維）

開 始 肢 位：背臥位．左殿部にタオルを置き，右下肢を屈曲し，左手で右膝外側部を把持する．
ストレッチ位：左手で右膝を左斜め上方に押しつけるように，右股関節を内転する．
指導ポイント：骨盤が左回旋しないように留意する．

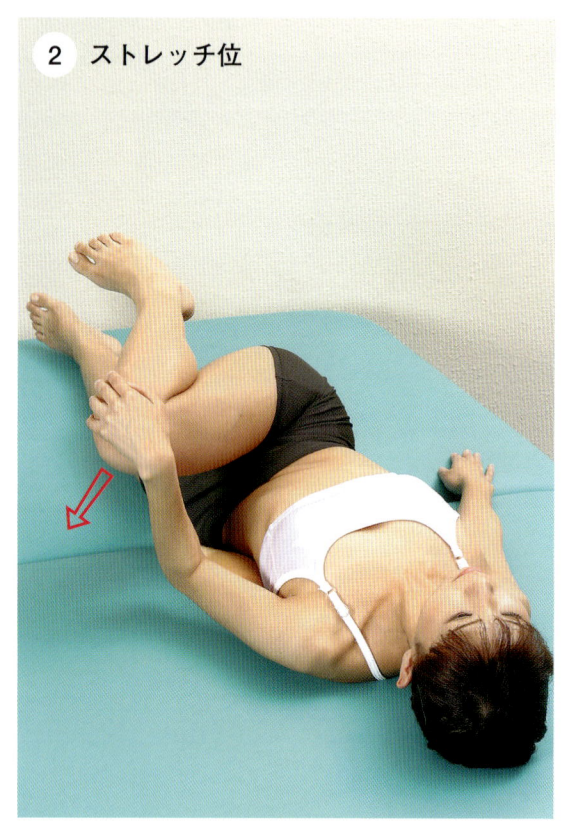

1 開始肢位

2 ストレッチ位

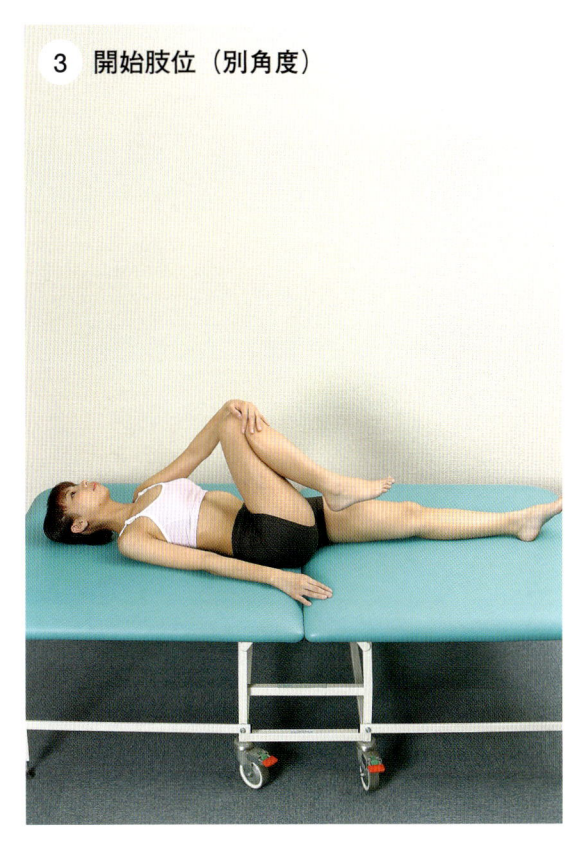

| 3 開始肢位（別角度） | 4 ストレッチ位（別角度） |

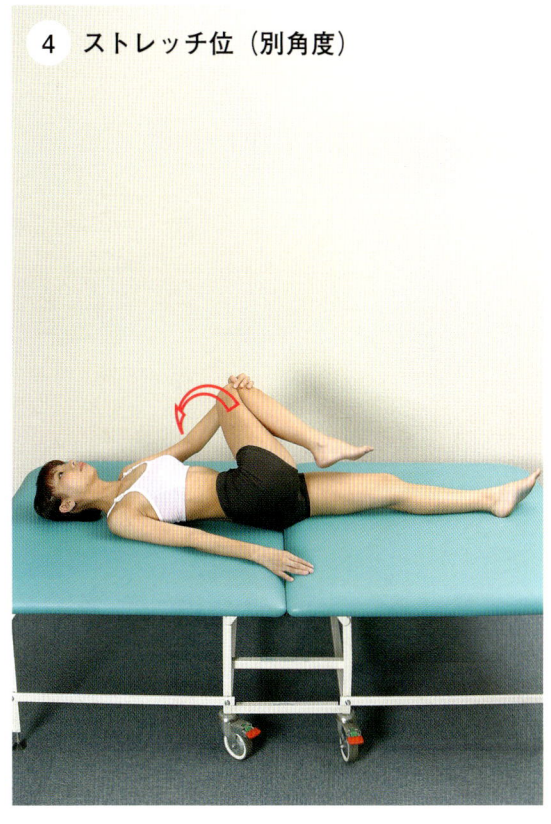

中殿筋伸張法2（後部線維）

開始肢位：長座位．右手を斜め後方に置き，体重を支える．右膝を立て，右足底を左膝外側床面に，左上腕遠位部を右大腿遠位部に置く．
ストレッチ位：左上腕で右膝外側部を左方向に押しつけるように，右股関節を内転・内旋する．
指導ポイント：骨盤の過度な左回旋を防止するよう留意する．

| 1 開始肢位 | 2 ストレッチ位 |

3 開始肢位（別角度）

4 ストレッチ位（別角度）

中殿筋伸張法3（前部線維）

開 始 肢 位：背臥位．両膝を立て，左下腿遠位部を右大腿遠位部にあて，足を浅く組む．
ストレッチ位：両下肢を左に倒し，左下腿遠位部で右膝を床面に押しつけるように右股関節を内転する．
指導ポイント：骨盤の過度な左回旋を防止するよう留意する．

1 開始肢位

2 ストレッチ位

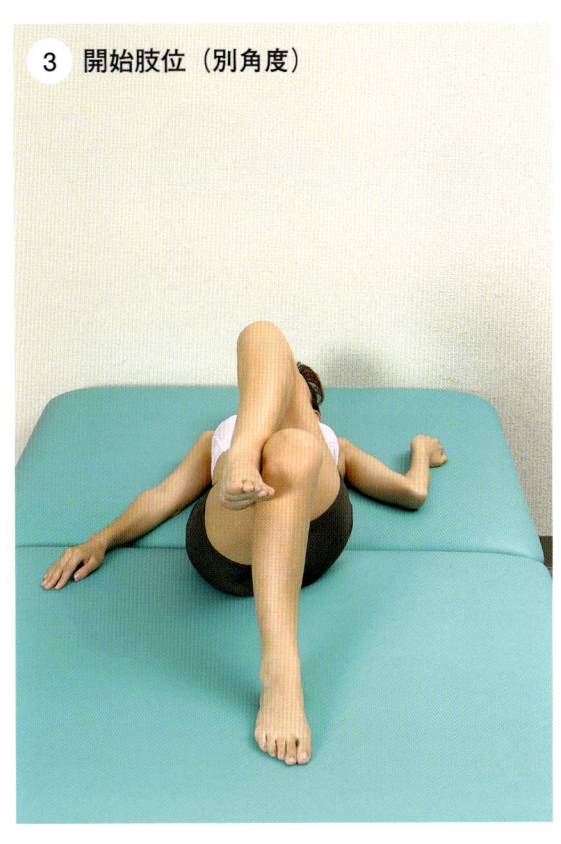

中殿筋 m. gluteus medius | 131

| 3 開始肢位（別角度） | 4 ストレッチ位（別角度） |

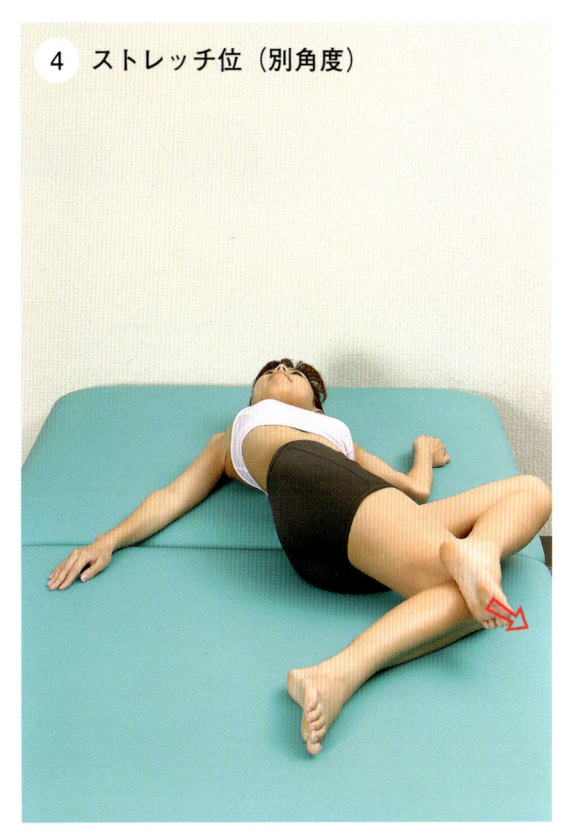

中殿筋伸張4（前部線維）

開 始 肢 位：長座位．両膝を浅く立て，左下肢を右下肢の上にのせ，足を組む．右手を斜め後方に置き体重を支え，左前腕を左膝内側部に置く．
ストレッチ位：左前腕で左膝内側部を左方向に押しつけるように，右股関節を内転・内旋する．
指導ポイント：骨盤の過度な左回旋を防止するよう留意する．

| 1 開始肢位 | 2 ストレッチ位 |

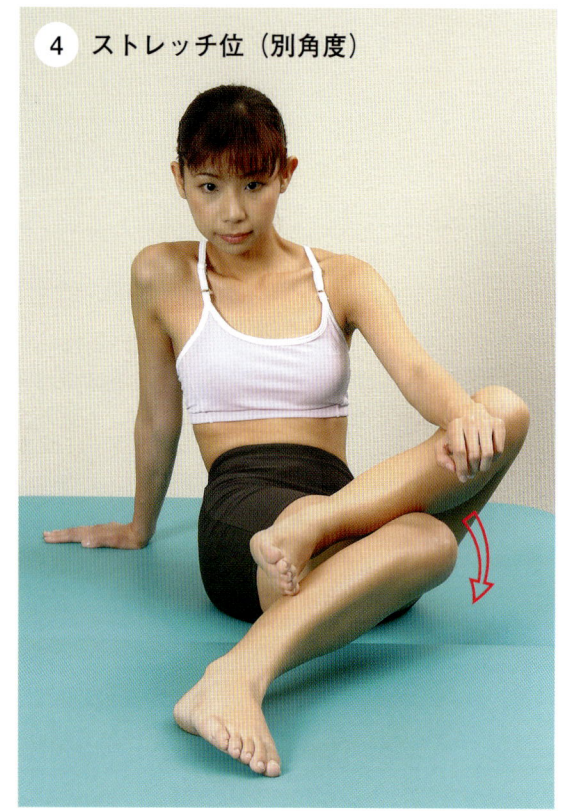

132　第2章　アクティブIDストレッチングの実際―下肢

3 開始肢位（別角度）

4 ストレッチ位（別角度）

51 大腿筋膜張筋 m. tensor fasciae latae

起　　　　始：上前腸骨棘
停　　　　止：脛骨外側顆
神 経 支 配：上殿神経 L4〜5
血 管 支 配：外側大腿回旋動脈，上殿動脈
筋　連　結：大殿筋，中殿筋，縫工筋，腸骨筋，小殿筋，足底筋，外側広筋

大腿筋膜張筋伸張法 1

開 始 肢 位：左側臥位．ベッドの端に横になり，両下肢を軽度屈曲する．
ストレッチ位：右膝関節を伸展し，ベッドの端から垂らし，右股関節を内転する．
指導ポイント：骨盤の回旋，右股関節の内・外旋が起こらないよう留意する．

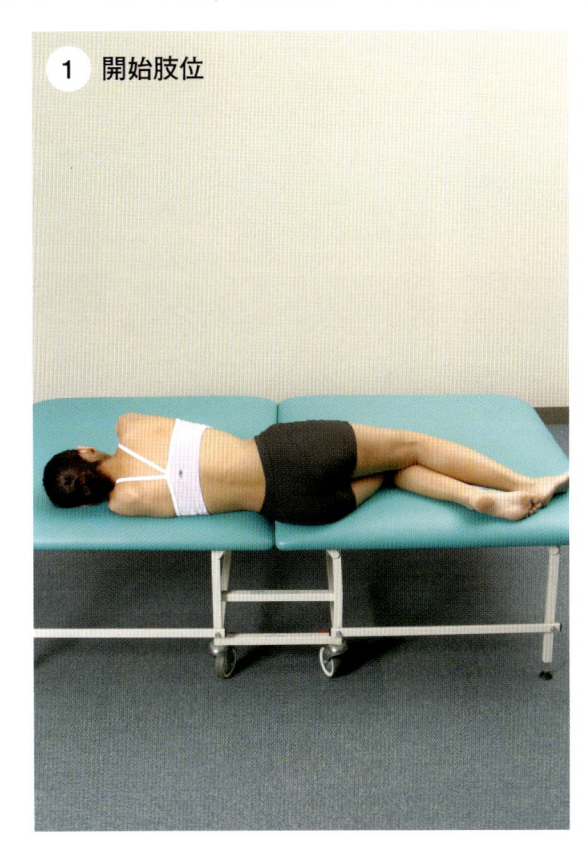

| 1 開始肢位 | 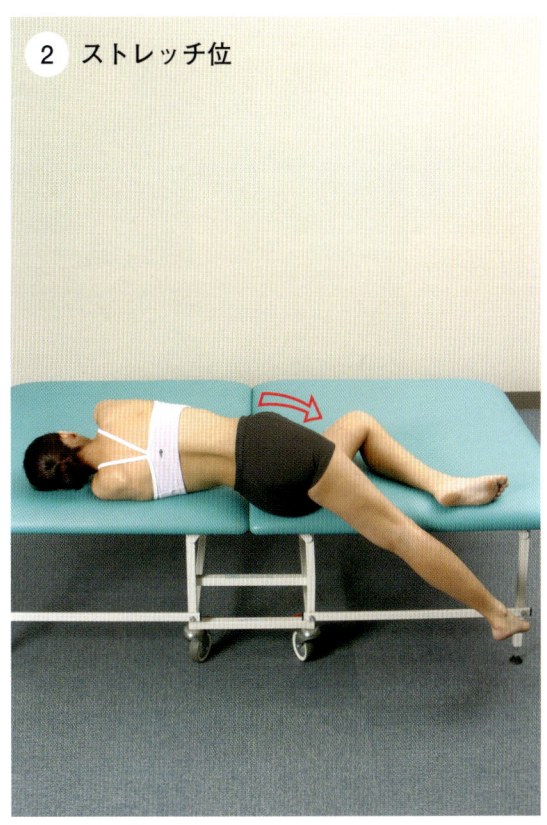 2 ストレッチ位 |

大腿筋膜張筋伸張法 2

開 始 肢 位：右側臥位．右前腕と左手掌をベッドにつける．右股関節軽度伸展位，右膝関節伸展位とし，左下肢は軽度屈曲して右下肢前方に左下腿部を置く．
ストレッチ位：右肘関節を伸展し，両手でベッドを押しながら上体を起こして右股関節を内転する．
指導ポイント：骨盤の左回旋，右股関節の内・外旋が起こらないよう留意する．また，右上前腸骨棘はベッドから離れるようにする．

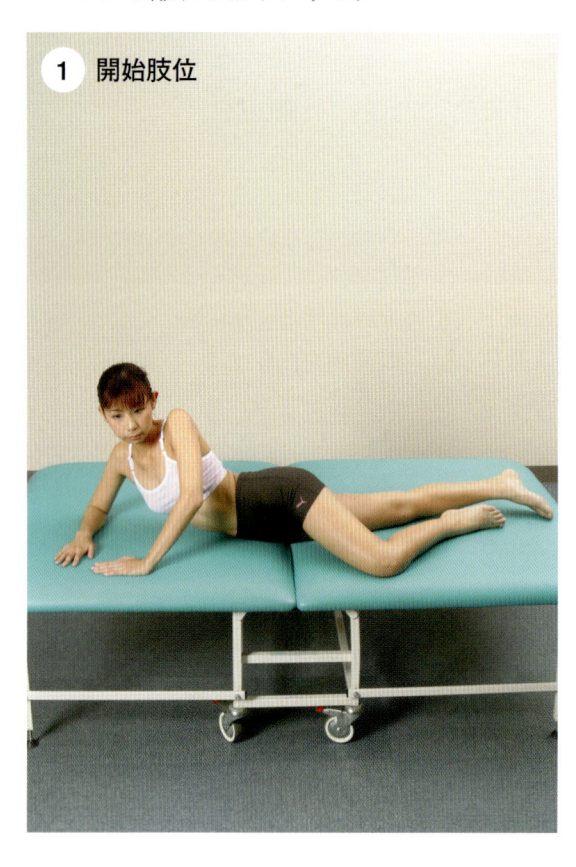

1 開始肢位

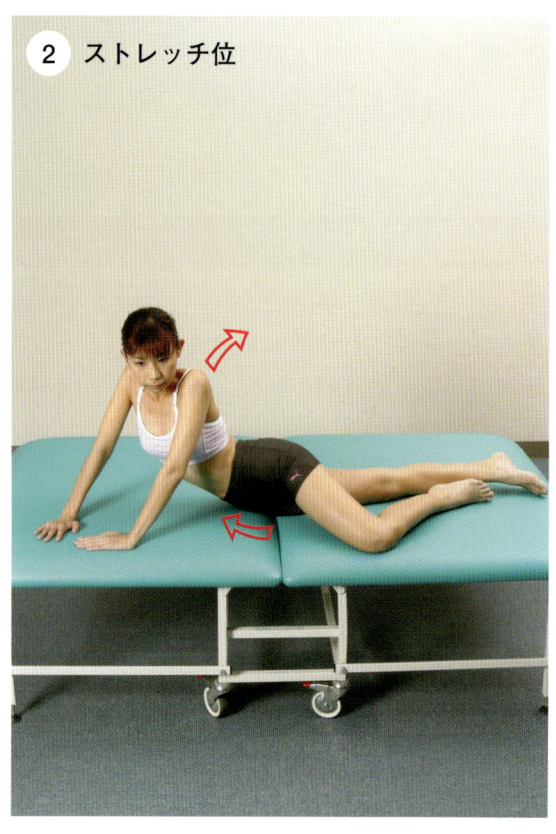

2 ストレッチ位

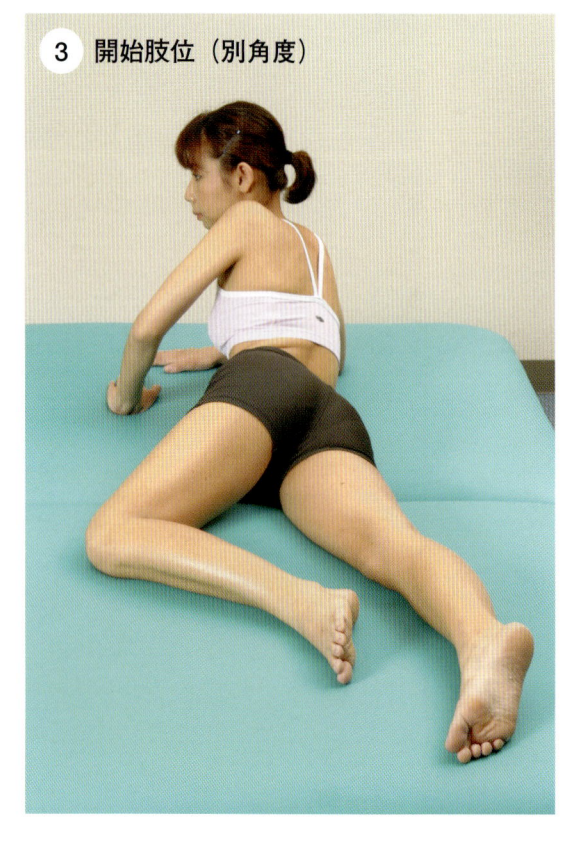

3 開始肢位（別角度）

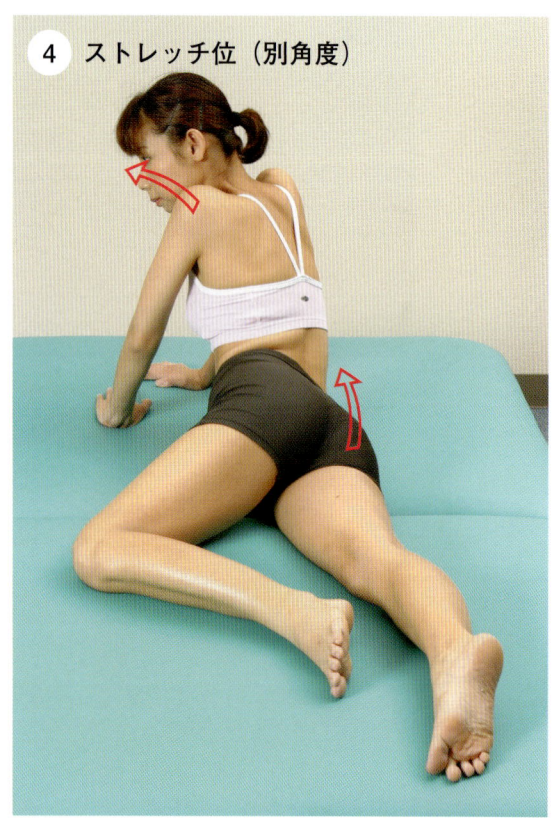

4 ストレッチ位（別角度）

大腿筋膜張筋伸張法 3

開始肢位：立位．右手で右上方の柱を持ち，左足底を右足底の前外側床面に置く．体重は右下肢にのせる．
ストレッチ位：左膝関節を屈曲し，体重を左下肢に移動させながら右股関節を軽度伸展・内転する．
指導ポイント：体幹の左側屈，骨盤の右回旋が起こらないよう留意する．また，右上前腸骨棘は柱に押しつけるようにする．

1 開始肢位

2 ストレッチ位

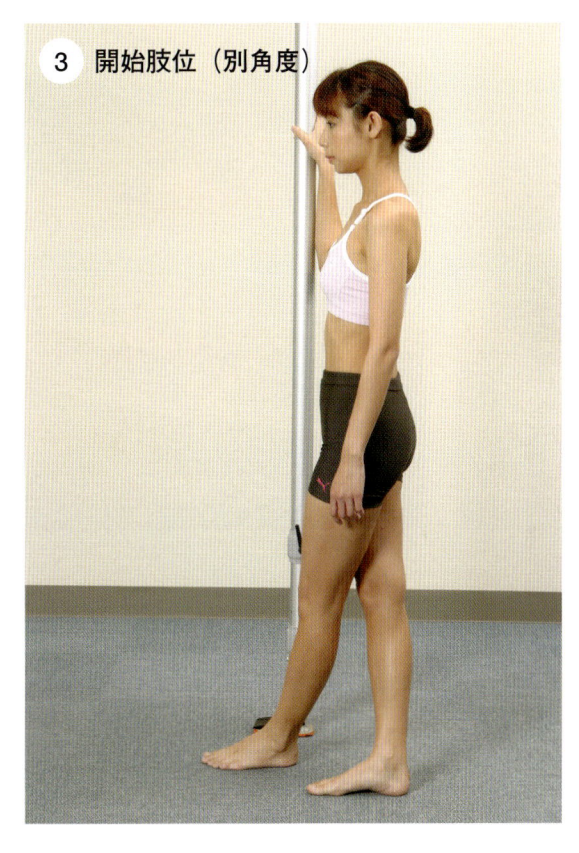

3 開始肢位（別角度）

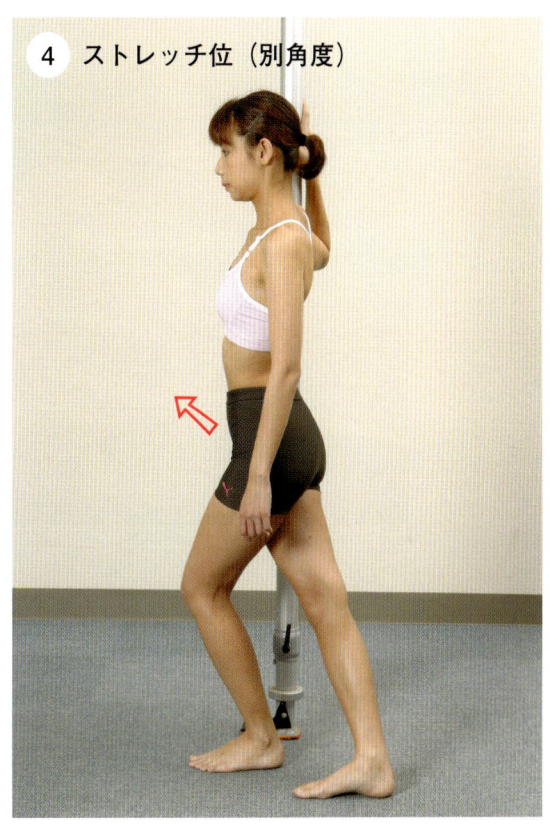

4 ストレッチ位（別角度）

52 縫工筋 m. sartorius

起　　　始：上前腸骨棘すぐ下尾側
停　　　止：脛骨粗面内側
神 経 支 配：大腿神経 L2〜3
血 管 支 配：外側大腿回旋動脈
筋 　連 　結：半腱様筋，薄筋，中殿筋，大腿直筋，半膜様筋，腓腹筋，長内転筋，大腿筋膜張筋，腸骨筋，（膝関節包を介して）外側広筋，内側広筋，膝関節筋，足底筋，膝窩筋

縫工筋伸張法 1

開 始 肢 位：端座位．左手はベッドに置く．右下肢をベッドにのせ，右膝関節屈曲位とする．右手は右下腿遠位部を把持する．
ストレッチ位：左手に体重を移動し，体幹と骨盤を左回旋しながら，右手で右股関節を伸展・内旋するよう下腿を引き上げる．
指導ポイント：右膝関節の過度な屈曲が起こらないよう留意する．柔軟性がある人の場合は，右股関節内旋を強調するために右手を右下腿内側から把持するとよい．

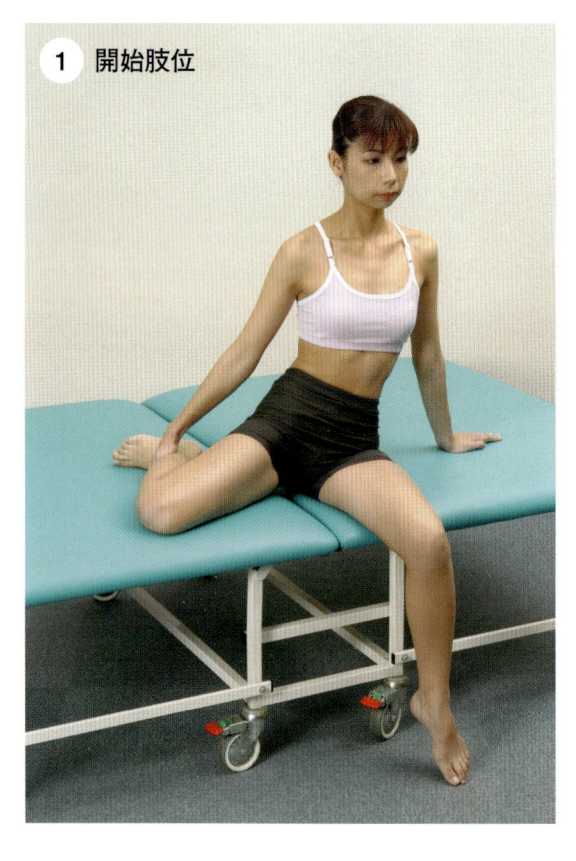

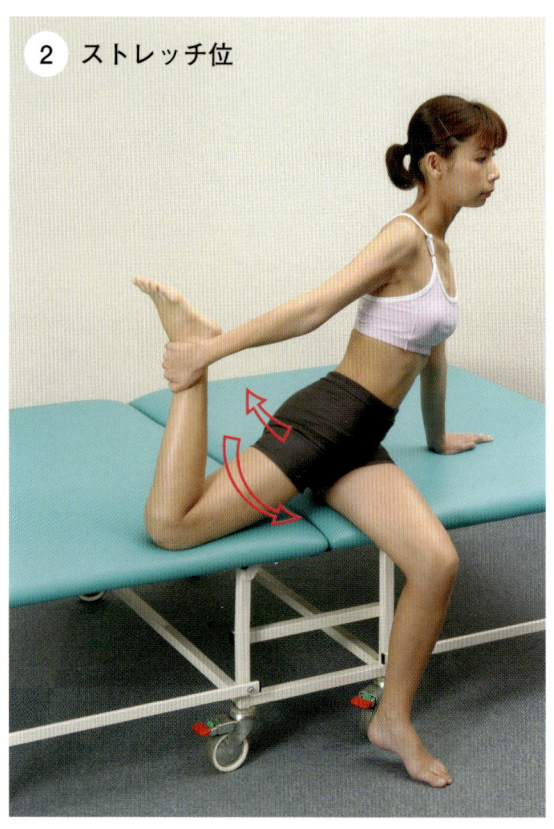

1 開始肢位
2 ストレッチ位

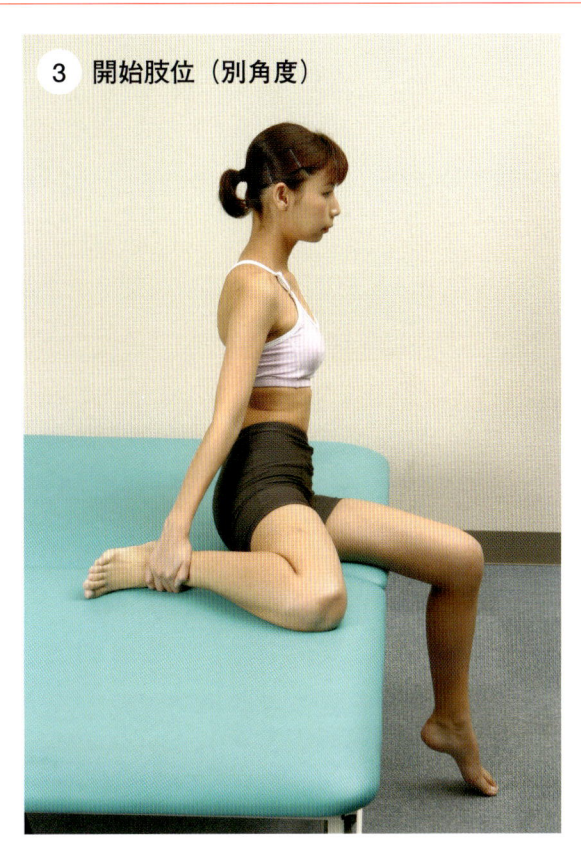

縫工筋 m. sartorius 137

3 開始肢位（別角度）

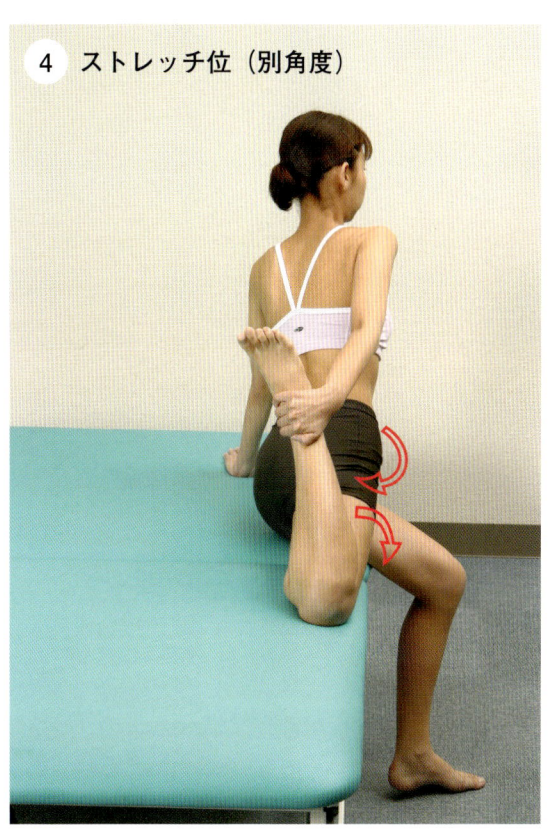

4 ストレッチ位（別角度）

縫工筋伸張法 2

開始肢位：腹臥位．左肘を立て，右大腿遠位部に巻いたタオル（または枕）を置く．右膝関節屈曲位とし，右手は右前足部内側を把持する．
ストレッチ位：右手で右股関節を内旋するよう右足部を床方向に押す．
指導ポイント：右股関節は屈曲および過度な外転が起こらないよう留意する．

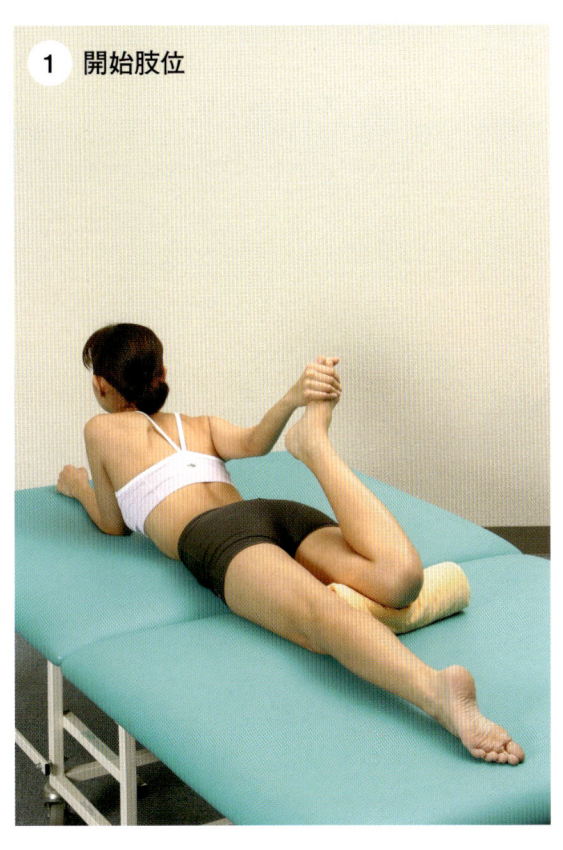

1 開始肢位

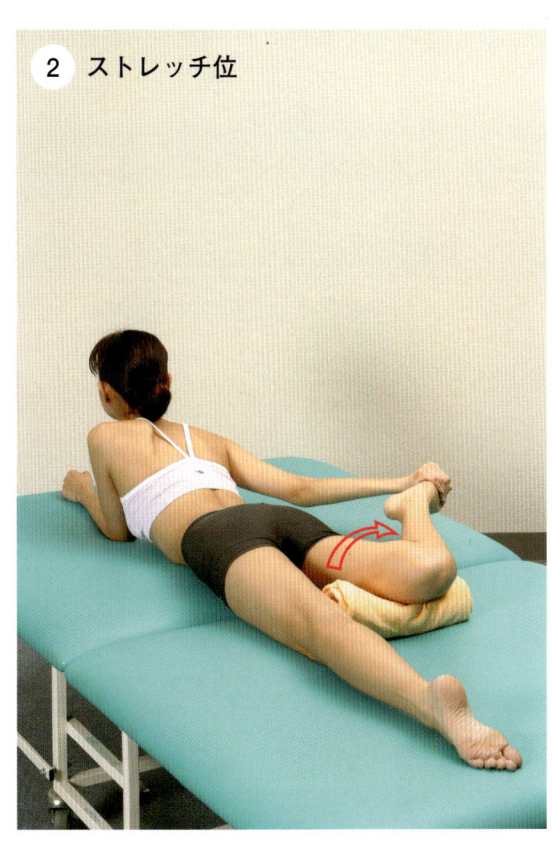

2 ストレッチ位

138　第2章　アクティブIDストレッチングの実際―下肢

3 開始肢位（別角度）

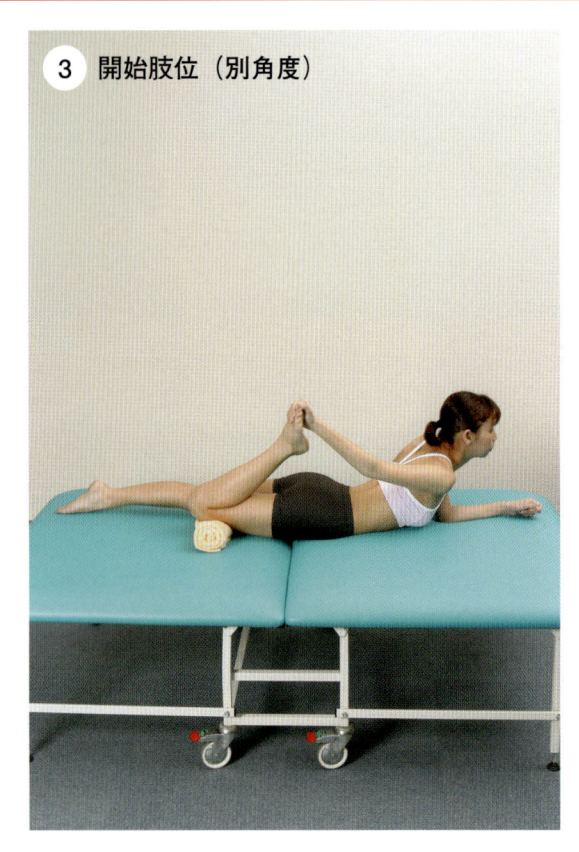

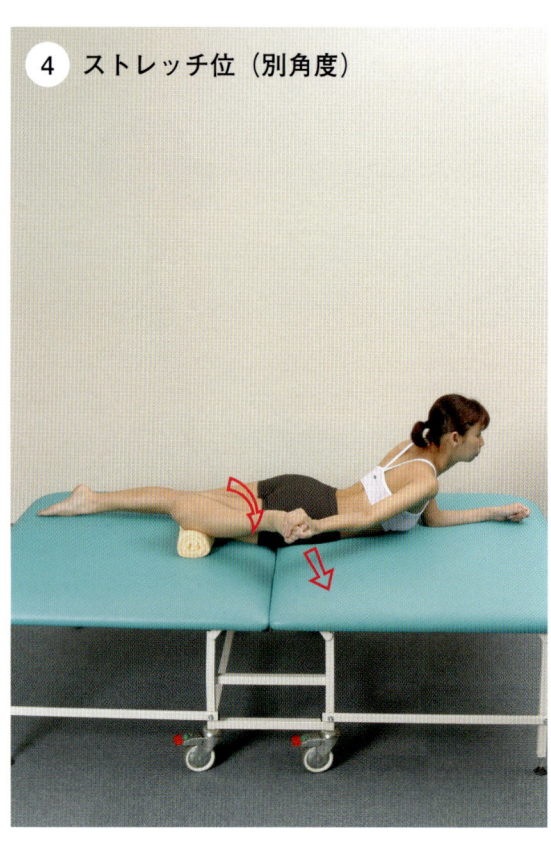

4 ストレッチ位（別角度）

縫工筋伸張法 3

開 始 肢 位：四つ這い位．左下肢を1歩前に出し，左手を右手前方に置く．
ストレッチ位：体重を前方に移動し左踵を上げ，右股関節を伸展，右膝関節を屈曲し，右手で右足部を内側から把持する．右手で右股関節を内旋するよう右下腿部を右側に倒す．
指導ポイント：右膝関節の過度な屈曲が起こらないよう留意する．柔軟性がある人の場合は，右股関節内旋を強調するために，右手を右下腿内側から把持するとよい．

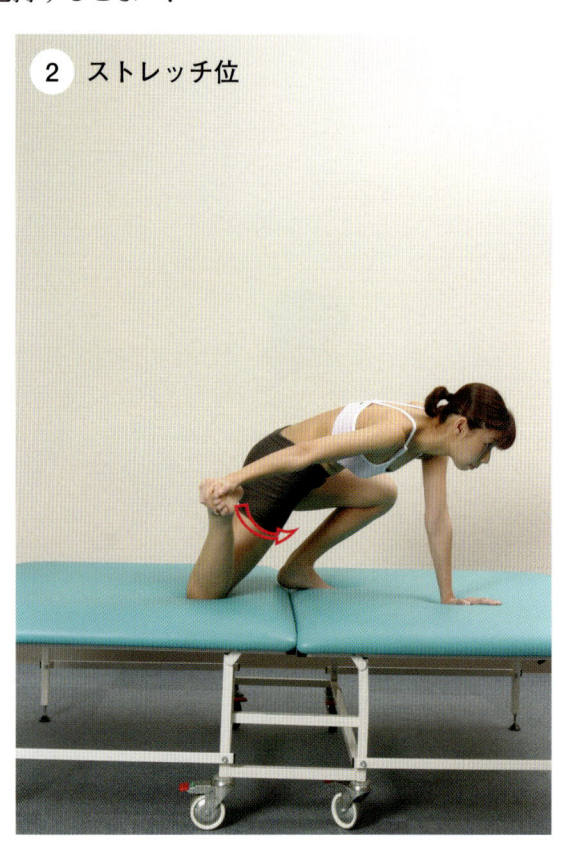

1 開始肢位

2 ストレッチ位

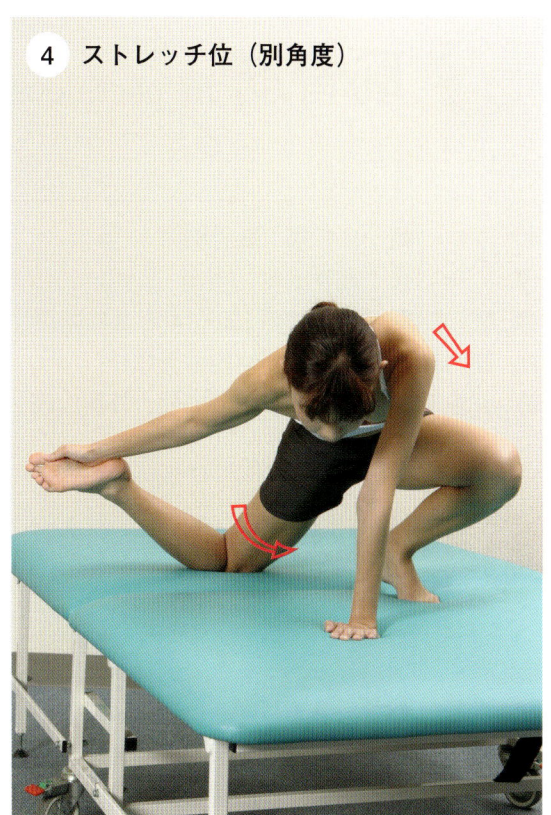

縫工筋 m. sartorius | 139

3 開始肢位（別角度）

4 ストレッチ位（別角度）

53 恥骨筋 m. pectineus

起　　　始：恥骨櫛，恥骨筋膜
停　　　止：恥骨筋線
神 経 支 配：大腿神経 L2〜3（ときに閉鎖神経の枝も受ける）
血 管 支 配：内側大腿回旋動脈浅枝
筋 連 結：腸骨筋，内側広筋，外側広筋

54 短内転筋 m. addutor brevis

起　　　始：恥骨下枝
停　　　止：恥骨筋線下半，大腿骨粗線内側唇
神 経 支 配：閉鎖神経前枝 L2〜4
血 管 支 配：大腿深動脈筋枝，内側大腿回旋動脈深枝
筋 連 結：小内転筋，薄筋，内側広筋

恥骨筋・短内転筋伸張法

開 始 肢 位：立位．椅子を2つ合わせて並べて置く．右膝関節を屈曲し右下腿部を椅子に置き，左下肢を1歩前外方に出す．
ストレッチ位：両手を左大腿前面に置き，体重を左下肢に移動し，左下肢を屈曲しながら右股関節を軽度伸展・外転する．
指導ポイント：伸張時，長内転筋も同時に伸張される．

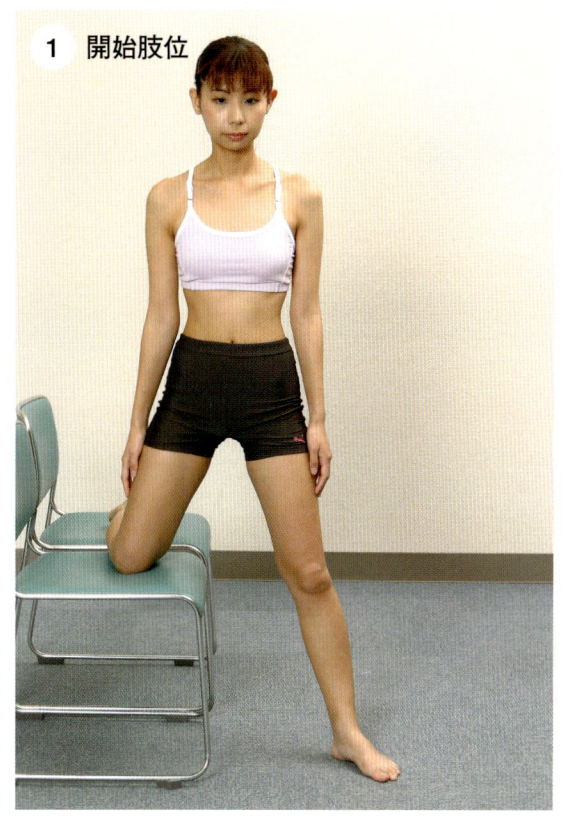

恥骨筋 m. pectineus・短内転筋 m. addutor brevis | 141

1 開始肢位	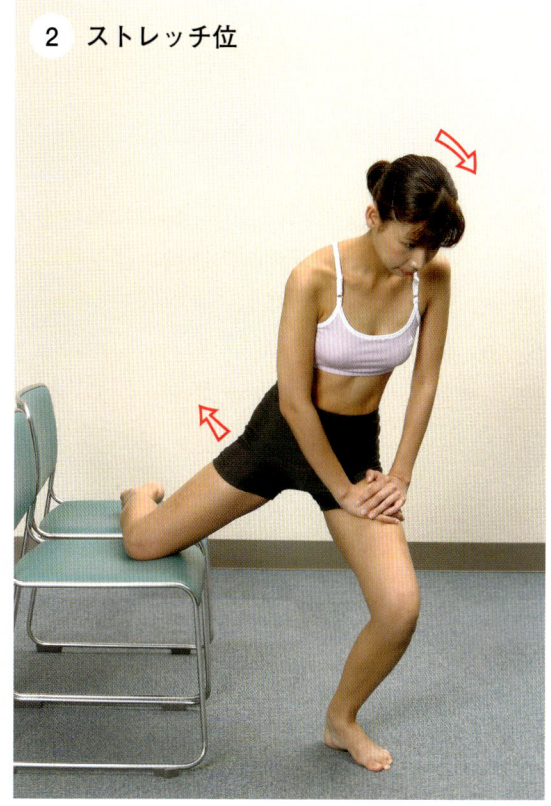 2 ストレッチ位
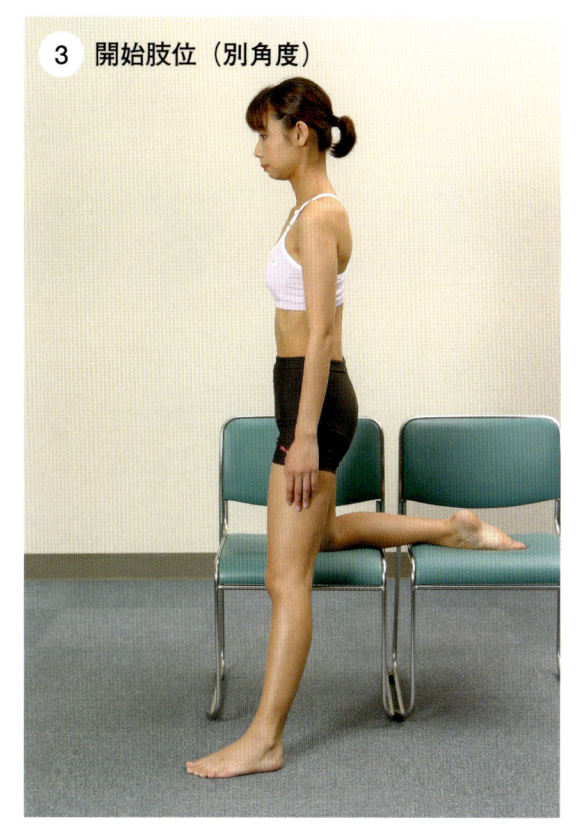 3 開始肢位（別角度）	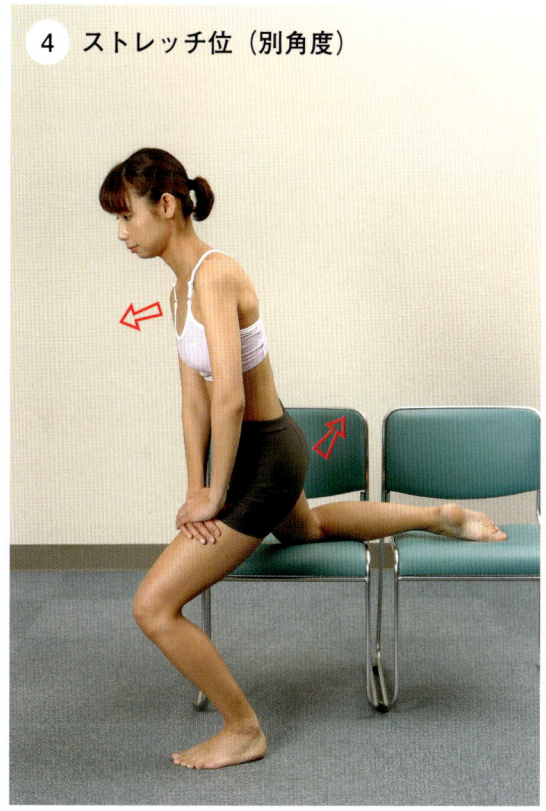 4 ストレッチ位（別角度）

恥骨筋 m. pectineus・短内転筋 m. addutor brevis | 141

55 長内転筋 m. adductor longus

- 起　　　始：恥骨結合前面と恥骨結節による三角形の面
- 停　　　止：大腿骨粗線内側唇中部 1/3
- 神 経 支 配：閉鎖神経 L3～4
- 血 管 支 配：内側大腿回旋動脈，閉鎖動脈
- 筋 連 結：恥骨筋，大内転筋，内側広筋，短内転筋，薄筋

長内転筋伸張法 1

- 開 始 肢 位：背臥位．右膝を立て，右股関節を約 90°屈曲し，右手を右膝内側部に置く．
- ストレッチ位：右手で右膝関節を床方向に押しながら右股関節を外転する．
- 指導ポイント：伸張感がない場合は，両側同時に行うとよい．

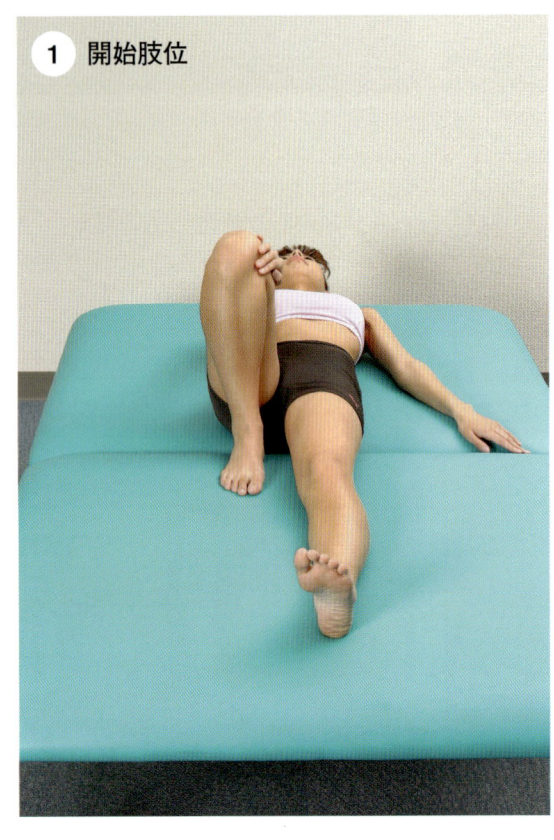

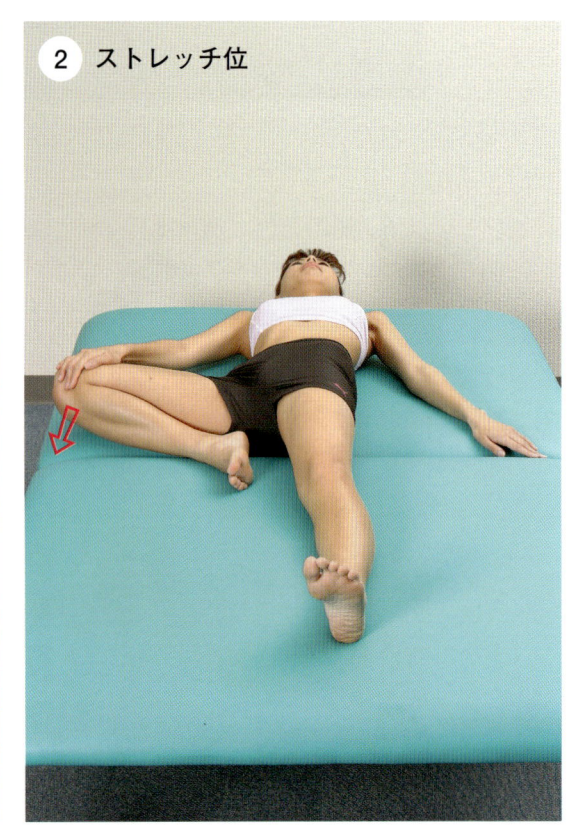

1 開始肢位　　2 ストレッチ位

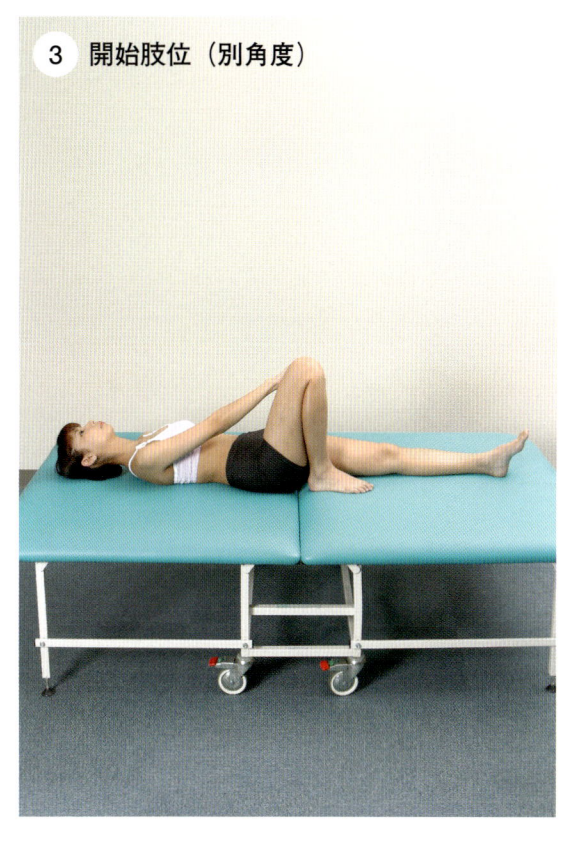

長内転筋 m. adductor longus 143

3 開始肢位（別角度）

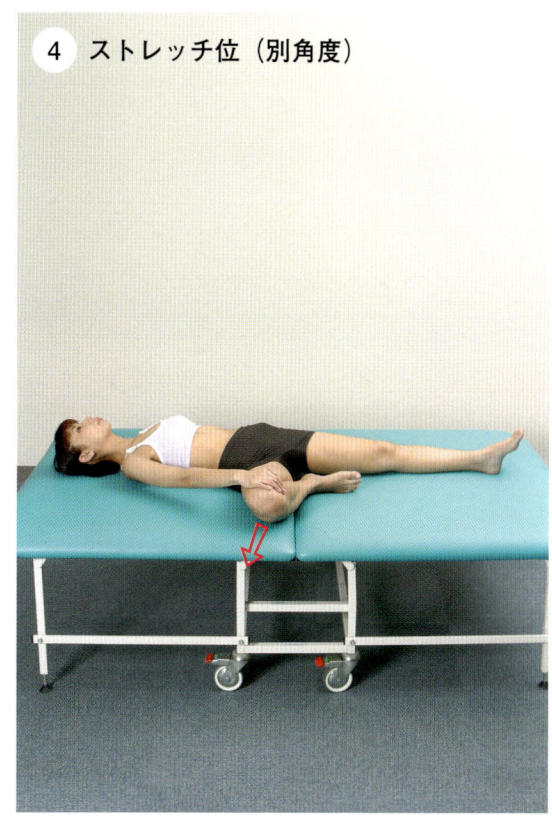

4 ストレッチ位（別角度）

長内転筋伸張法 2

開 始 肢 位：胡座位．両足底面を合わせる．両手で両足部を把持する．
ストレッチ位：体幹を前屈しながら両股関節外転を増大する．
指導ポイント：両股関節が内転してくる場合は，両手で両膝内側面を床方向に押すとよい．

1 開始肢位

2 ストレッチ位

3 指導ポイント

長内転筋伸張法 3

開 始 肢 位：立位．椅子を2つ合わせて並べて置く．右膝関節を屈曲し右下腿部を椅子に置き，左下肢を1歩前外方に出す．
ストレッチ位：両手を左大腿前面に置き，体重を左下肢に移動し，左下肢を屈曲しながら右股関節を軽度伸展・外転する．
指導ポイント：伸張時，恥骨筋・短内転筋も同時に伸張される．

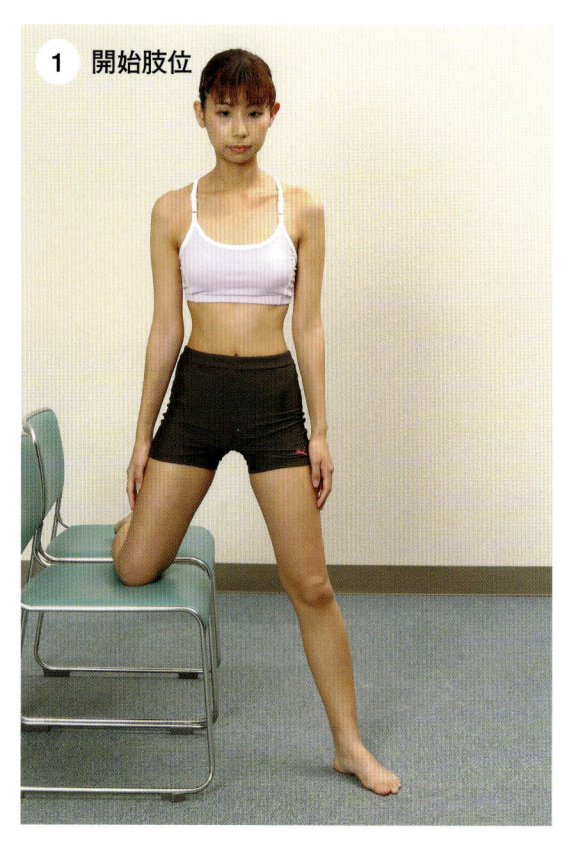

1 開始肢位

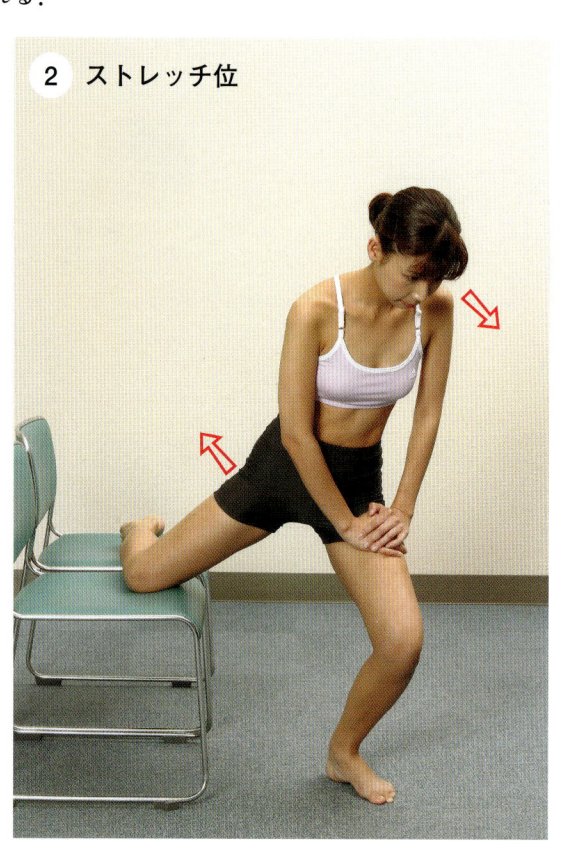

2 ストレッチ位

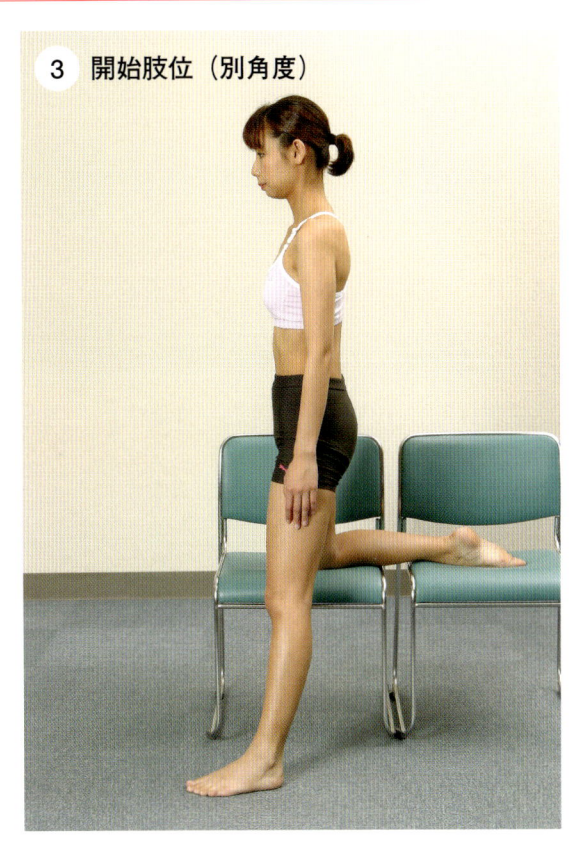

長内転筋 m. adductor longus | 145

3 開始肢位（別角度）

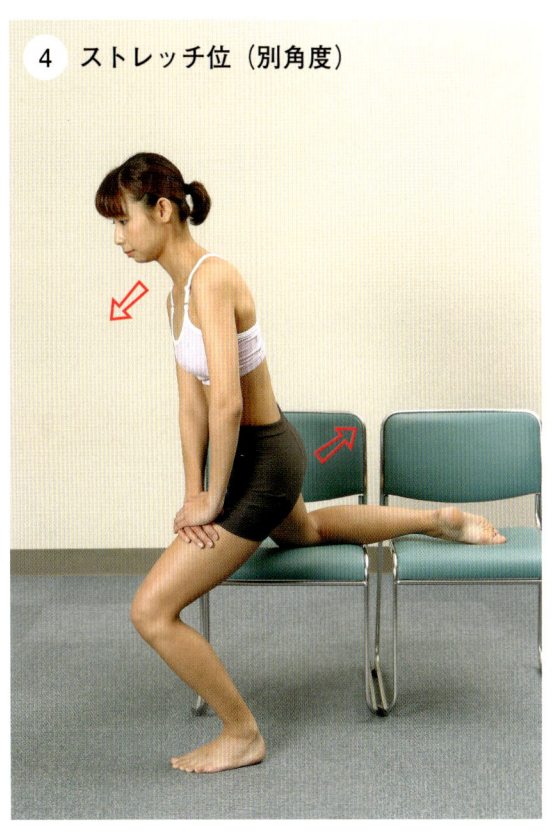

4 ストレッチ位（別角度）

長内転筋伸張法 4

開 始 肢 位：立位．両下肢を開き，両手を両大腿遠位部に置く．
ストレッチ位：両下肢を屈曲しながら両股関節を外転する．
指導ポイント：伸張時，恥骨筋・短内転筋も同時に伸張される．

1 開始肢位

2 ストレッチ位

56 大内転筋 m. adductor magnus

起　　　始：坐骨下枝前面，坐骨結節下面
停　　　止：大腿骨粗線内側唇の小転子から内側上顆・内側筋結節の間
神 経 支 配：閉鎖神経 L3〜4
血 管 支 配：大腿深動脈，閉鎖動脈，内側大腿回旋動脈，膝窩動脈
筋　連　結：短内転筋，大腿方形筋，長内転筋，半膜様筋，小内転筋，薄筋，外側広筋，内側広筋，中間広筋，大腿二頭筋短頭，半腱様筋，腓腹筋

大内転筋伸張法 1

開 始 肢 位：背臥位．右下肢を屈曲して右膝を立て，右手を右膝内側部に置く．
ストレッチ位：右手で膝関節を斜め右上方に引き寄せながら右股関節を屈曲・外転・外旋する．
指導ポイント：右足部が床面につかないよう留意する．

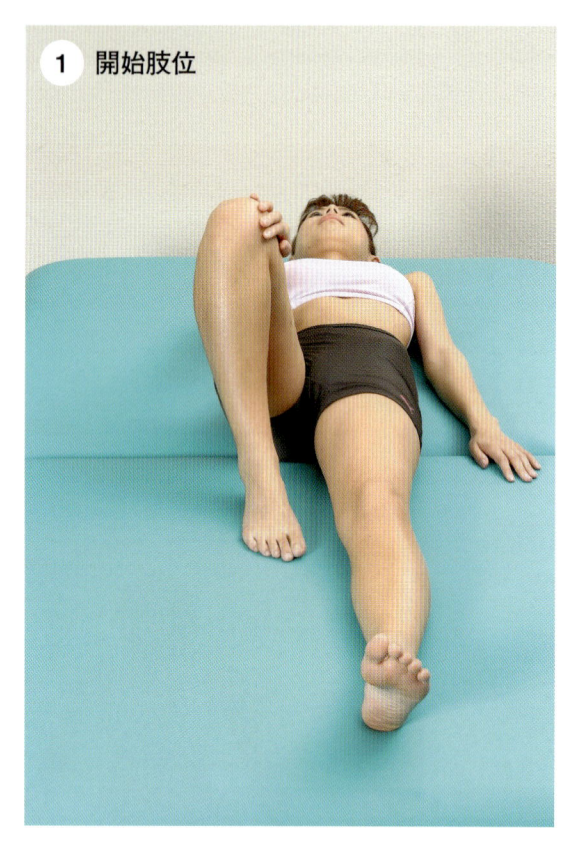

1　開始肢位

2　ストレッチ位

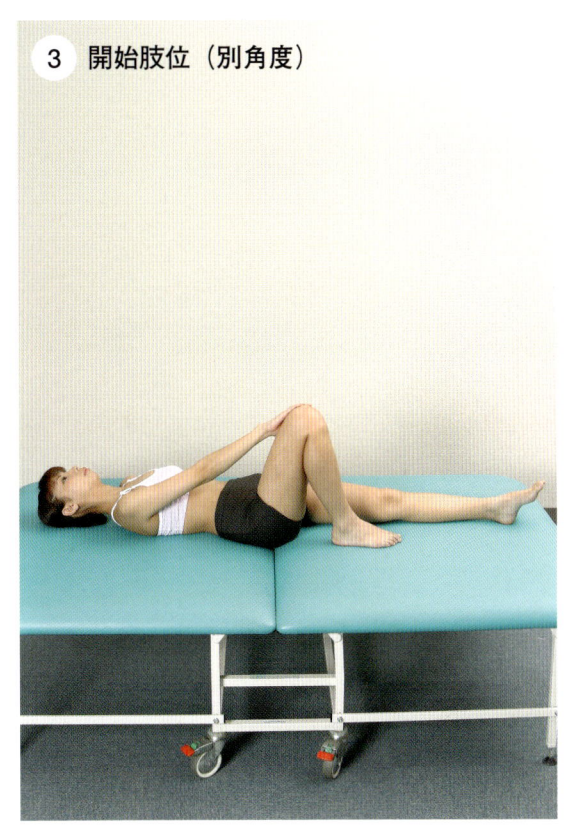

3 開始肢位（別角度）　　　4 ストレッチ位（別角度）

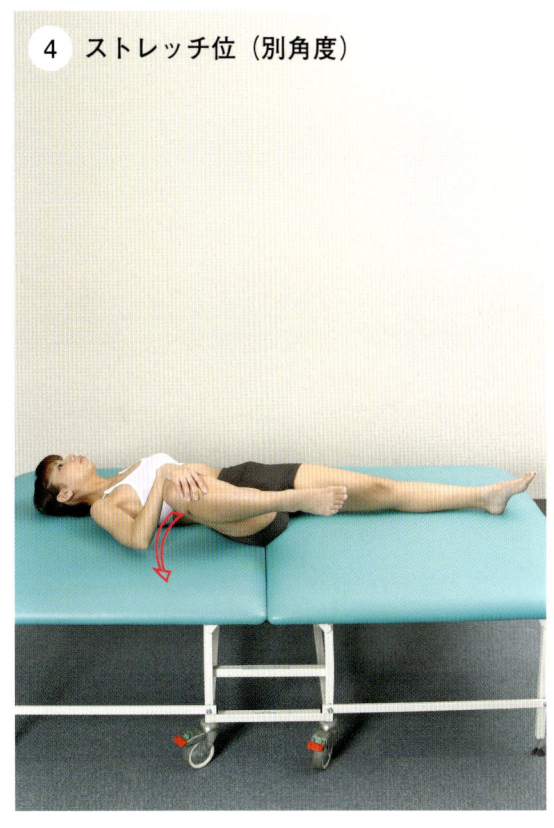

大内転筋伸張法 2

開 始 肢 位：四つ這い位．右下肢を大きく1歩前外方に出す．
ストレッチ位：体重を右前方に移動し，右股関節屈曲・外転・外旋，右膝関節屈曲を増大する．
指導ポイント：ストレッチ位時の右膝は右上肢の外側にくるよう留意する．

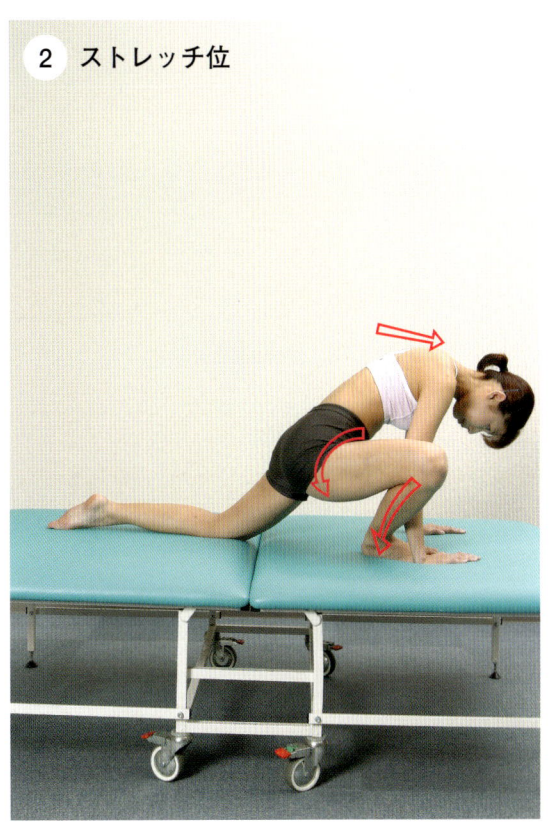

1 開始肢位　　　2 ストレッチ位

148　第2章　アクティブIDストレッチングの実際―下肢

3 開始肢位（別角度）

4 ストレッチ位（別角度）

57 薄筋 m. gracilis

起　　　始：恥骨結合外側縁
停　　　止：脛骨上縁縫工筋付着部後方
神 経 支 配：閉鎖神経 L2〜4
血 管 支 配：外陰部動脈，大腿深動脈，閉鎖動脈
筋 　連 　結：縫工筋，半腱様筋，長内転筋，短内転筋，大内転筋

薄筋伸張法 1

開 始 肢 位：四つ這い位．右膝関節を伸展し，右股関節を外転する．
ストレッチ位：右足部を右外側に移動させながら右股関節外転を増大する．
指導ポイント：右膝関節が屈曲しないよう留意する．

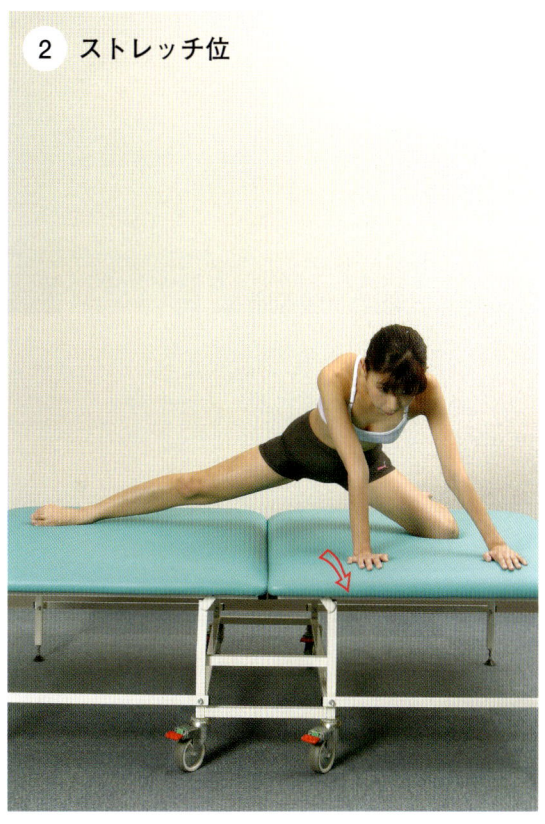

1 開始肢位

2 ストレッチ位

薄筋伸張法 2

開 始 肢 位：背臥位．両股関節を屈曲し，殿部を壁につける．
ストレッチ位：両下肢を開いて右股関節を外転する．
指導ポイント：伸張時，殿部が壁から離れないよう留意する．

1 開始肢位

2 ストレッチ位

58 梨状筋 m. piriformis

起　　　始：仙骨前面上方 3 つ前仙骨孔の間・傍ら
停　　　止：大転子上縁
神 経 支 配：仙骨神経叢 S1〜2
血 管 支 配：上・下殿動脈，内陰部動脈
筋 　連　 結：中殿筋，小殿筋，上双子筋，仙棘筋，内閉鎖筋，下双子筋，（股関節包を介して）大腰筋，小殿筋，恥骨筋，外閉鎖筋，腸腰筋

59 外閉鎖筋 m. obturatorius externus

起　　　始：寛骨外面閉鎖孔縁・閉鎖膜
停　　　止：転子窩
神 経 支 配：閉鎖神経 L3〜4
血 管 支 配：閉鎖動脈，内側大腿回旋動脈
筋 　連　 結：内閉鎖筋，大腿方形筋，小殿筋，梨状筋，上双子筋，下双子筋，小内転筋，（股関節包を介して）大腰筋，小殿筋，恥骨筋，腸腰筋

60 内閉鎖筋 m. obturatorius internus

起　　　始：寛骨内面閉鎖膜・その周り
停　　　止：大腿骨転子窩
神 経 支 配：仙骨神経叢 L5〜S3
血 管 支 配：閉鎖動脈，内陰部動脈，下殿動脈
筋 　連　 結：上双子筋，下双子筋，外閉鎖筋，梨状筋，小殿筋

61 上双子筋 m. gemellus superior

起　　　始：坐骨棘
停　　　止：内閉鎖筋腱
神 経 支 配：仙骨神経叢 L4〜S3
血 管 支 配：下殿動脈
筋 　連　 結：下双子筋，内閉鎖筋，小殿筋，梨状筋，外閉鎖筋

62 下双子筋 m. gemellus inferior

起　　　始：坐骨結節
停　　　止：内閉鎖筋腱
神 経 支 配：仙骨神経叢 L4〜S3
血 管 支 配：下殿動脈
筋　連　結：上双子筋，内閉鎖筋，外閉鎖筋，大腿方形筋，梨状筋，小殿筋

63 大腿方形筋 m. quadratus femoris

起　　　始：坐骨結節
停　　　止：大転子下部・転子間稜
神 経 支 配：坐骨神経 L4〜S1
血 管 支 配：下殿動脈，内側大腿回旋動脈
筋　連　結：下双子筋，大内転筋，大殿筋，外側広筋，外閉鎖筋

梨状筋・外閉鎖筋・内閉鎖筋・上双子筋・下双子筋・大腿方形筋伸張法 1
開 始 肢 位：腹臥位．右膝関節を屈曲し，右手で前足部を内側から把持する．
ストレッチ位：右手で右足部を外側に倒しながら，右股関節を内旋する．
指導ポイント：骨盤が左回旋しないよう留意する．また，右股関節外転角度を調節することにより伸張される筋が異なる．

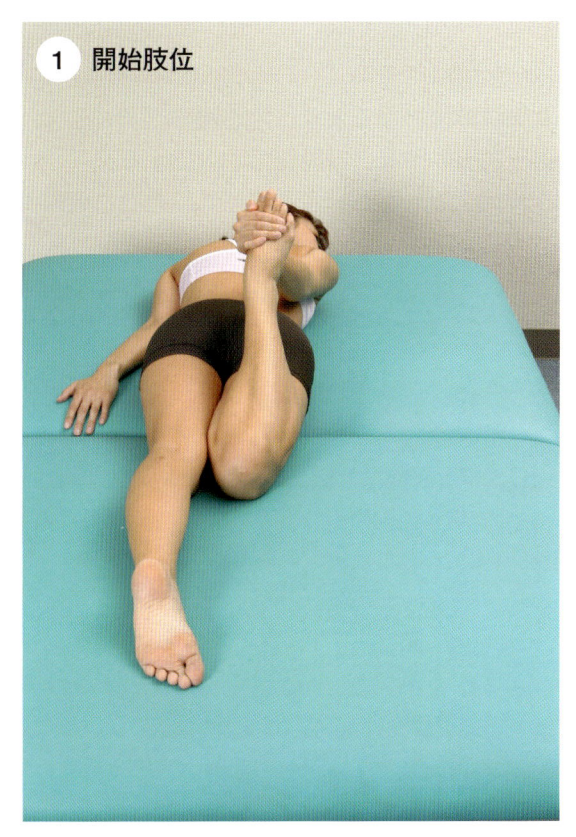

梨状筋 m. piriformis・外閉鎖筋 m. obturatorius externus・内閉鎖筋 m. obturatorius internus・
上双子筋 m. gemellus superior・下双子筋 m. gemellus inferior・大腿方形筋 m. quadratus femoris | 153

1 開始肢位

2 ストレッチ位

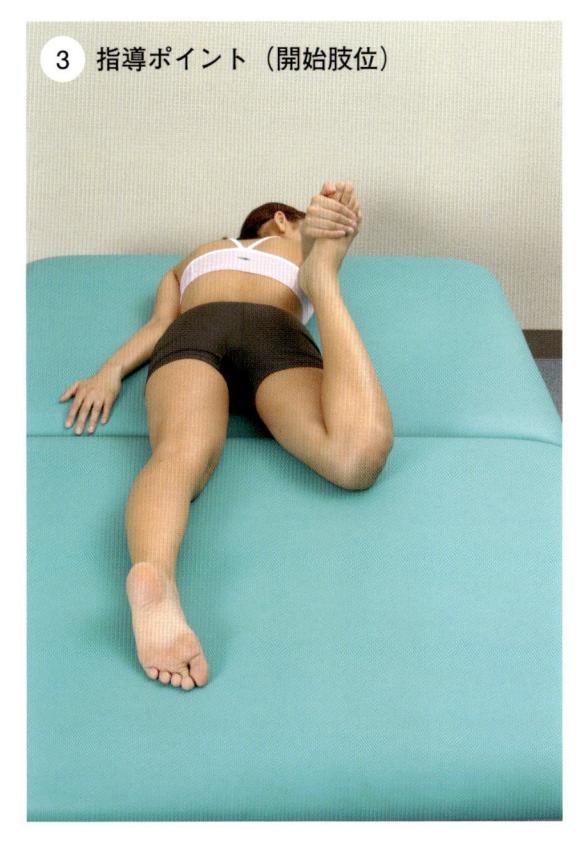

3 指導ポイント（開始肢位）

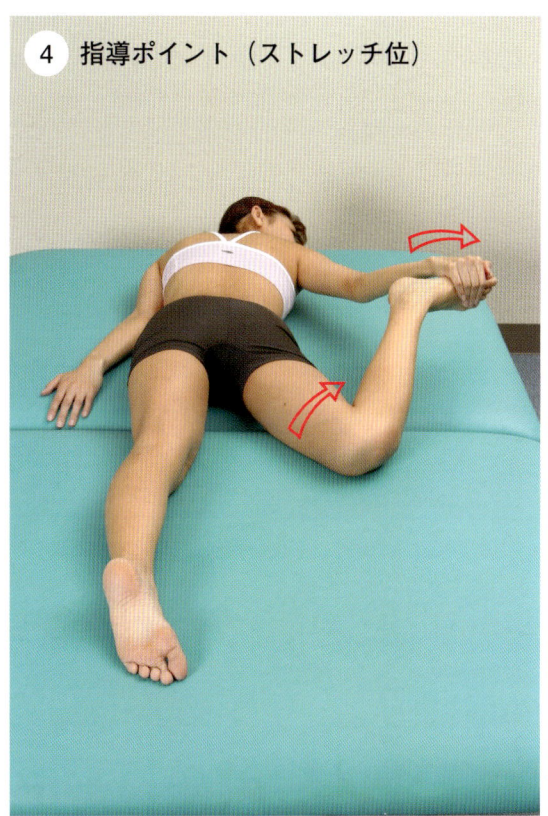

4 指導ポイント（ストレッチ位）

梨状筋・外閉鎖筋・内閉鎖筋・上双子筋・下双子筋・大腿方形筋伸張法 2

開 始 肢 位：背臥位．両膝を立てて，左下肢を右下肢の上になるように足を組む．
ストレッチ位：左下腿部で右膝を床面に近づけるように引き寄せ，右股関節を内旋する．
指導ポイント：骨盤の過度な左回旋を防止するよう留意する．また，右股関節外転角度を調節することにより伸張される筋が異なる．

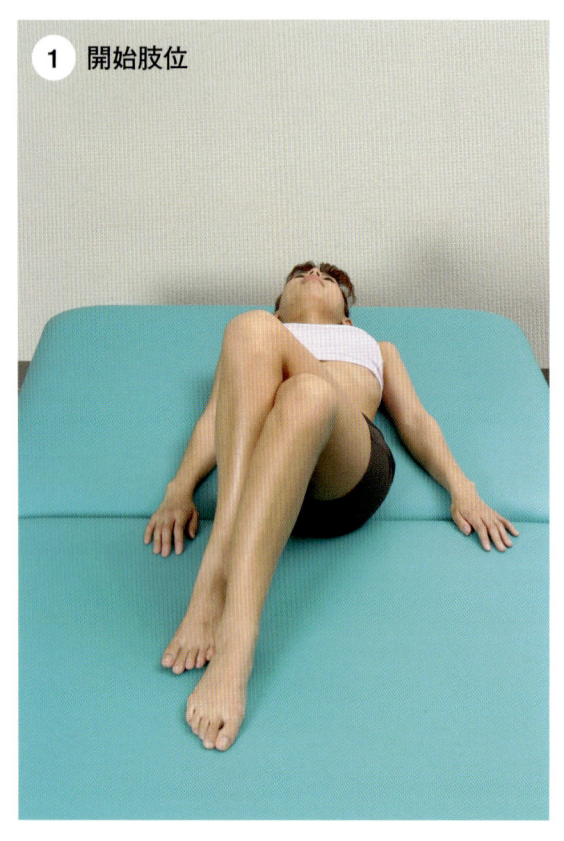

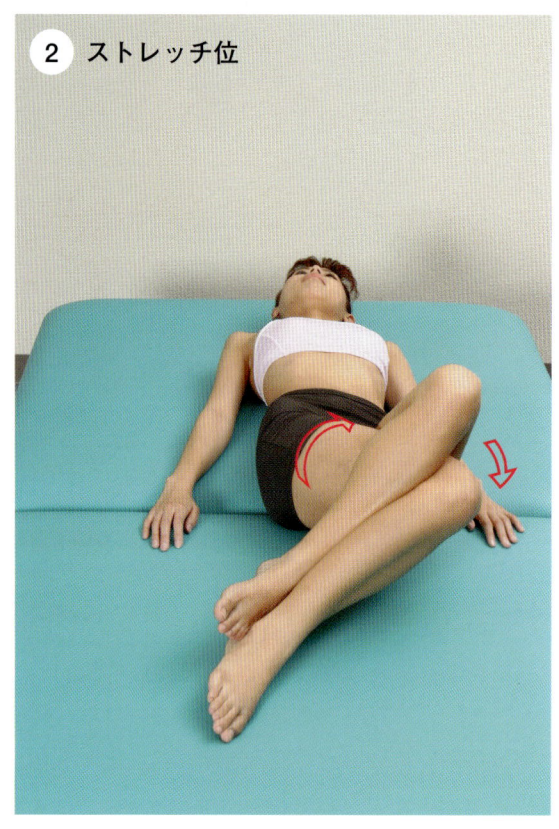

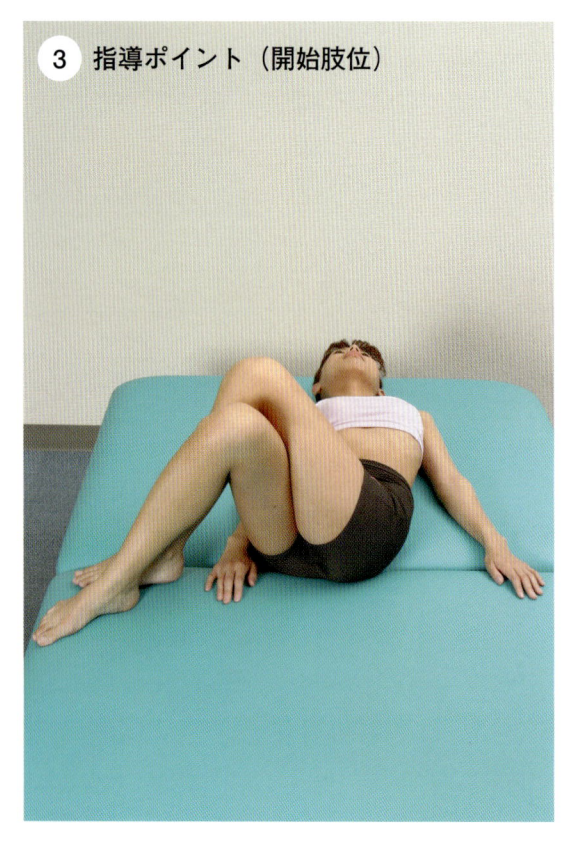

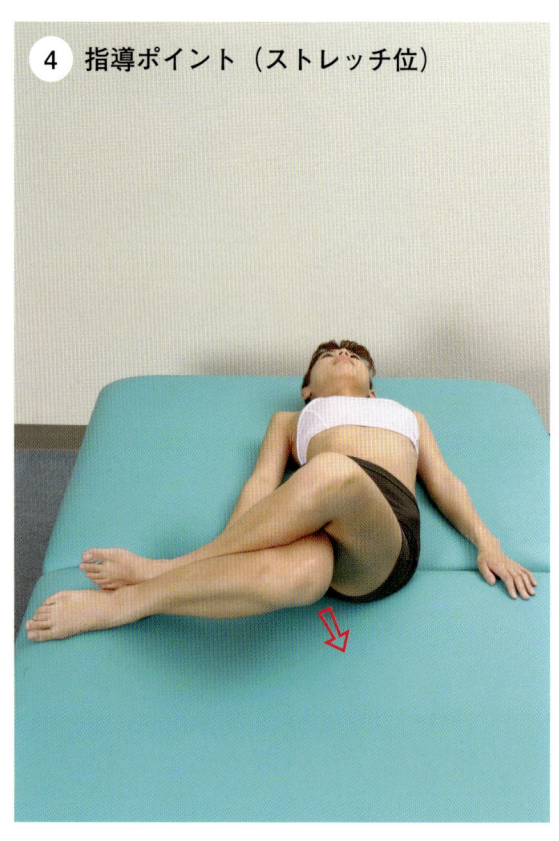

1 開始肢位

2 ストレッチ位

3 指導ポイント（開始肢位）

4 指導ポイント（ストレッチ位）

64 大腿直筋 m. rectus femoris

起　　　始：下前腸骨棘，寛骨臼上縁
停　　　止：膝蓋骨底，膝蓋靱帯から脛骨粗面
神 経 支 配：大腿神経 L2〜4
血 管 支 配：大腿回旋動脈
筋 　連 　結：外側広筋，内側広筋，中間広筋，縫工筋，腸骨筋

大腿直筋伸張法 1

開 始 肢 位：長座位．右膝関節を屈曲し，右足部を右殿部の下に移動させる．
ストレッチ位：右膝関節屈曲位のまま背臥位になる．
指導ポイント：伸張時，右膝が浮かないよう留意する．右膝が床から離れる場合は，左肘または両肘をついて調節する．本伸張法で伸張感がない場合は，左膝を立てるとよい．

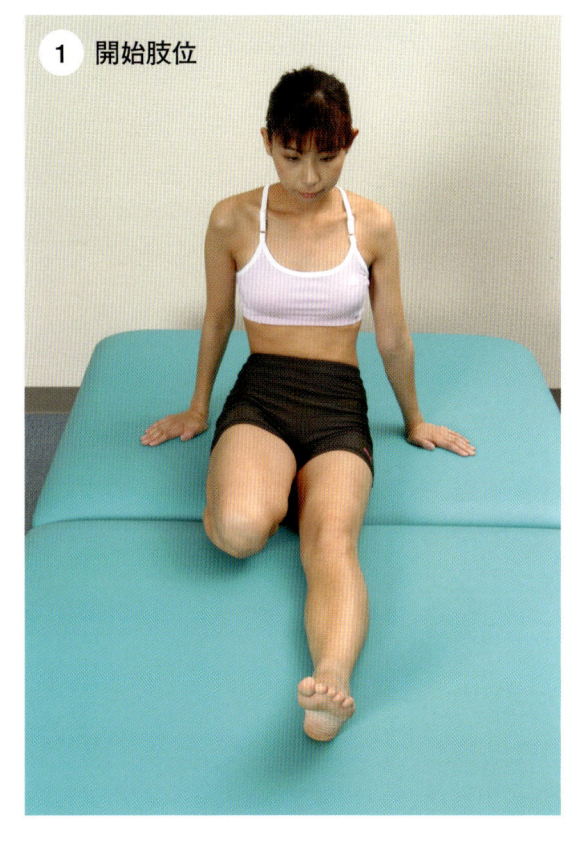

1　開始肢位

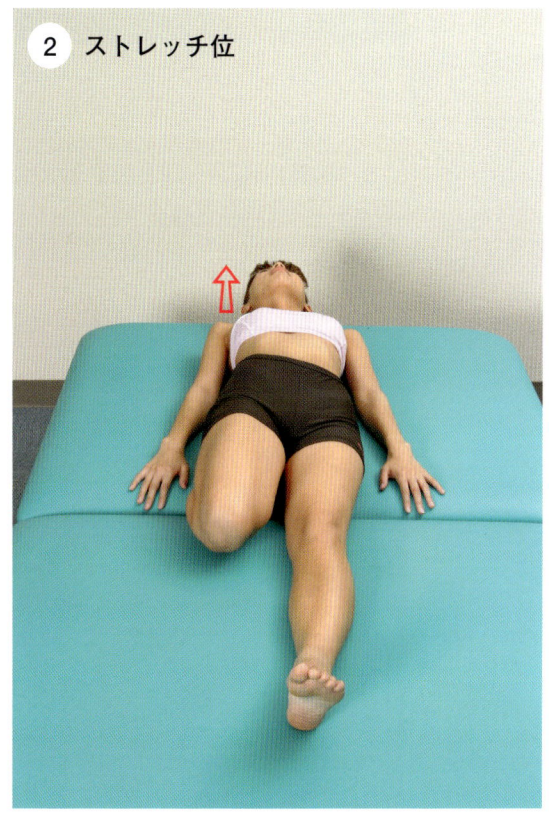

2　ストレッチ位

3 指導ポイント（中間位）

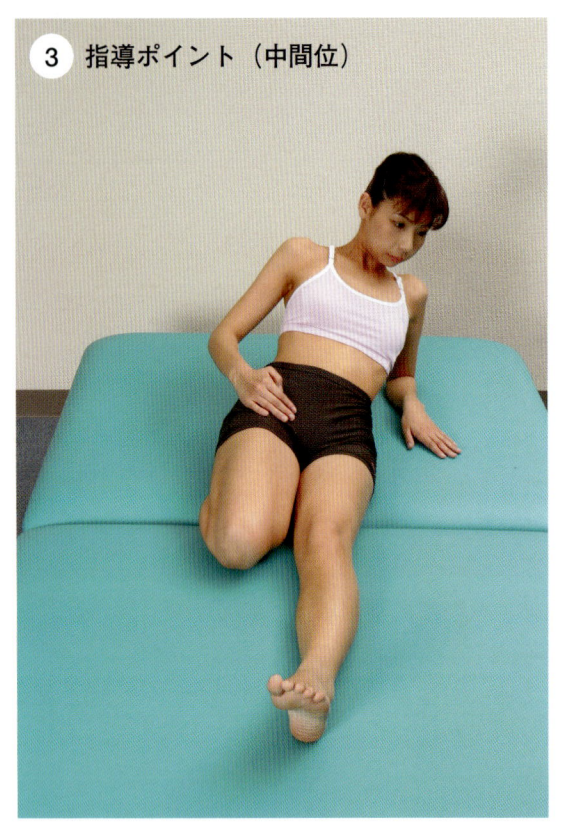

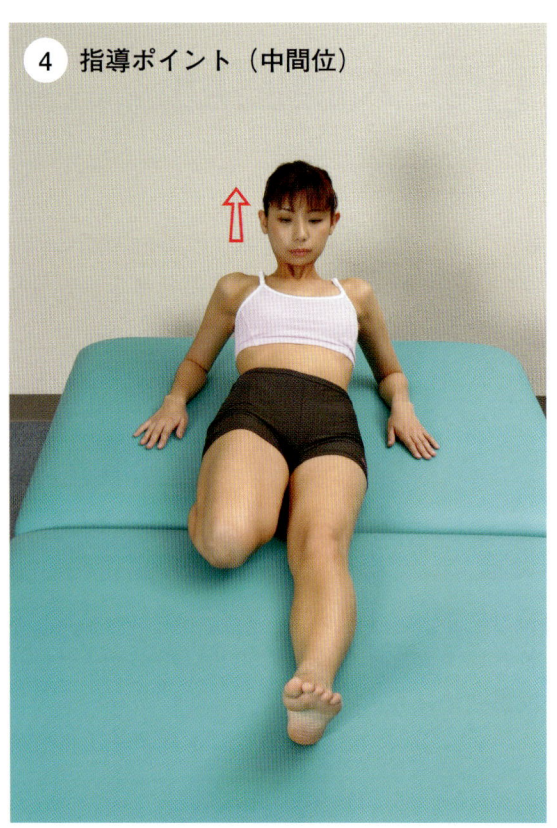

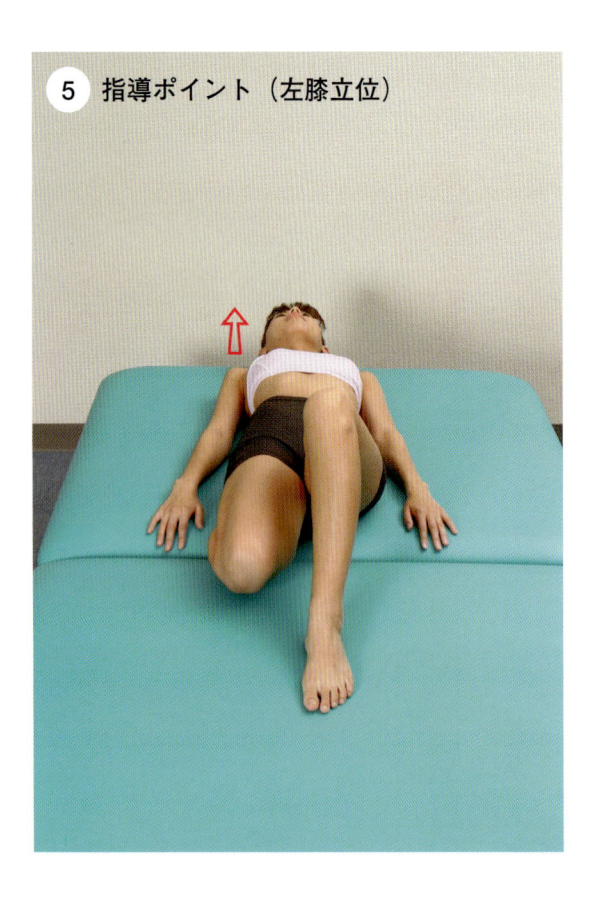

4 指導ポイント（中間位）

5 指導ポイント（左膝立位）

大腿直筋 m. rectus femoris | 157

大腿直筋伸張法 2

開始肢位：四つ這い位．右膝関節を屈曲し，左足を大きく前に出して足底をベッドにつけ，左手を右手前方に置く．右踵が右殿部に位置するように，右手で右前足部背側面を把持する．
ストレッチ位：体重を前方に移動し，右股関節伸展を増大する．
指導ポイント：伸張時，体幹が屈曲しないよう留意する．

1 開始肢位

2 ストレッチ位

3 開始肢位（別角度）

4 ストレッチ位（別角度）

大腿直筋伸張法 3

開 始 肢 位：立位．右膝関節を屈曲し，右踵が右殿部に位置するように，右手で右前足部背側面を把持する．
ストレッチ位：右手で右股関節伸展を増大する．
指導ポイント：伸張時，体幹が前傾しないよう留意する．

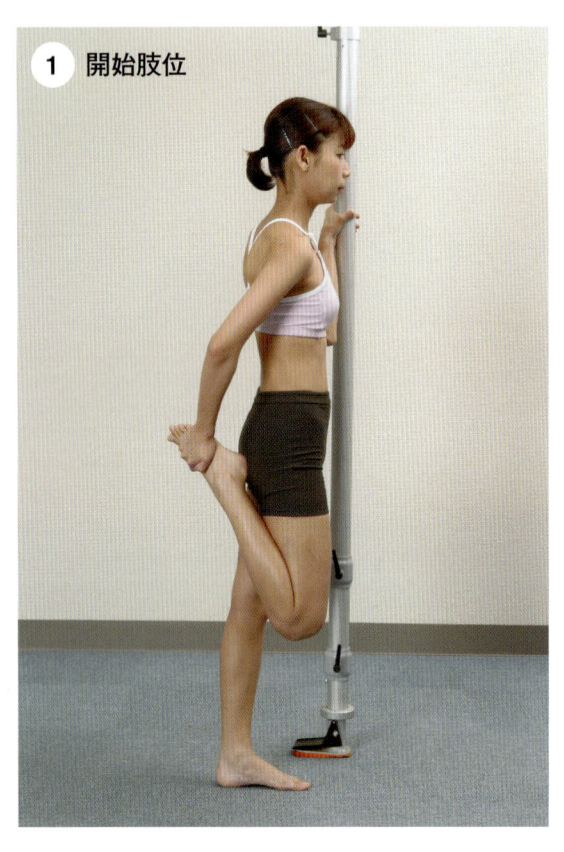

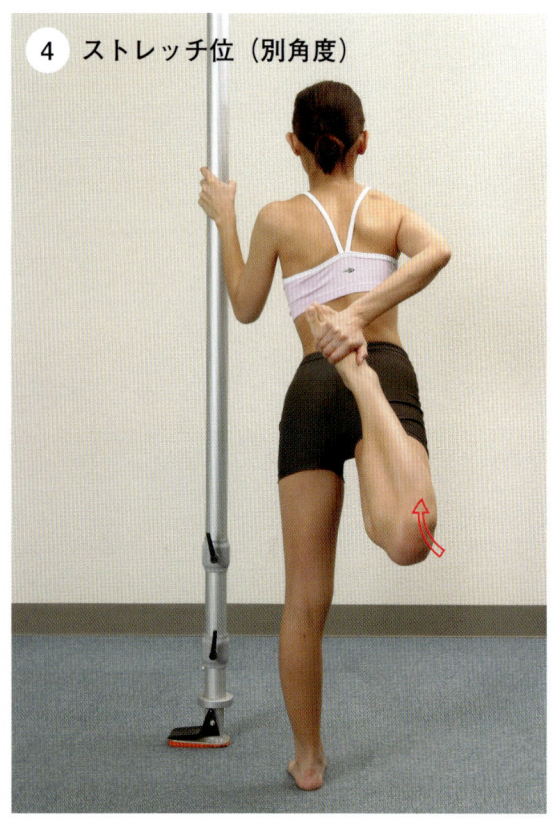

1 開始肢位	2 ストレッチ位
3 開始肢位（別角度）	4 ストレッチ位（別角度）

65 内側広筋 m. vastus medialis

起　　　始：大腿骨転子間線下部，大腿骨粗線内側唇
停　　　止：膝蓋骨内側縁・上縁，中間広筋終腱
神 経 支 配：大腿神経 L2〜3
血 管 支 配：大腿深動脈，大腿動脈，膝窩動脈
筋　連　結：大腿直筋，長内転筋，大内転筋，腸骨筋，中間広筋，恥骨筋，短内転筋，（膝関節包を介して）縫工筋，外側広筋，膝関節筋，足底筋，半膜様筋，膝窩筋，腓腹筋

内側広筋伸張法 1

開 始 肢 位：長座位．右膝関節を屈曲し，右足部を左大腿部の下に移動させる．
ストレッチ位：右膝関節屈曲位のまま背臥位になる．
指導ポイント：伸張時，右膝が浮かないよう留意する．右膝が床から離れる場合は，右肘または両肘をついて調節する．本伸張法で伸張感がない場合は，左膝を立てるとよい．

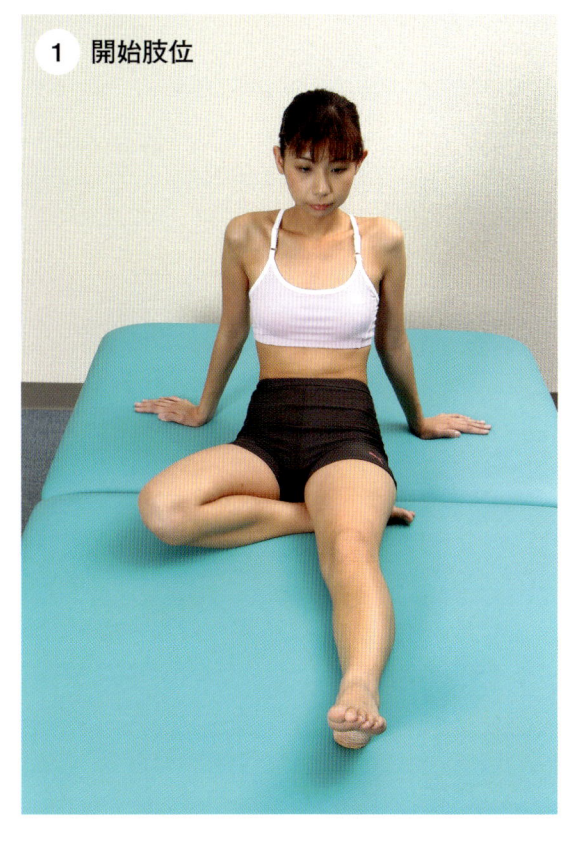

1 開始肢位

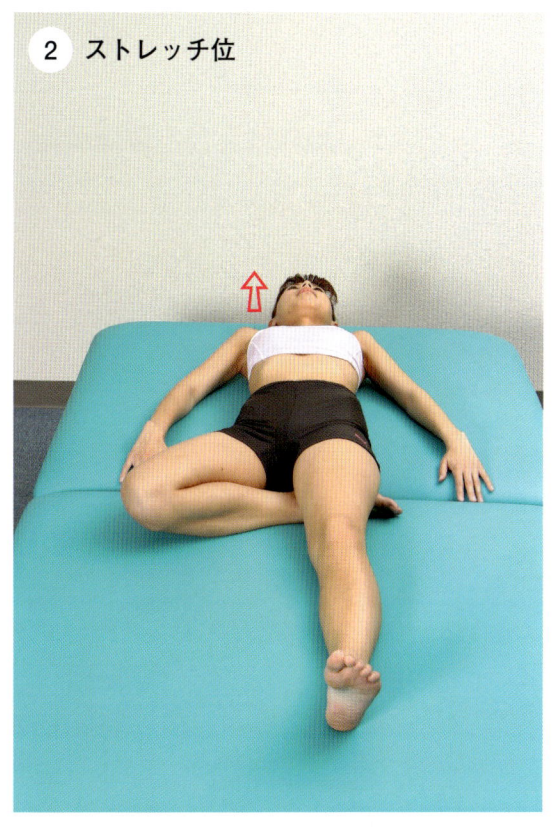

2 ストレッチ位

160　第2章　アクティブIDストレッチングの実際—下肢

3 指導ポイント（中間位）

4 指導ポイント（中間位）

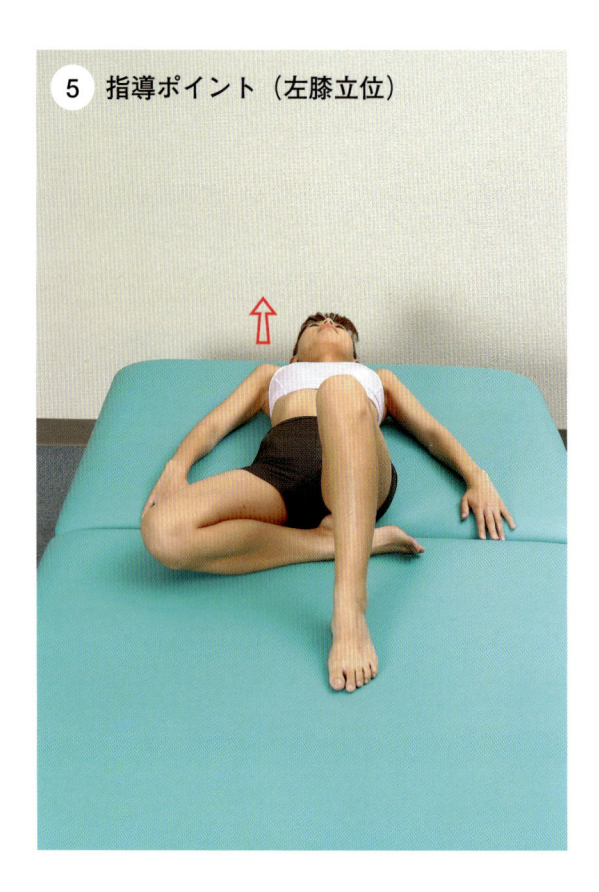

5 指導ポイント（左膝立位）

内側広筋 m. vastus medialis **161**

内側広筋伸張法 2

開 始 肢 位：四つ這い位．右膝関節を屈曲し，左足を大きく前に出して足底をベッドにつけ，右手を前方に置く．右踵が左殿部に位置するように，左手で右前足部背側面を把持する．
ストレッチ位：体重を前方に移動し，右股関節外旋・伸展を増大する．
指導ポイント：伸張時，体幹が屈曲しないよう留意する．

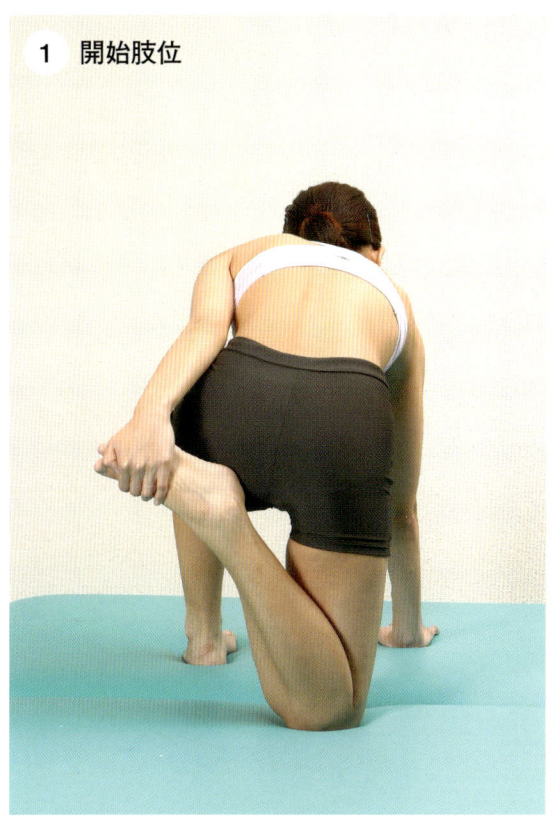

1　開始肢位

2　ストレッチ位

3　開始肢位（別角度）

4　ストレッチ位（別角度）

内側広筋伸張法 3

開 始 肢 位：立位．右膝関節を屈曲し，右踵が左殿部に位置するように，左手で右前足部背側面を把持する．
ストレッチ位：左手で右股関節伸展を増大する．
指導ポイント：伸張時，体幹が前傾しないよう留意する．

1 開始肢位

2 ストレッチ位

3 開始肢位（別角度）

4 ストレッチ位（別角度）

66 外側広筋 m. vastus lateralis

- 起　　　始：大転子外側面，大腿骨粗線外側唇
- 停　　　止：膝蓋骨外側縁・上縁，中間広筋・大腿直筋終腱
- 神 経 支 配：大腿神経 L3〜4
- 血 管 支 配：外側大腿回旋動脈
- 筋　連　結：大腿直筋，中間広筋，小殿筋，大腿二頭筋短頭，大殿筋，大内転筋，中殿筋，大腿方形筋，大腿筋膜張筋，恥骨筋，小内転筋，（膝関節包を介して）縫工筋，内側広筋，膝関節筋，足底筋，半膜様筋，膝窩筋，腓腹筋，長内転筋

外側広筋伸張法 1

- 開 始 肢 位：長座位．右膝関節を屈曲し，右足部を右殿部外側に移動させる．
- ストレッチ位：右膝関節屈曲位のまま背臥位になる．
- 指導ポイント：伸張時，右膝が浮かないよう留意する．右膝が床から離れる場合は，左肘または両肘をついて調節する．本伸張法で伸張感がない場合は，左膝を立てるとよい．

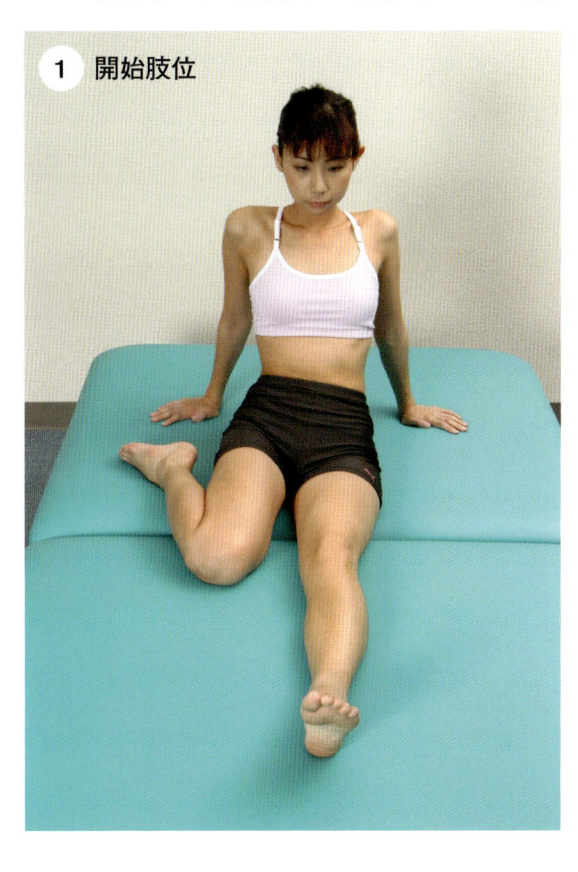

1 開始肢位

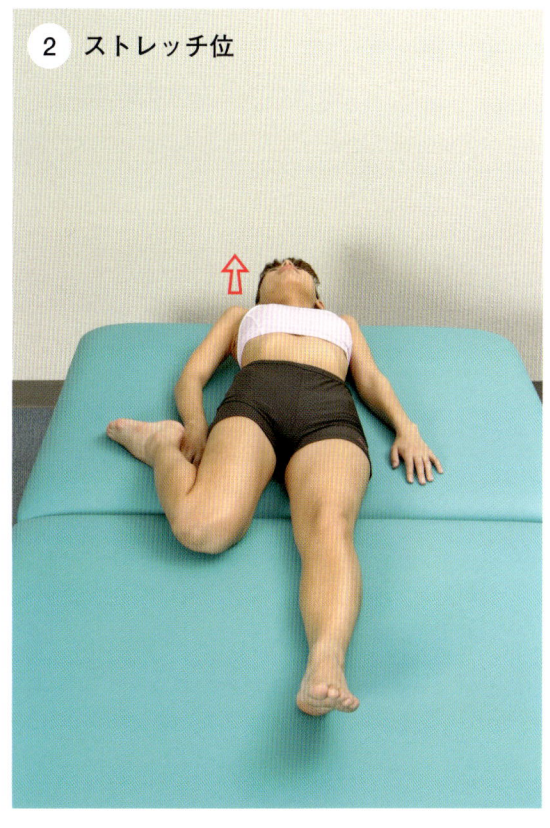

2 ストレッチ位

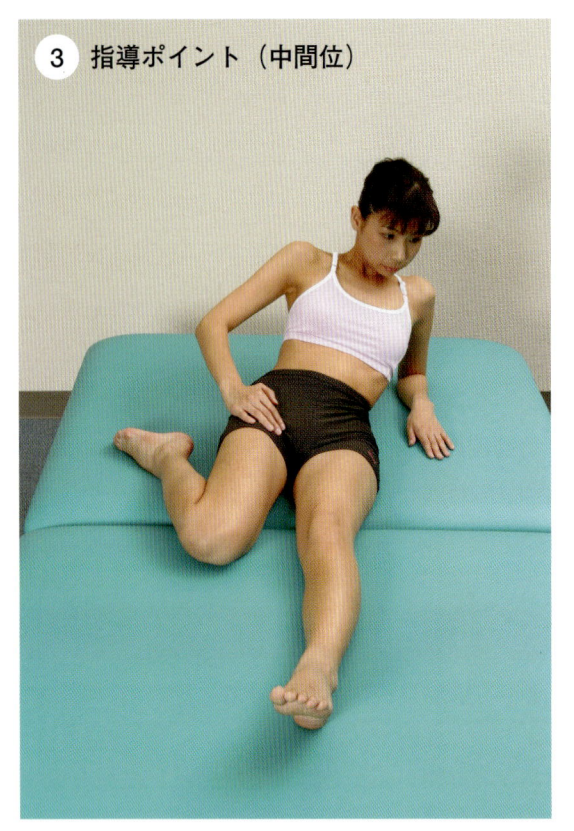

164　第2章　アクティブIDストレッチングの実際―下肢

❸ 指導ポイント（中間位）

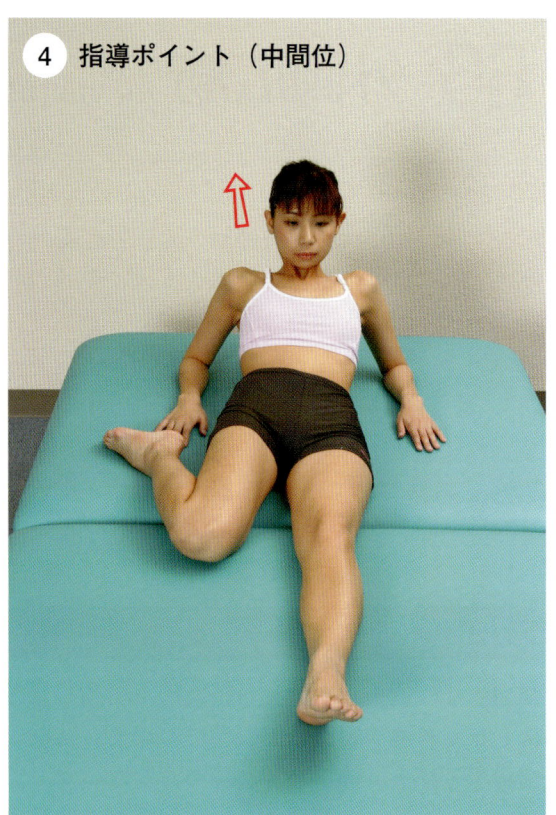

❹ 指導ポイント（中間位）

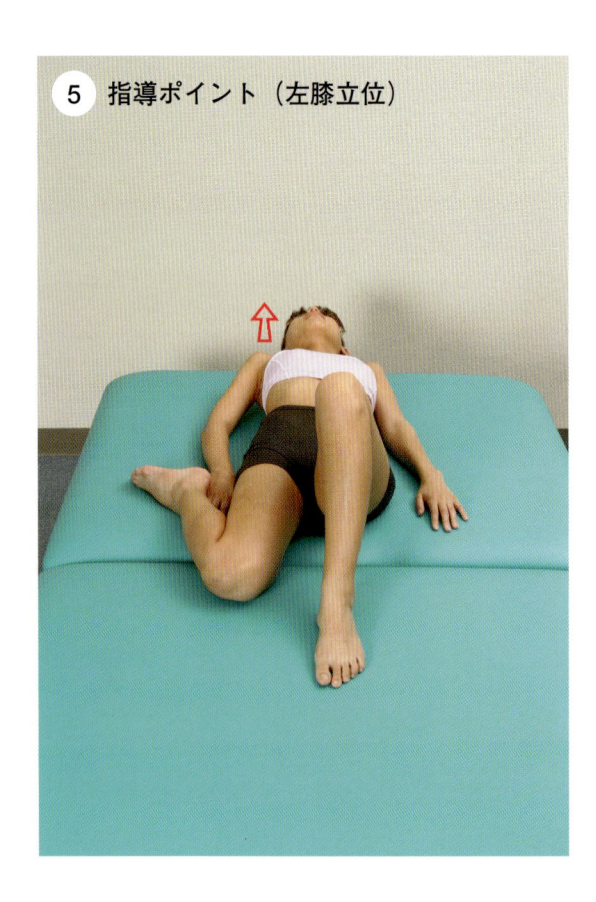

❺ 指導ポイント（左膝立位）

外側広筋 m. vastus lateralis | 165

外側広筋伸張法 2

開始肢位：四つ這い位．右膝関節を屈曲し，左足を大きく前に出して足底をベッドにつけ，左手を右手前方に置く．右踵が右殿部外側に位置するように，右手で右前足部背側面を把持する．
ストレッチ位：体重を前方に移動し，右股関節内旋・伸展を増大する．
指導ポイント：伸張時，体幹が屈曲しないよう留意する．

1 開始肢位	 2 ストレッチ位
 3 開始肢位（別角度）	 4 ストレッチ位（別角度）

外側広筋伸張法 3

開 始 肢 位：立位．右膝関節を屈曲し，右踵が右殿部外側に位置するように，右手で右前足部背側面を把持する．
ストレッチ位：右手で右股関節伸展を増大する．
指導ポイント：伸張時，体幹が前傾しないよう留意する．

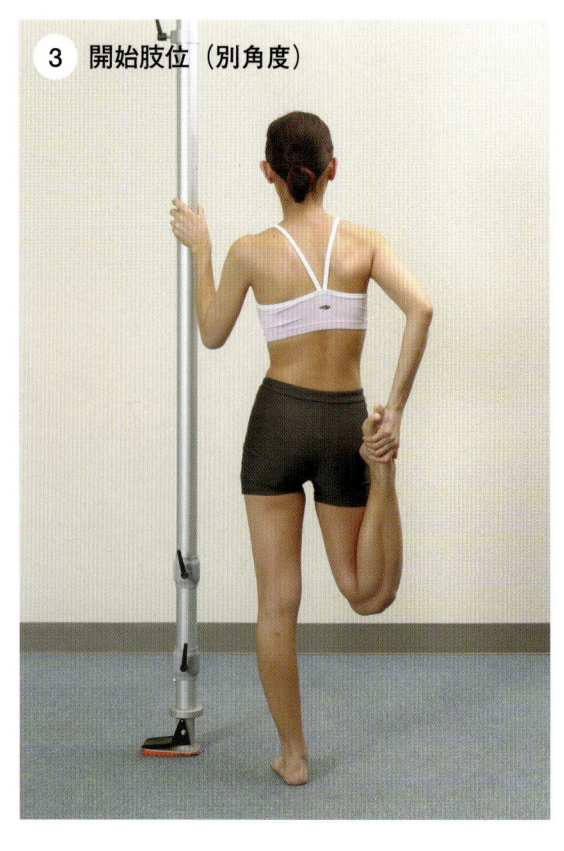

1 開始肢位

2 ストレッチ位

3 開始肢位（別角度）

4 ストレッチ位（別角度）

67 半腱様筋 m. semitendinosus

- 起　　　始：坐骨結節内側面
- 停　　　止：脛骨粗面沿い薄筋付着部後下方から下腿筋膜
- 神 経 支 配：脛骨神経 L4〜S2
- 血 管 支 配：大腿深動脈，膝窩動脈
- 筋 　連 　結：恥骨筋，大腿二頭筋長頭，縫工筋，薄筋，半膜様筋，大内転筋，腓腹筋

68 半膜様筋 m. semimembranosus

- 起　　　始：坐骨結節
- 停　　　止：脛骨内側顆，斜膝窩靱帯，下腿筋膜
- 神 経 支 配：脛骨神経 L4〜S1
- 血 管 支 配：大腿深動脈
- 筋 　連 　結：大内転筋，恥骨筋，足底筋，膝窩筋，大腿二頭筋短頭，仙棘筋，（膝関節包を介して）縫工筋，外側広筋，内側広筋，膝関節筋，膝窩筋，腓腹筋，長内転筋，半腱様筋

半腱様筋・半膜様筋伸張法 1

開 始 肢 位：椅座位，右股関節軽度内転・軽度内旋位，右膝関節伸展位とする．
ストレッチ位：体幹を右足部外側方向に屈曲する．
指導ポイント：右膝関節を軽度屈曲位にすることにより，近位部の伸張を可能にする．

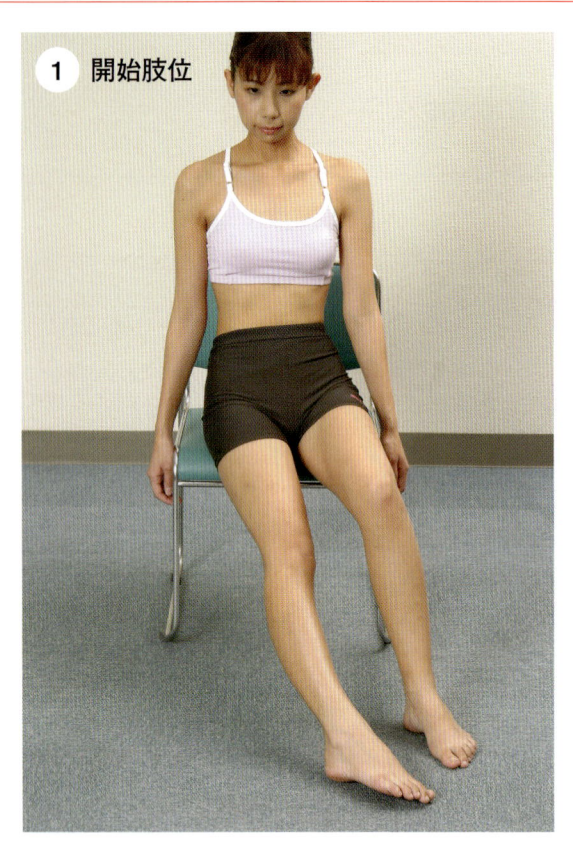

168　第2章　アクティブIDストレッチングの実際—下肢

1　開始肢位

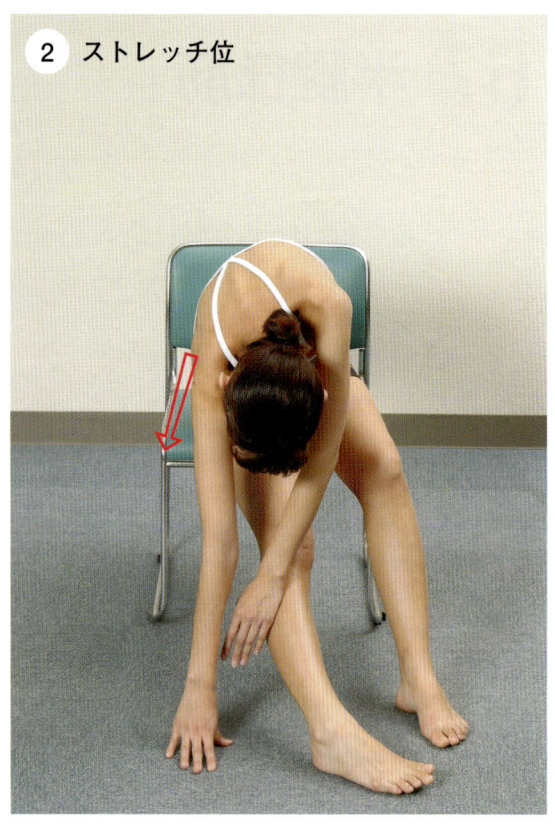

2　ストレッチ位

3　開始肢位（別角度）

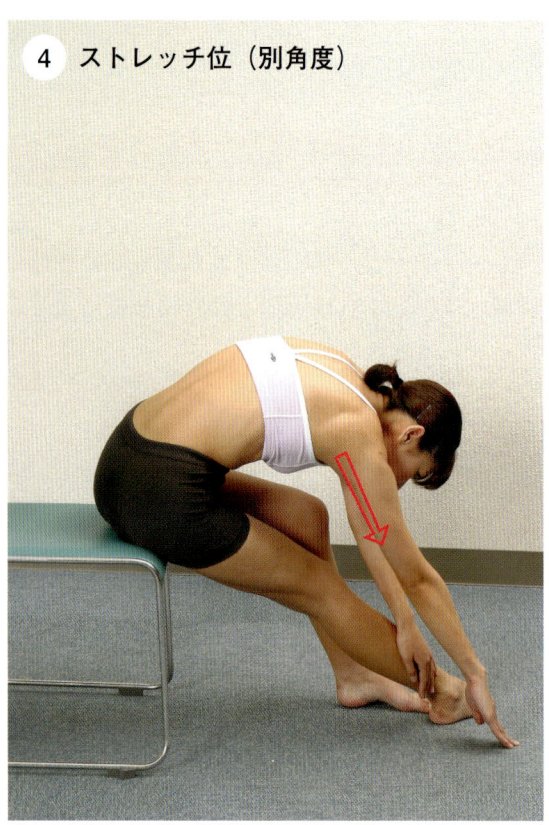

4　ストレッチ位（別角度）

半腱様筋 m. semitendinosus・半膜様筋 m. semimembranosus | 169

半腱様筋・半膜様筋伸張法 2

開 始 肢 位：長座位．左下肢を屈曲し，左足底を右大腿遠位部内側に置く．右股関節は軽度内旋位とする．
ストレッチ位：体幹を右足部外側方向に屈曲し，右股関節屈曲・内転・内旋を増大する．
指導ポイント：右膝関節を軽度屈曲位とすることにより，近位部の伸張を可能にする．

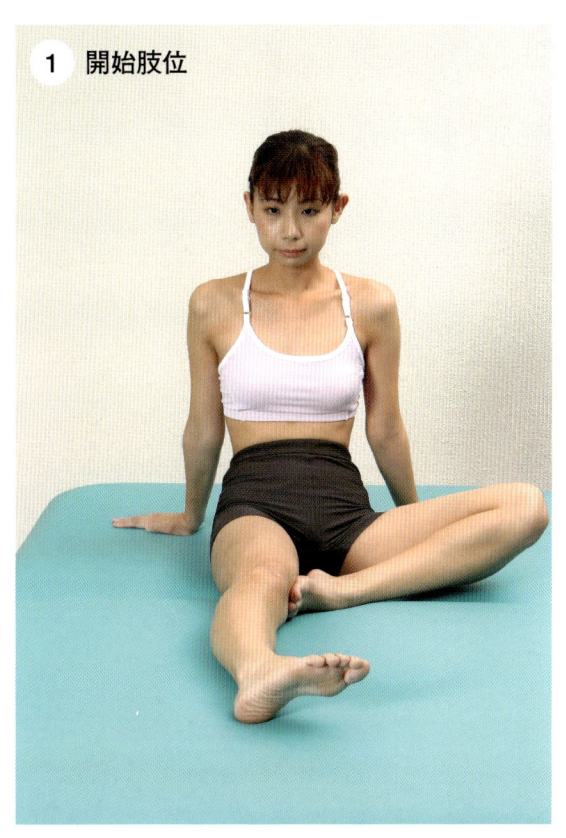

1 開始肢位

2 ストレッチ位

3 開始肢位（別角度）

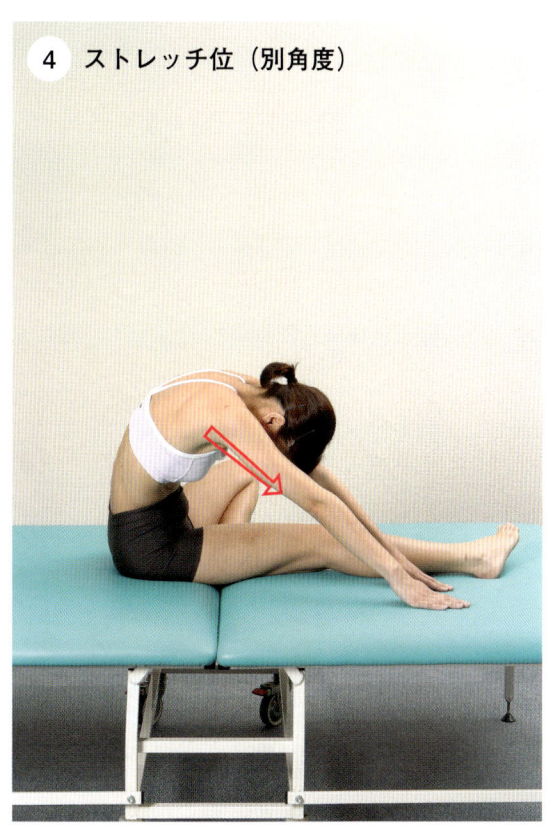

4 ストレッチ位（別角度）

半腱様筋・半膜様筋伸張法 3

開始肢位：立位．右下肢を椅子の上に置き，右股関節屈曲・軽度内転・軽度内旋位，右膝関節伸展位とする．

ストレッチ位：両手で椅子の背もたれを把持し，体幹を右大腿部外側方向に屈曲させ，右股関節屈曲・内転・内旋を増大する．

指導ポイント：右膝関節を軽度屈曲位とすることにより，近位部の伸張を可能にする．椅子の背もたれがない場合は，両上肢を右大腿部外側に垂らす．

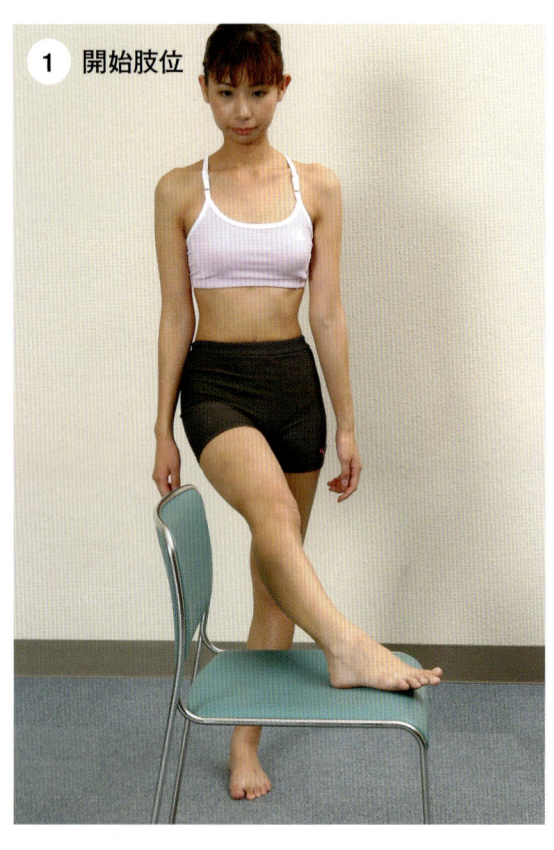

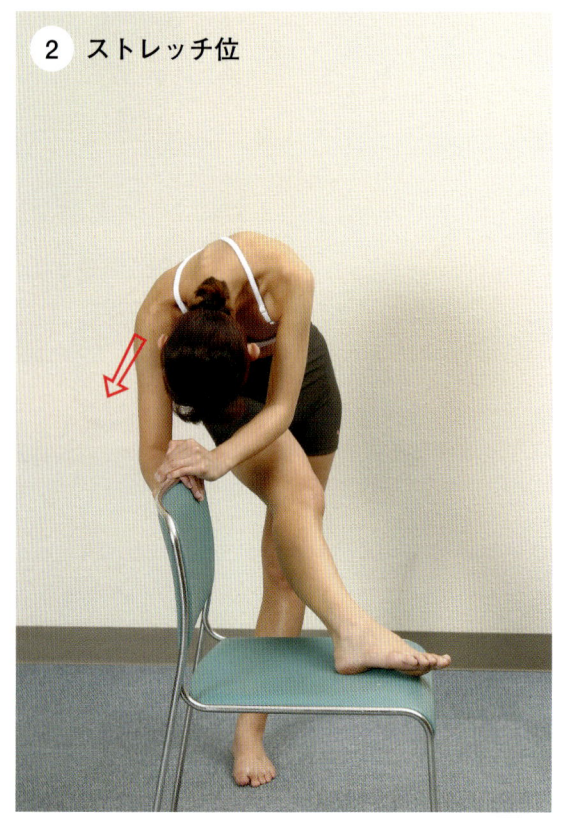

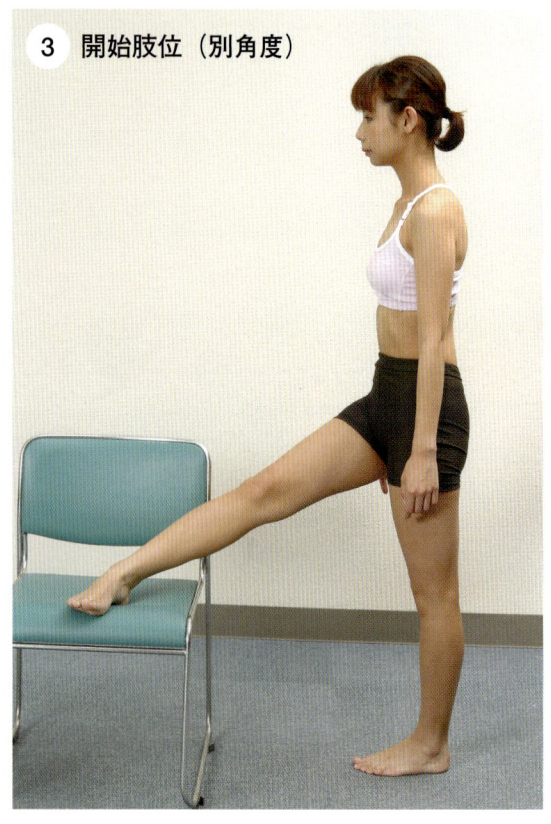

1 開始肢位

2 ストレッチ位

3 開始肢位（別角度）

4 ストレッチ位（別角度）

69 大腿二頭筋 m. biceps femoris

起　　　始：（長頭）坐骨結節後面，（短頭）大腿骨粗線外側唇下方1/2
停　　　止：腓骨頭，下腿筋膜
神 経 支 配：（長頭）脛骨神経 L5～S1，（短頭）総腓骨神経 L4～S1
血 管 支 配：大腿深動脈，膝窩動脈
筋　連　結：腓腹筋，梨状筋，半腱様筋，（仙棘筋），半膜様筋，前脛骨筋，縫工筋，（長頭）長腓骨筋，（短頭）中間広筋，外側広筋，大殿筋，大内転筋，膝窩筋

大腿二頭筋伸張法 1

開 始 肢 位：椅座位．右股関節軽度外転・軽度外旋位，右膝関節伸展位とする．
ストレッチ位：体幹を前方に屈曲し，股関節屈曲・外転・外旋を増大する．
指導ポイント：右膝関節を軽度屈曲位とすることにより，近位部の伸張を可能にする．

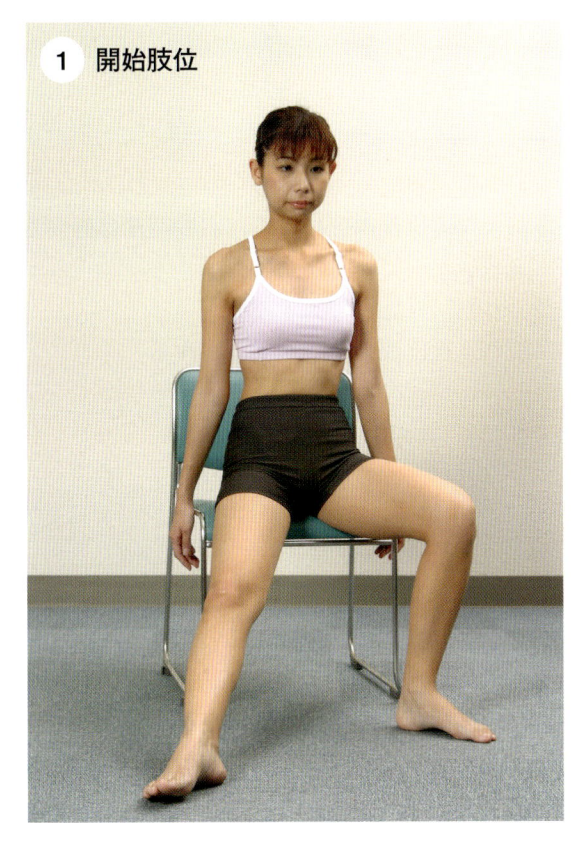

1 開始肢位

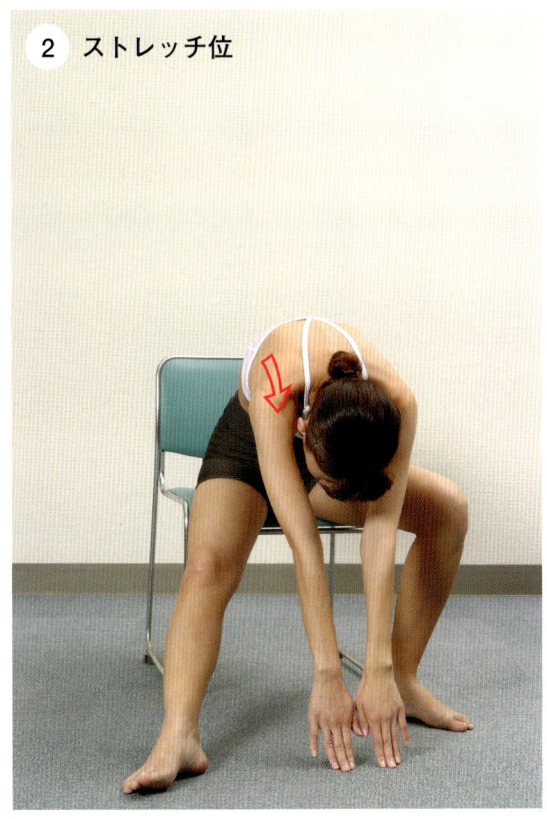

2 ストレッチ位

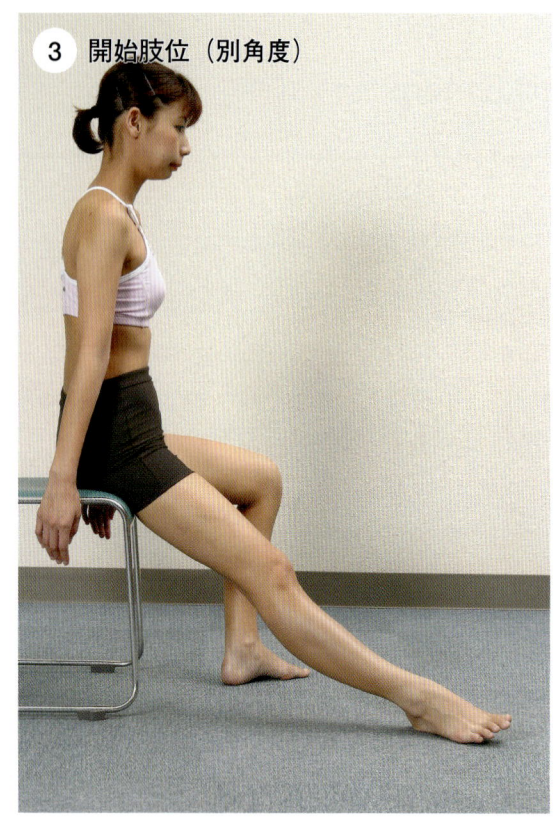

| 3 開始肢位（別角度） | 4 ストレッチ位（別角度） |

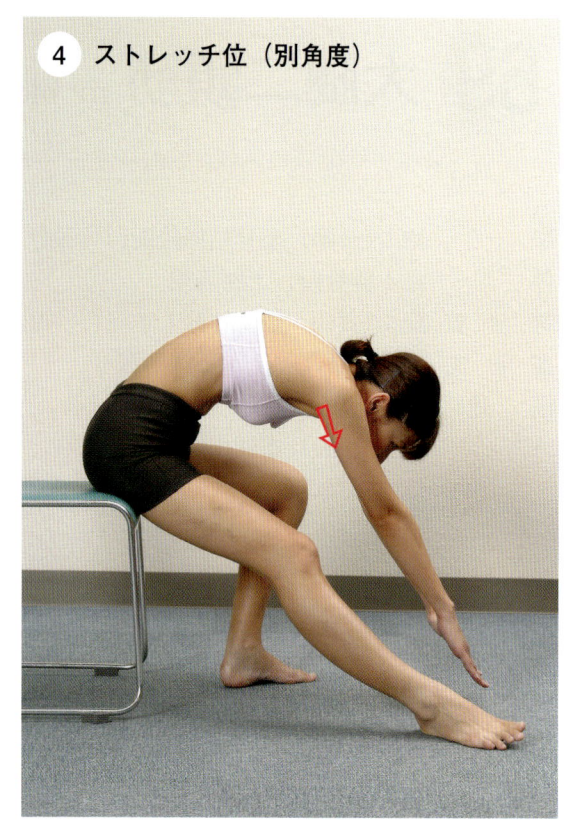

大腿二頭筋伸張法 2

開 始 肢 位：長座位．左下肢を屈曲し，左足底を右大腿遠位部内側に置く．右股関節は軽度外転・軽度外旋位とする．
ストレッチ位：体幹を前方に屈曲し，右股関節屈曲・外転・外旋を増大する．
指導ポイント：右膝関節を軽度屈曲位とすることにより，近位部の伸張を可能にする．

| 1 開始肢位 | 2 ストレッチ位 |

大腿二頭筋 m. biceps femoris 173

3 開始肢位（別角度）

4 ストレッチ位（別角度）

大腿二頭筋伸張法 3

開始肢位：立位．右下肢を椅子の上に置き，右股関節屈曲・軽度外転・軽度外旋位，右膝関節伸展位とする．
ストレッチ位：体幹を前方に屈曲し，右股関節屈曲・外転・外旋を増大する．
指導ポイント：右膝関節を軽度屈曲位とすることにより，近位部の伸張を可能にする．

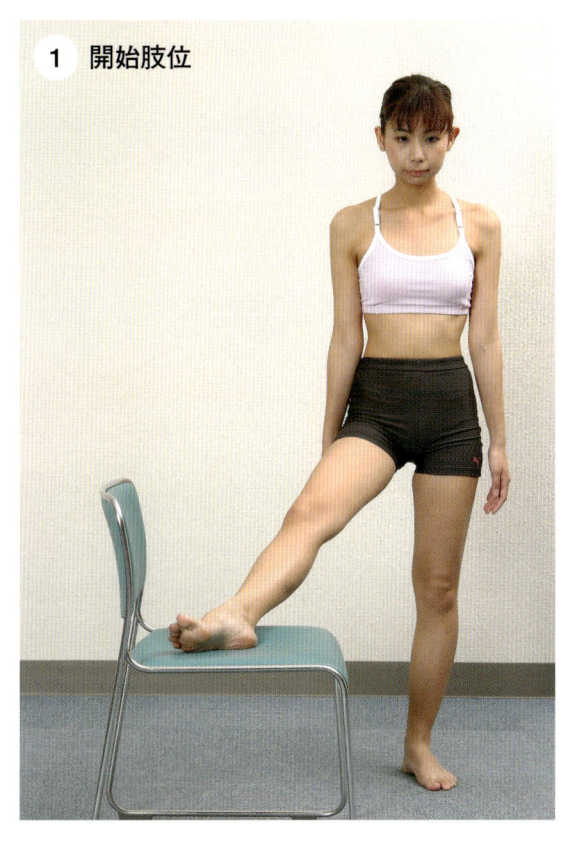

1 開始肢位

2 ストレッチ位

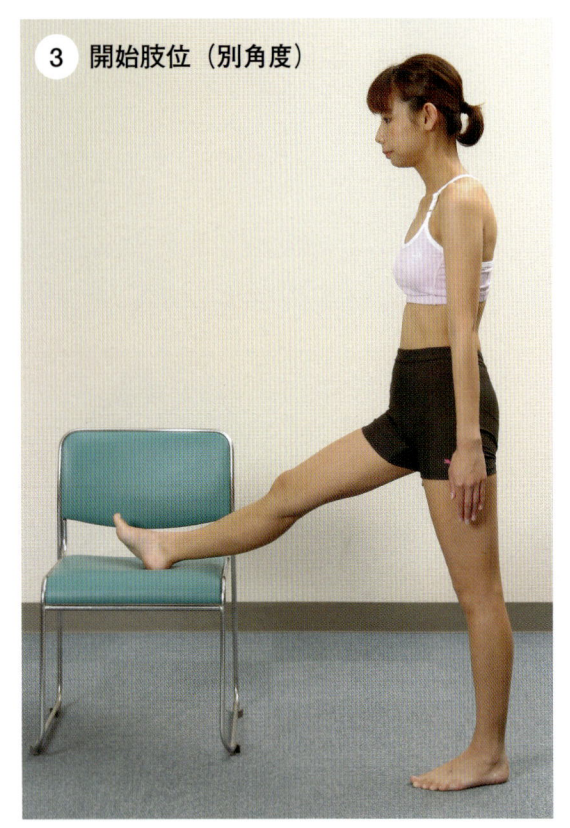

174　第2章　アクティブIDストレッチングの実際―下肢

❸ 開始肢位（別角度）

❹ ストレッチ位（別角度）

70 腓腹筋外側頭 m. gastrocnemius caput laterale

起　　　始：大腿骨外側上顆
停　　　止：踵骨隆起
神 経 支 配：脛骨神経 L4～S2
血 管 支 配：膝窩動脈
筋　連　結：ヒラメ筋，大腿二頭筋，大内転筋，長指屈筋，（膝関節包を介して）縫工筋，外側広筋，内側広筋，膝関節筋，足底筋，半膜様筋，膝窩筋

腓腹筋外側頭伸張法 1

開 始 肢 位：立位．両手を肩幅に開き，両肩関節約 90°屈曲位，両肘関節伸展位で壁につく．右下肢を後方に一歩引き，右股関節伸展・外旋位，右膝関節伸展位とする．右踵部は床につけておく．
ストレッチ位：左膝を前方に突き出すように重心を左下肢に移動し，右足関節背屈・内反を増大する．
指導ポイント：伸張時，右踵部が床から離れないように荷重する．

1　開始肢位

2　ストレッチ位

| 3 開始肢位（別角度） | 4 ストレッチ位（別角度） |

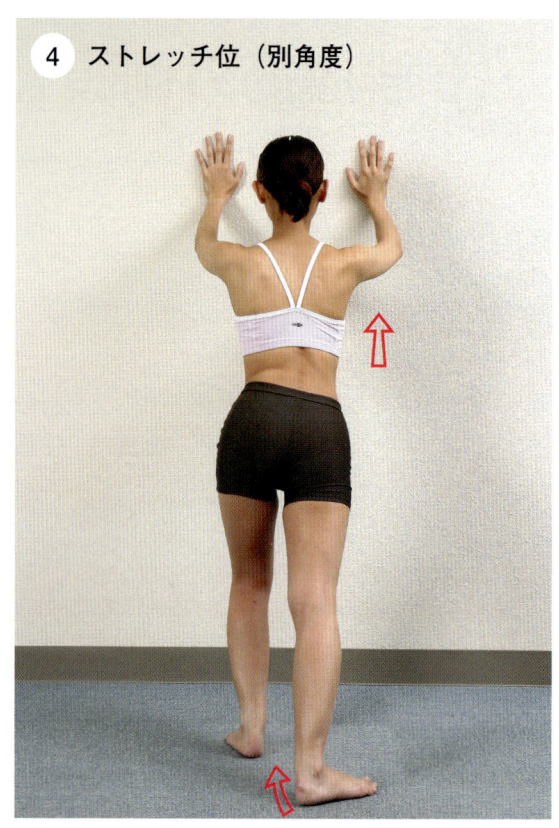

腓腹筋外側頭伸張法 2

開 始 肢 位：立位．両手を肩幅に開き，両肘関節軽度屈曲位で壁につく．右股関節軽度屈曲・外旋位，右膝関節伸展位にし，左踵部を床につけたまま右前足部を壁に押しつける．
ストレッチ位：前方に重心を移動し，右足関節背屈・内反を増大する．
指導ポイント：重心移動の際，骨盤を壁に近づける．

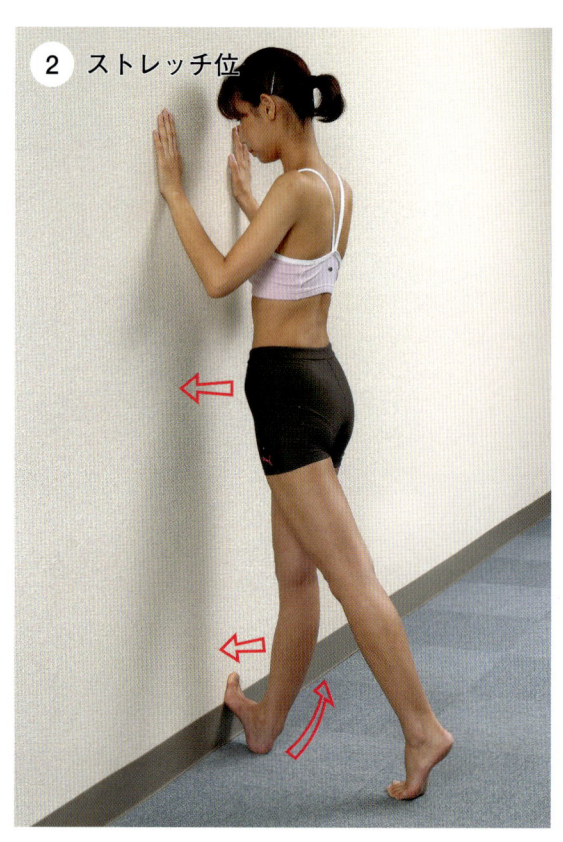

| 1 開始肢位 | 2 ストレッチ位 |

腓腹筋外側頭 m. gastrocnemius caput laterale　177

3 開始肢位（別角度）　　**4** ストレッチ位（別角度）

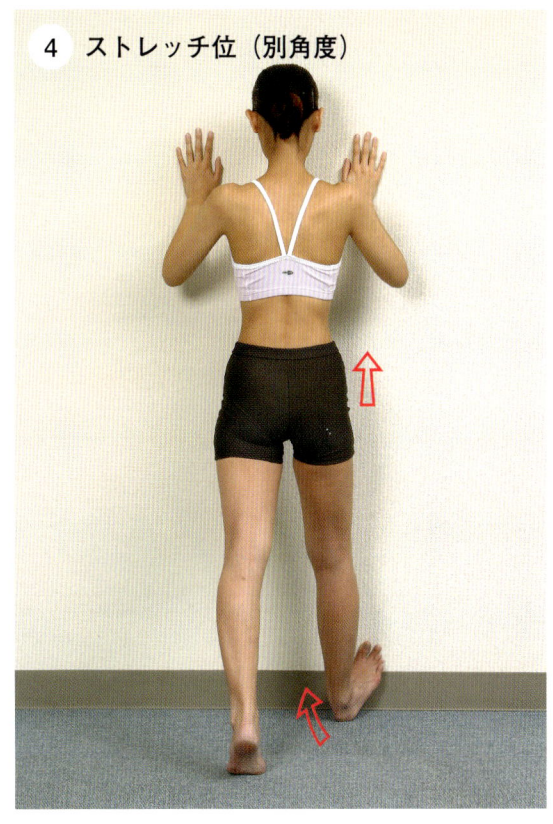

腓腹筋外側頭伸張法 3

開 始 肢 位：長座位．左下肢屈曲位，右股関節屈曲・軽度外旋位，右膝関節屈曲位とし，両手で右前足部内側を把持する．
ストレッチ位：右膝関節を伸展させながら，右足関節を背屈・内反する．
指導ポイント：伸張時，重心を後方に移動させ右膝関節伸展を維持し，右足関節背屈・内反を増大する．

1 開始肢位　　**2** ストレッチ位

第2章 アクティブIDストレッチングの実際―下肢

3 開始肢位（別角度）

4 ストレッチ位（別角度）

71 腓腹筋内側頭 m. gastrocnemius caput mediale

起　　　始：大腿骨内側上顆
停　　　止：踵骨隆起
神 経 支 配：脛骨神経 L4〜S2
血 管 支 配：膝窩動脈
筋　連　結：ヒラメ筋，大腿二頭筋，大内転筋，長指屈筋，（膝関節包を介して）縫工筋，外側広筋，内側広筋，膝関節筋，足底筋，半膜様筋，膝窩筋

腓腹筋内側頭伸張法 1

開 始 肢 位：立位．両手を肩幅に開き，両肩関節約 90°屈曲位，両肘関節伸展位で壁につく．右下肢を後方に一歩引き，右股関節伸展・内旋位，右膝関節伸展位とする．右踵部は床につけておく．
ストレッチ位：左膝を前方に突き出すように重心を左下肢に移動し，右足関節背屈・外反を増大する．
指導ポイント：伸張時，右踵部が床から離れないように荷重する．

1　開始肢位
2　ストレッチ位

| 3 開始肢位（別角度） | 4 ストレッチ位（別角度） |

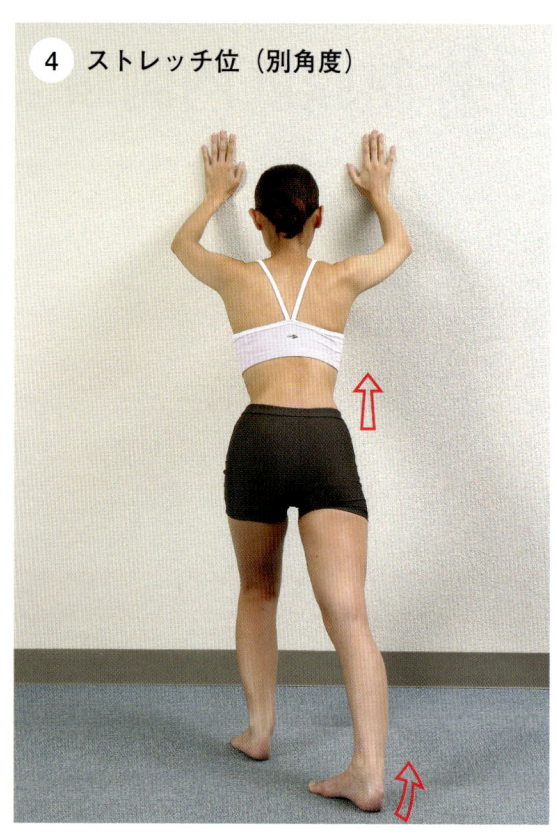

腓腹筋内側頭伸張法 2

開 始 肢 位：立位．両手を肩幅に開き，両肘関節軽度屈曲位で壁につく．右股関節軽度屈曲・内旋位，右膝関節伸展位にし，左踵部を床につけたまま右前足部を壁に押しつける．
ストレッチ位：前方に重心を移動し，右足関節背屈・外反を増大する．
指導ポイント：重心移動の際，骨盤を壁に近づける．

| 1 開始肢位 | 2 ストレッチ位 |

腓腹筋内側頭 m. gastrocnemius caput mediale | 181

3 開始肢位（別角度）　　　　　　4 ストレッチ位（別角度）

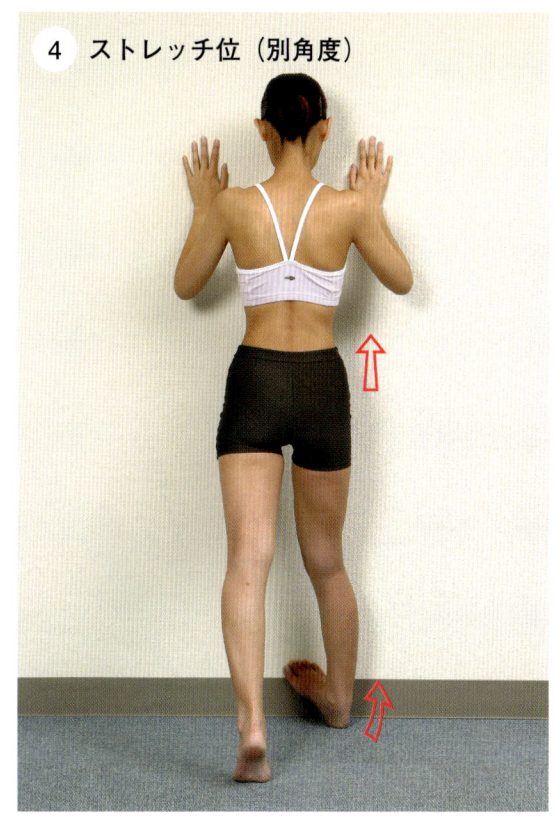

腓腹筋内側頭伸張法 3

開 始 肢 位：長座位．左下肢屈曲位．右股関節屈曲・軽度内旋位，右膝関節屈曲位とし，両手で右前足部外側を把持する．
ストレッチ位：右膝関節を伸展させながら，右足関節を背屈・外反する．
指導ポイント：伸張時，右膝関節伸展を維持したまま重心を後方に移動させ，右足関節背屈・外反を増大する．

1 開始肢位　　　　　　　　　　　2 ストレッチ位

第 2 章　アクティブ ID ストレッチングの実際—下肢

3 開始肢位（別角度）

4 ストレッチ位（別角度）

72 ヒラメ筋 m. soleus

起　　　始：脛骨後面ヒラメ筋線，脛骨内側縁，腓骨頭，ヒラメ筋腱弓
停　　　止：踵骨隆起
神 経 支 配：脛骨神経 L4〜S3
血 管 支 配：後脛骨動脈，腓骨動脈，膝窩動脈
筋　連　結：腓腹筋，膝窩筋，長腓骨筋，長指屈筋，後脛骨筋，足底筋

ヒラメ筋伸張法 1

開 始 肢 位：立位．両手を肩幅に開き，両肩関節約 90°屈曲位，両肘関節軽度屈曲位で壁につく．右下肢を後方に一歩引き，右股関節伸展位，右膝関節伸展位とする．右踵部は床につけておく．
ストレッチ位：左膝を前方に突き出すように重心を左下肢に移動し，右膝関節を屈曲しながら右足関節背屈を増大する．
指導ポイント：伸張時，右踵部が床から離れないよう留意する．

1　開始肢位

2　ストレッチ位

3 開始肢位（別角度） 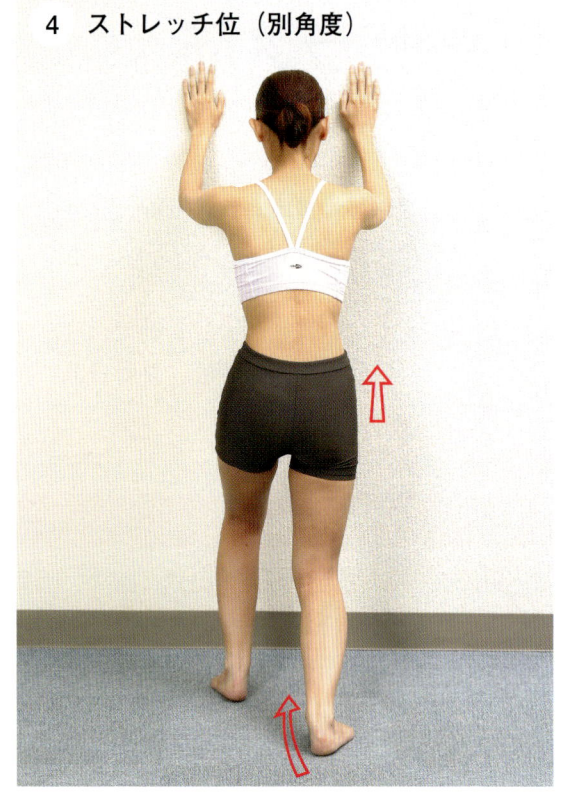　　4 ストレッチ位（別角度）

ヒラメ筋伸張法2

開 始 肢 位：立位．両手を肩幅に開き，両肘関節軽度屈曲位で壁につく．右股関節軽度屈曲位，右膝関節
　　　　　　軽度屈曲位とし，右踵部を床につけたまま右前足部を壁に押しつける．
ストレッチ位：前方に重心を移動し，右膝関節屈曲を増強させながら右足関節背屈を増大する．
指導ポイント：重心移動の際，骨盤を壁に近づける．

1 開始肢位 　　2 ストレッチ位

ヒラメ筋 m. soleus | 185

3 開始肢位（別角度）　　　　4 ストレッチ位（別角度）

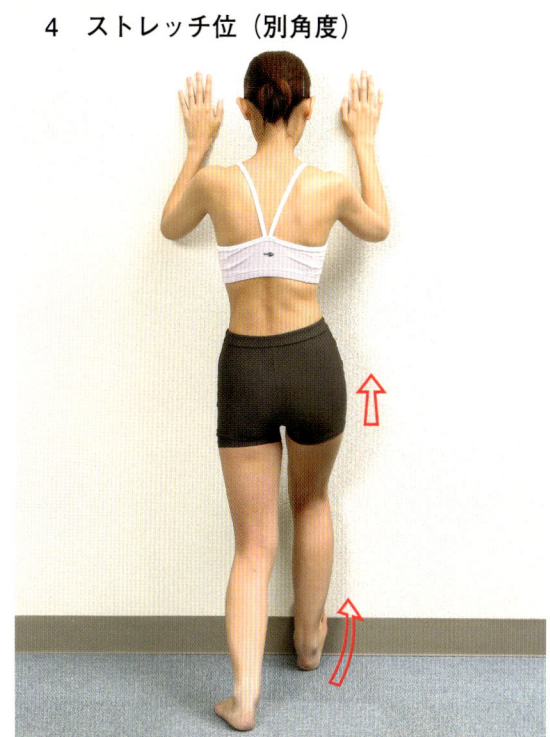

ヒラメ筋伸張法 3

開 始 肢 位：長座位．左下肢屈曲位，右股関節屈曲位，右膝関節屈曲位とし，両手で右前足部を両側から把持する．
ストレッチ位：重心を後方に移動させながら右足関節を背屈する．
指導ポイント：伸張時，足関節が内・外反しないよう留意する．

1 開始肢位　　　　2 ストレッチ位

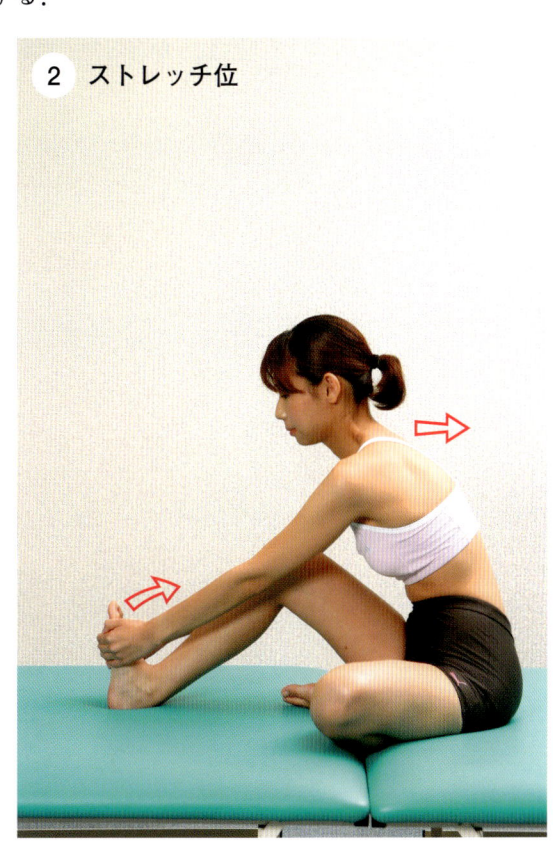

③ 開始肢位（別角度） 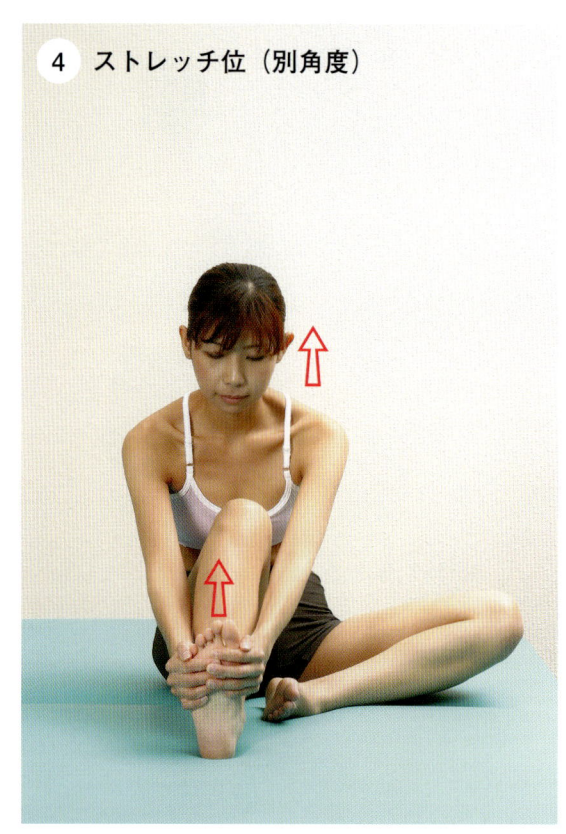 ④ ストレッチ位（別角度）

ヒラメ筋伸張法 4

開 始 肢 位：椅座位．右下肢を後方に引く．両手を右大腿遠位部前面に置く．
ストレッチ位：両手に体重をかけ，重心を右前方に移動させながら右膝関節屈曲，右足関節背屈を増大する．
指導ポイント：右踵部は床から離れてもよい．

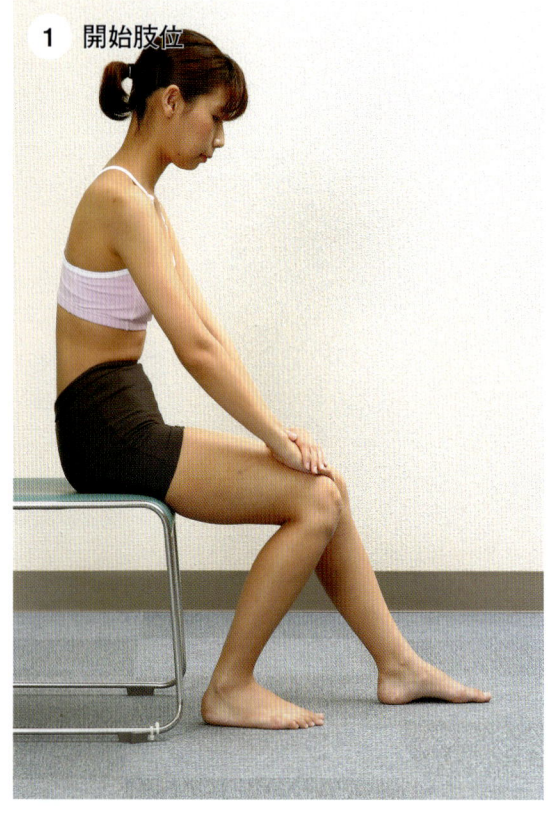

① 開始肢位 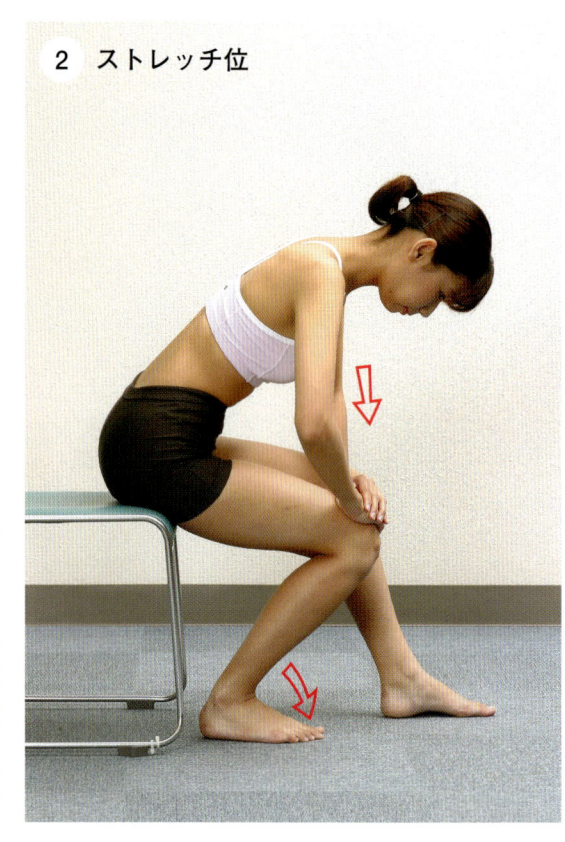　　② ストレッチ位

ヒラメ筋 m. soleus 187

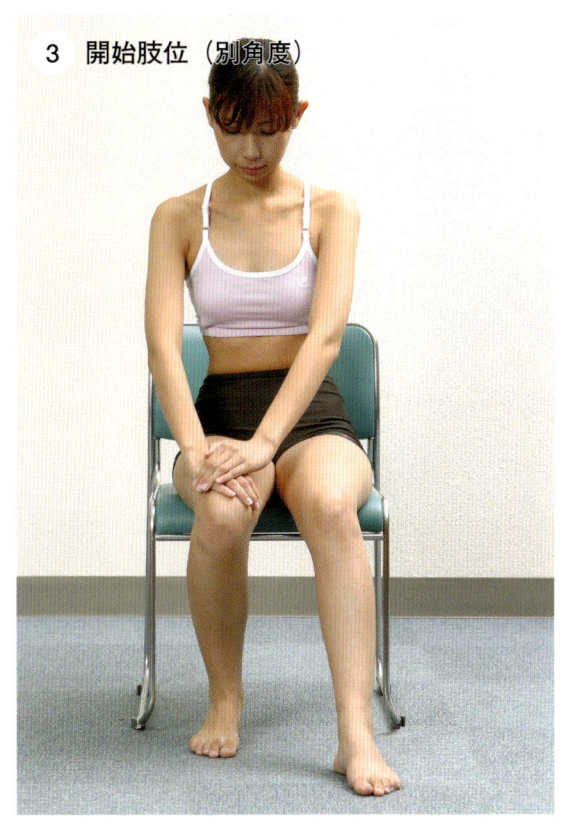

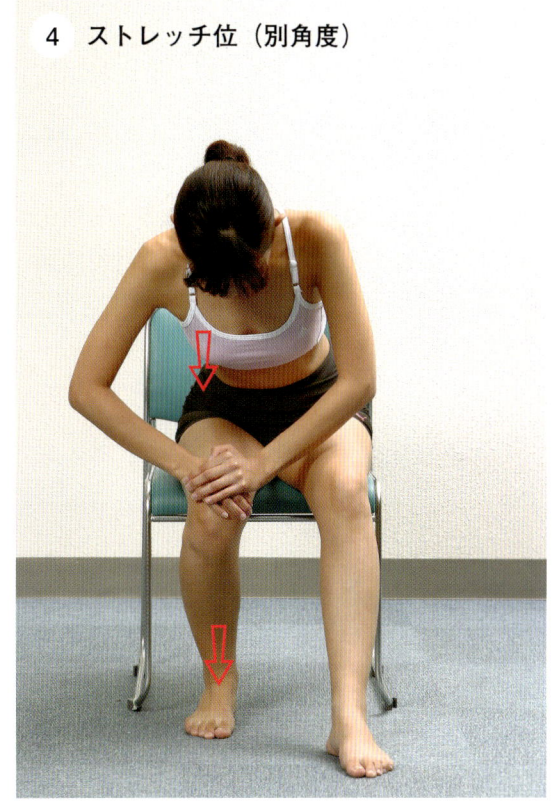

3 開始肢位（別角度）

4 ストレッチ位（別角度）

73 前脛骨筋 m. tibialis anterior

起　　　始：脛骨上方 1/2 外側面，下腿骨間膜上方 2/3 前面，下腿筋膜
停　　　止：第 1 楔状骨・中足骨底足底面
神 経 支 配：深腓骨神経 L4～S1
血 管 支 配：前脛骨動脈，前脛骨反回動脈
筋 　連　 結：大腿二頭筋短頭，長母指伸筋，長指伸筋，後脛骨筋，長母指屈筋

前脛骨筋伸張法 1

開 始 肢 位：長座位．右股関節内旋位，右膝関節屈曲位，右足関節底屈位とし，足部を殿部外側に置く．
　　　　　　右手は右膝前面を把持し，左手は後方に置く．
ストレッチ位：左肘関節を屈曲しながら重心を後方に移動し，同時に右手で右膝を持ち上げ，右足関節底屈・
　　　　　　外反を増大する．
指導ポイント：伸張時，右足部背面が床面から離れないよう留意する．

1 開始肢位

2 ストレッチ位

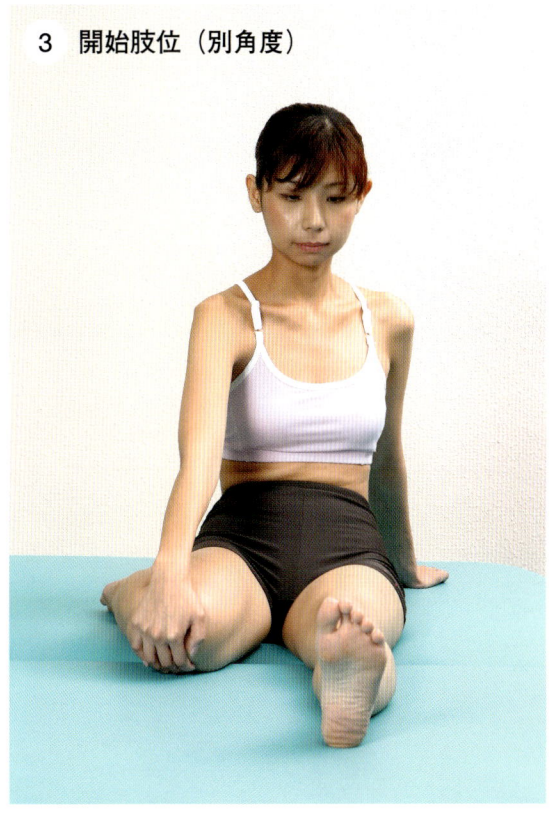

前脛骨筋 m. tibialis anterior

3 開始肢位（別角度）

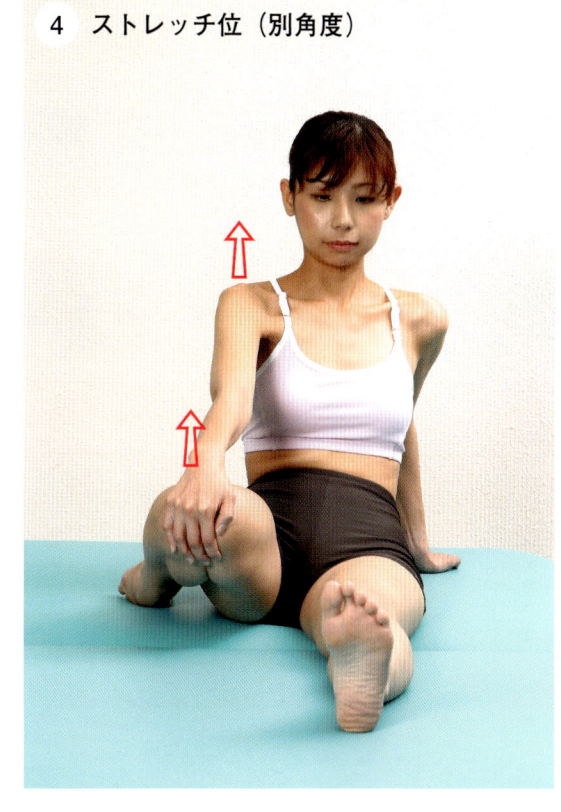

4 ストレッチ位（別角度）

前脛骨筋伸張法 2

開 始 肢 位：椅座位．右足部を後外側に移動させ，右股関節屈曲・内旋位，右膝関節約110°屈曲位，右足関節底屈位とし，右前足部背面を床につける．両手は椅子を把持する．
ストレッチ位：体幹を伸展し重心を後方に移動しながら，右股関節を軽度外転し，右足関節底屈・外反を増大する．
指導ポイント：伸張時，右前足部内側が床から離れないよう留意する．

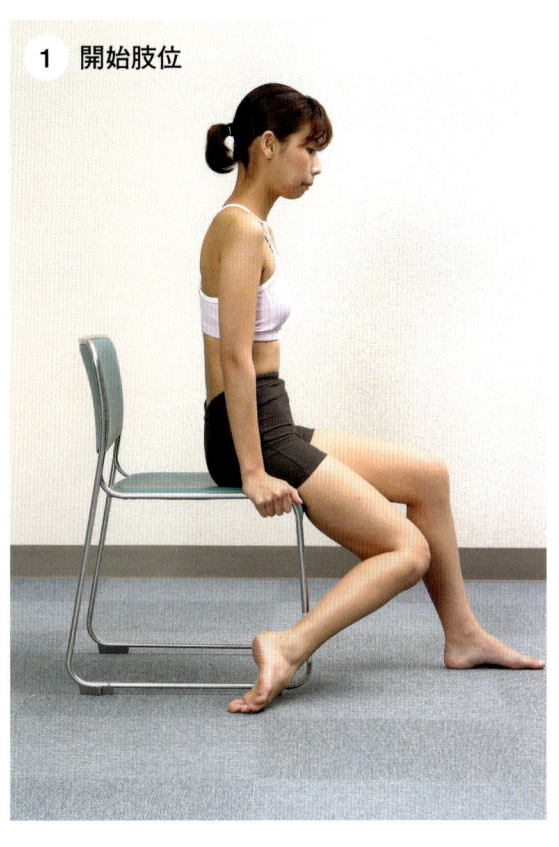

1 開始肢位

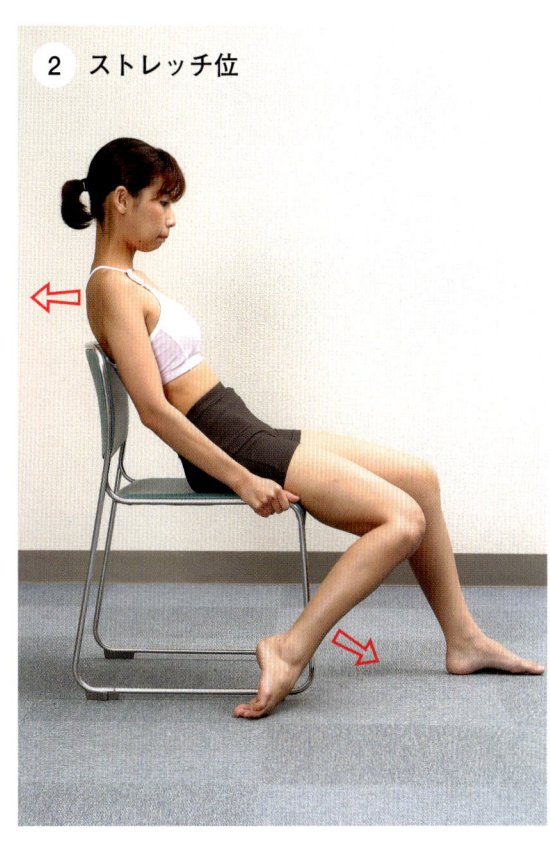

2 ストレッチ位

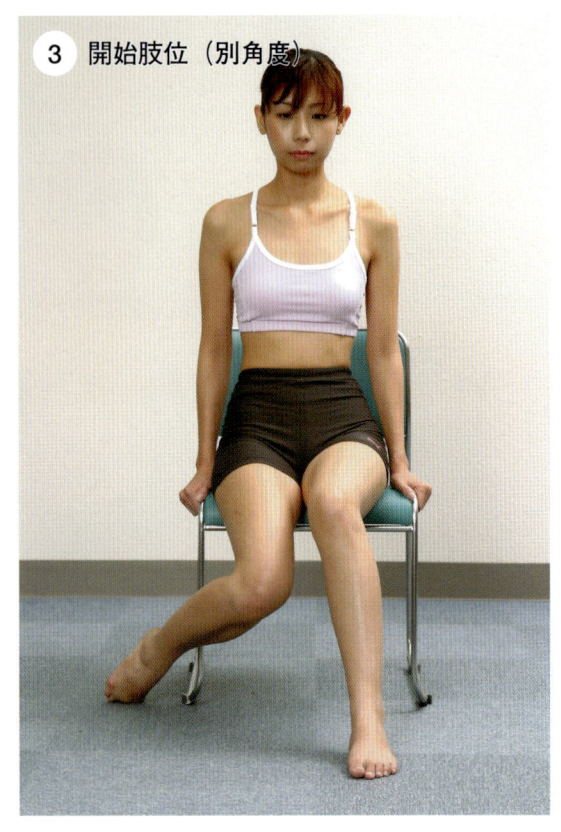

| 3 開始肢位（別角度） | 4 ストレッチ位（別角度） |

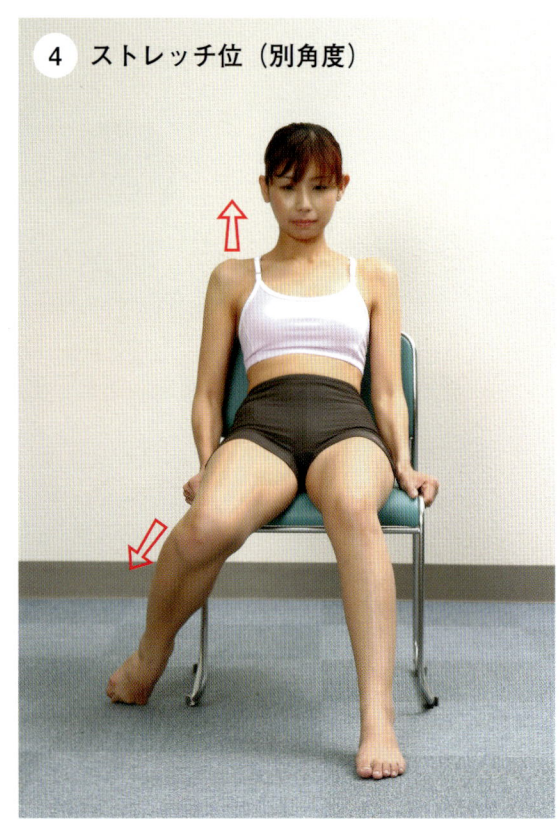

前脛骨筋伸張法 3

開 始 肢 位：椅座位．右股関節屈曲・外転・外旋位，膝関節屈曲位とし，右下腿遠位部を左大腿の上に置く．左手で前足部外側を背側から把持する．
ストレッチ位：左手で右足関節を底屈・外反する．
指導ポイント：伸張時，左前腕遠位部で右母指 MP 関節を床方向に押し込む．

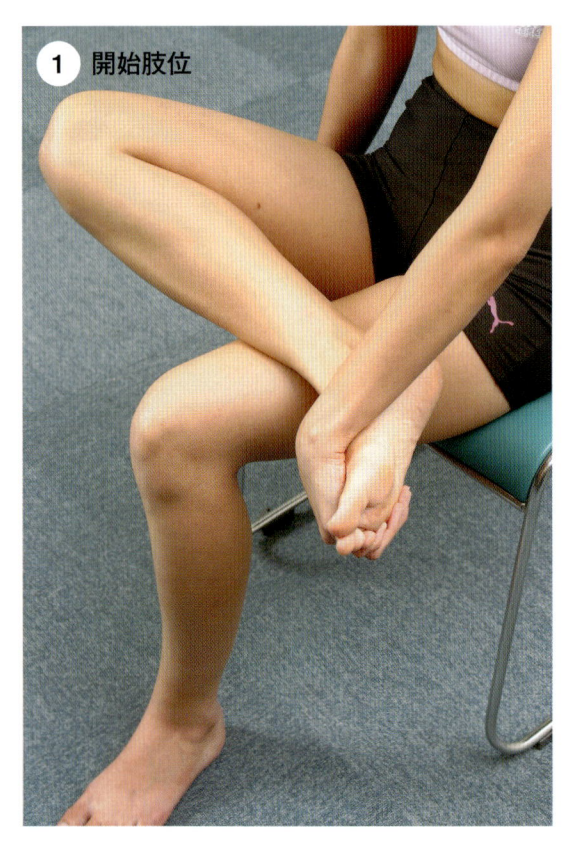

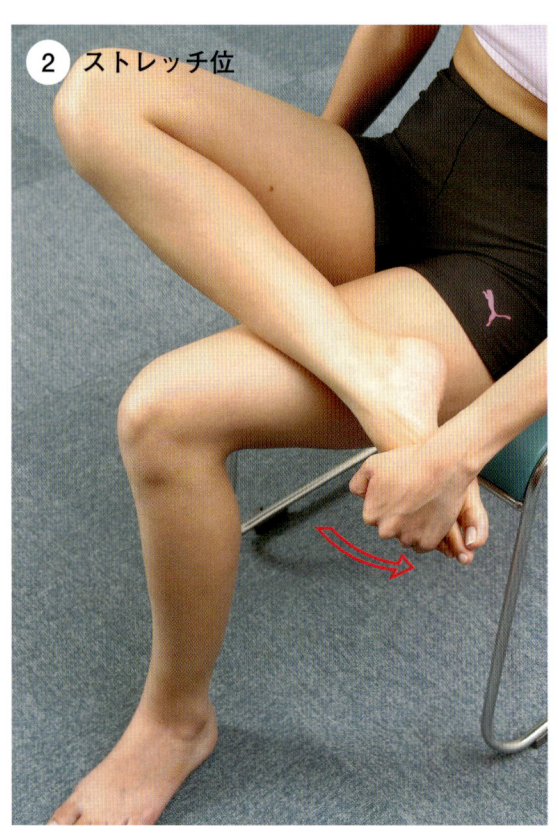

| 1 開始肢位 | 2 ストレッチ位 |

| ③ 開始肢位(別角度) | 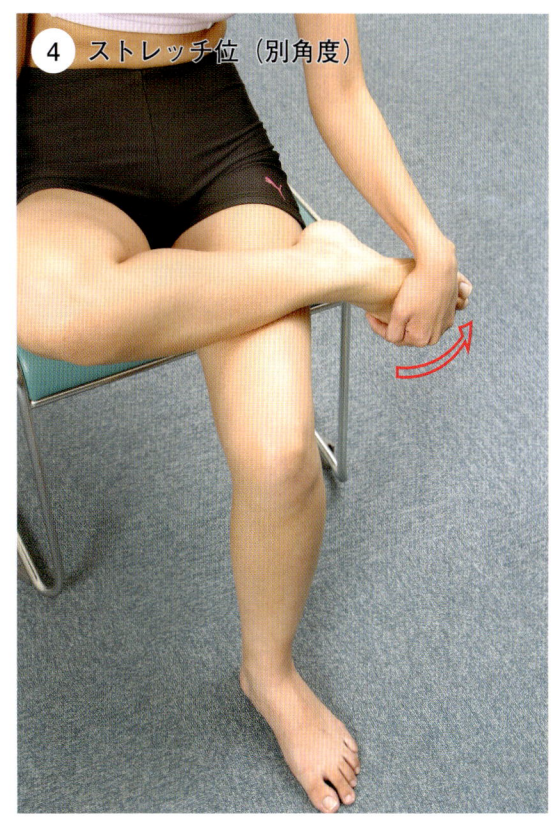 ④ ストレッチ位(別角度) |

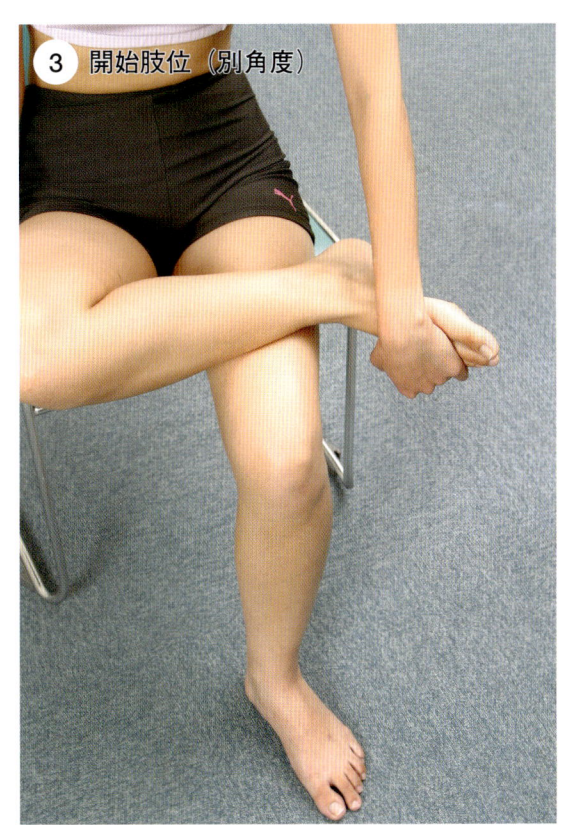

前脛骨筋 m. tibialis anterior | 191

74 長指伸筋 m. extensor digitorum longus

起　　　始：脛骨上端外側面，腓骨前縁，下腿骨間膜，下腿筋膜
停　　　止：第2〜5指指背腱膜
神 経 支 配：深腓骨神経 L4〜S2
血 管 支 配：前脛骨動脈
筋　連　結：第三腓骨筋，短指伸筋，背側骨間筋，虫様筋，長母指伸筋，前脛骨筋，長腓骨筋，短腓骨筋

長指伸筋伸張法1

開 始 肢 位：椅座位．右股関節屈曲・外転・外旋位，右膝関節屈曲位とし，右下腿遠位部を左大腿の上に置く．右手で右踵を，左手で右第2〜4指を背側から把持する．
ストレッチ位：右手で右踵部を左足部方向に押しつけ，左手で右足関節を底屈・内反しながら右足指を屈曲する．
指導ポイント：右足関節内反角度を変化させることにより，伸張する筋を選択する．

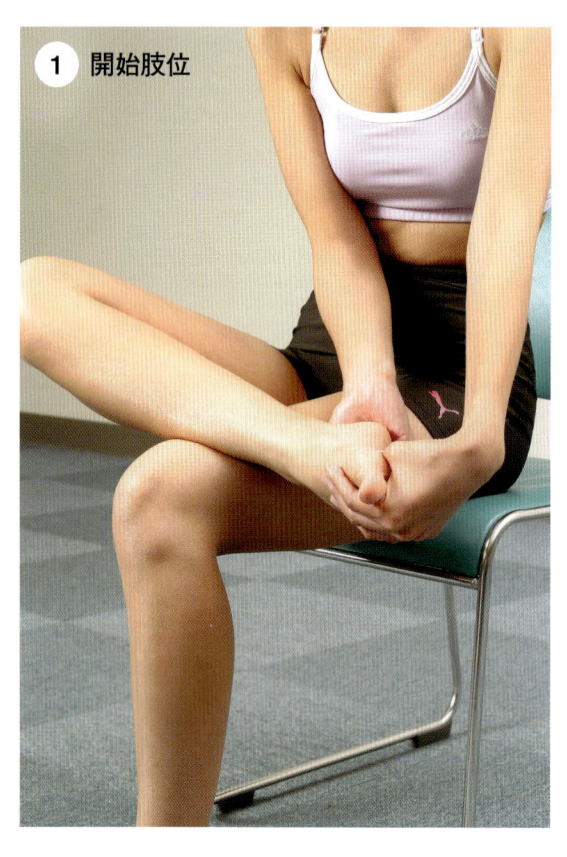

1 開始肢位

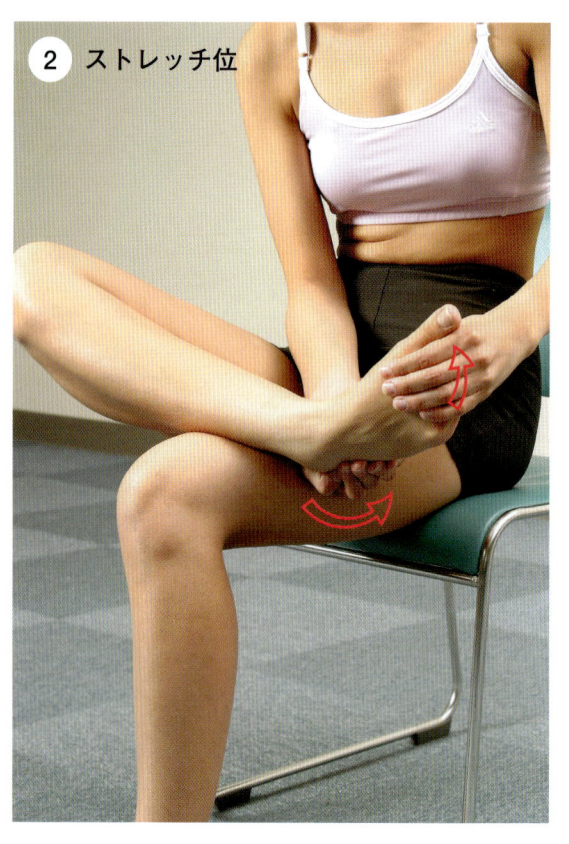

2 ストレッチ位

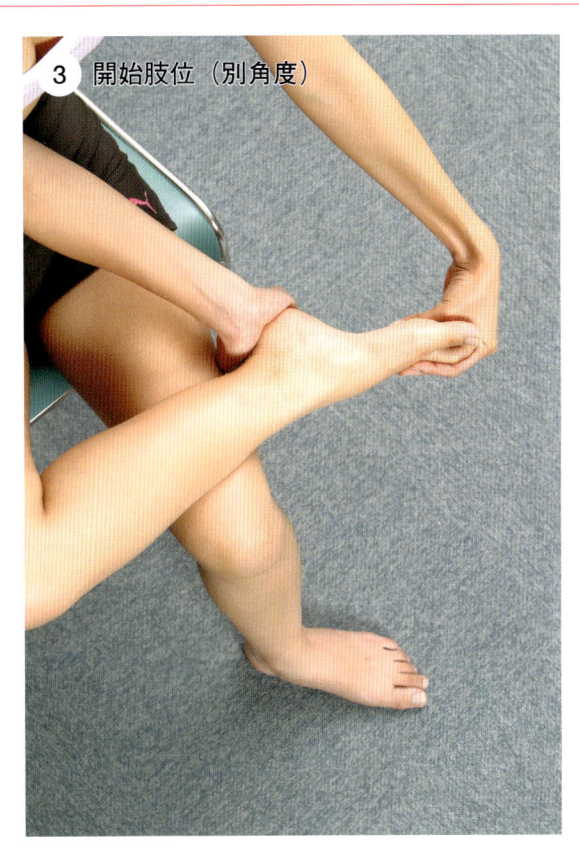

長指伸筋 m. extensor digitorum longus | 193

③ 開始肢位（別角度）　　　　　④ ストレッチ位（別角度）

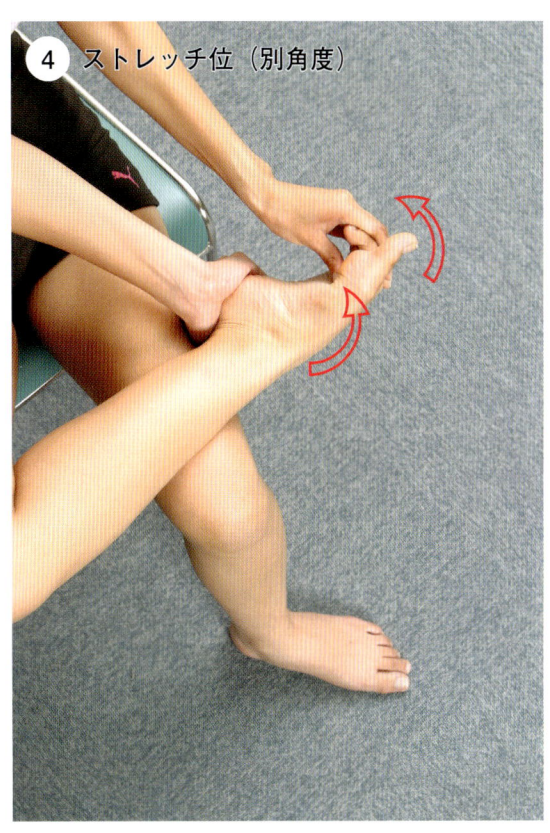

長指伸筋伸張法 2

開 始 肢 位：椅座位．右股関節屈曲・外転・外旋位，右膝関節屈曲位とし，右下腿遠位部を左大腿の上に置く．左手で右2～5指を背側から把持する．
ストレッチ位：左手で右足関節を底屈・内反しながら右足指を屈曲する．
指導ポイント：足関節内反角度を変化させることにより，伸張する筋を選択する．

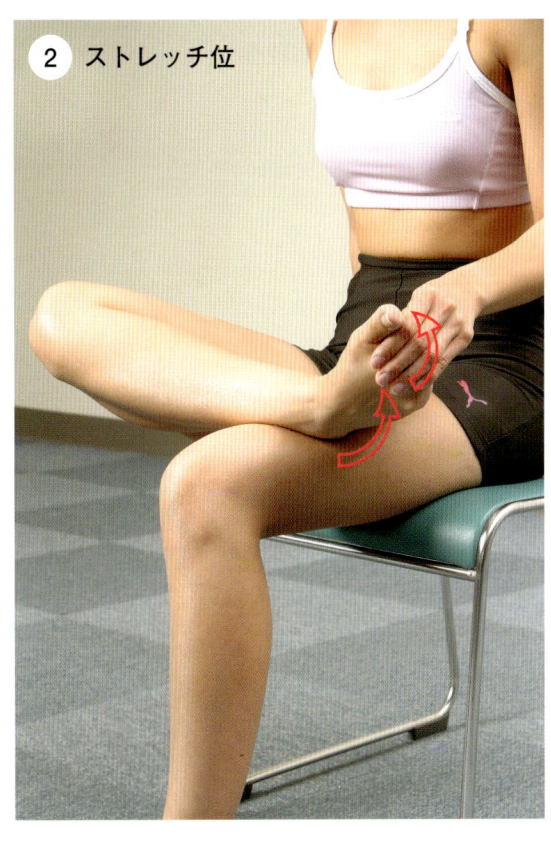

① 開始肢位　　　　　② ストレッチ位

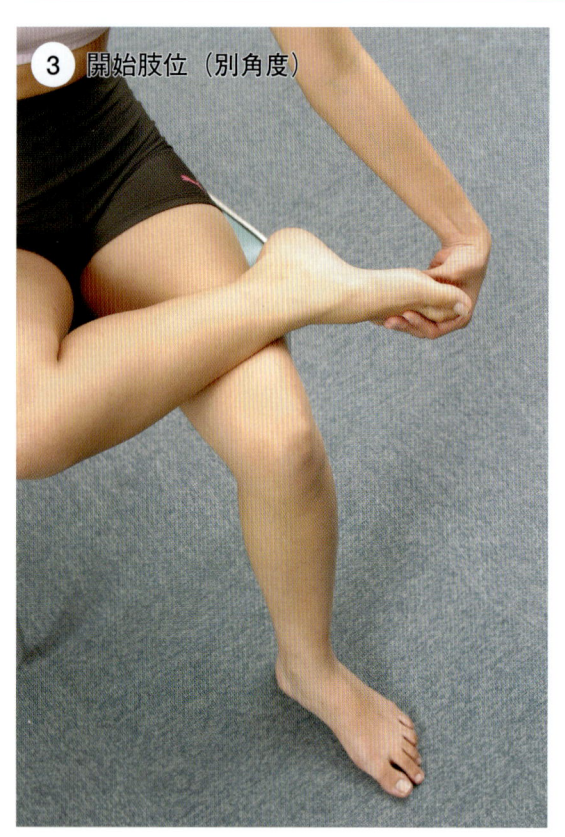

| 3 開始肢位（別角度） | 4 ストレッチ位（別角度） |

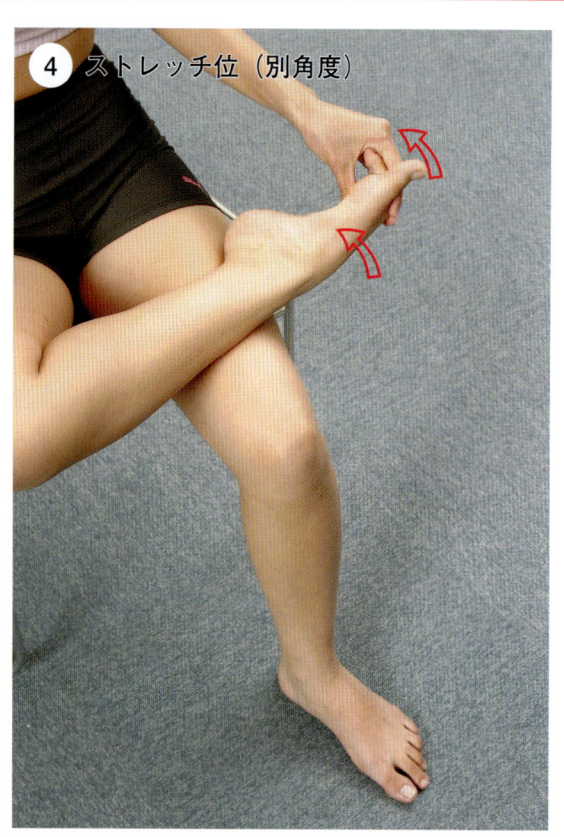

長指伸筋伸張法 3

開 始 肢 位：椅座位．右股関節屈曲・外旋位，右膝関節屈曲位，右足関節底屈位，右足指軽度屈曲位し，右足部を右後内側に移動させ，右足指背面を床につける．両手は椅子を把持する．
ストレッチ位：体幹を伸展しながら重心を後方に移動し，右足関節底屈・内反，右足指屈曲を増大する．
指導ポイント：伸張時，右足指背面が床から離れないよう留意する．

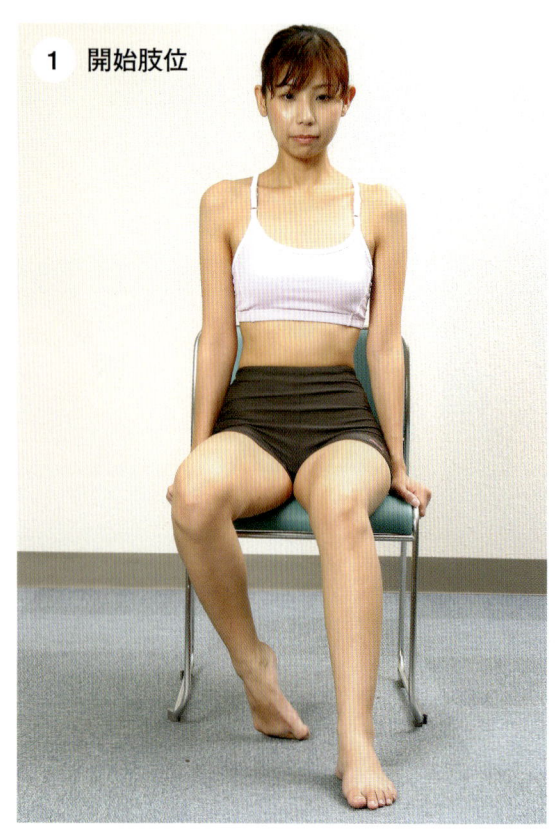

| 1 開始肢位 | 2 ストレッチ位 |

| 3 開始肢位（別角度） | 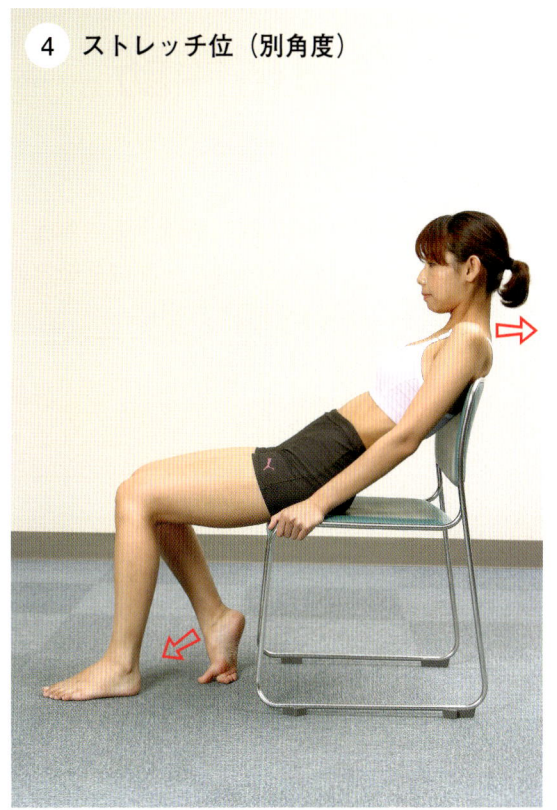 4 ストレッチ位（別角度） |

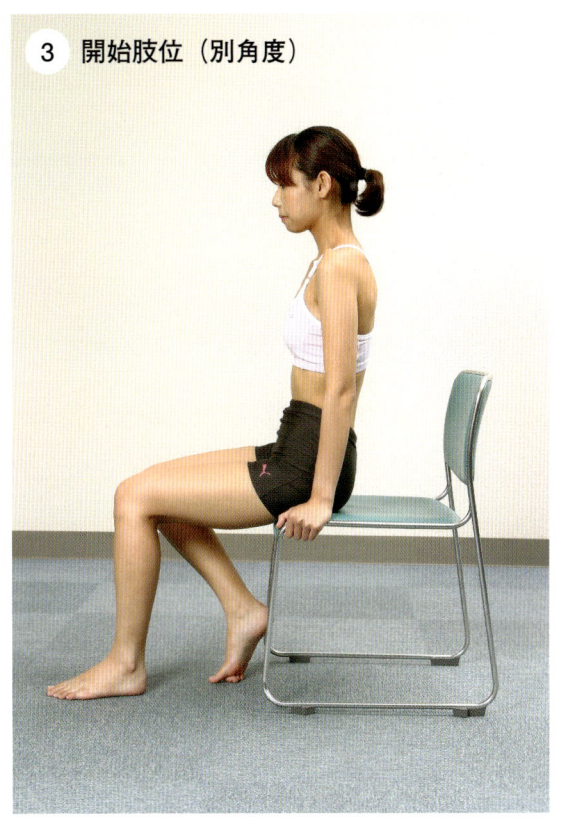

長指伸筋 m. extensor digitorum longus | 195

75 長母指伸筋 m. extensor hullucis longus

起　　　始：下腿骨間膜，腓骨中央内側面
停　　　止：母趾末節骨底，一部は基節骨底
神 経 支 配：深腓骨神経 L4〜S1
血 管 支 配：前脛骨動脈筋枝
筋 　連 　結：前脛骨筋，後脛骨筋，第三腓骨筋，長指伸筋，長母指屈筋

長母指伸筋伸張法 1

開 始 肢 位：椅座位．右股関節屈曲・外転・外旋位，右膝関節屈曲位とし，右下腿遠位部を左大腿の上に置く．右手で右踵を，左手で右母指を背側から把持する．
ストレッチ位：右手で右踵部を左足部方向に押しつけ，左手で右足関節を底屈・外反しながら右母指を屈曲する．
指導ポイント：伸張時，右肘を腹部に固定するとよい．

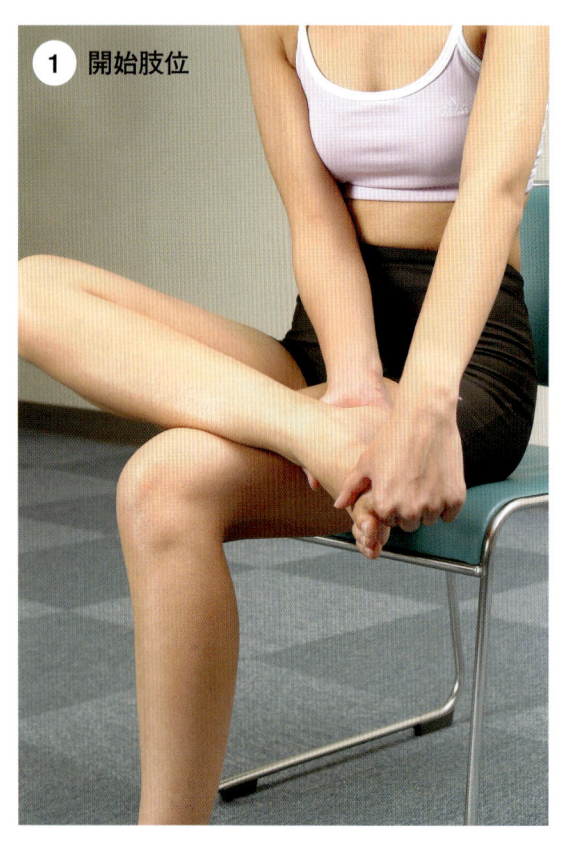

1 開始肢位

2 ストレッチ位

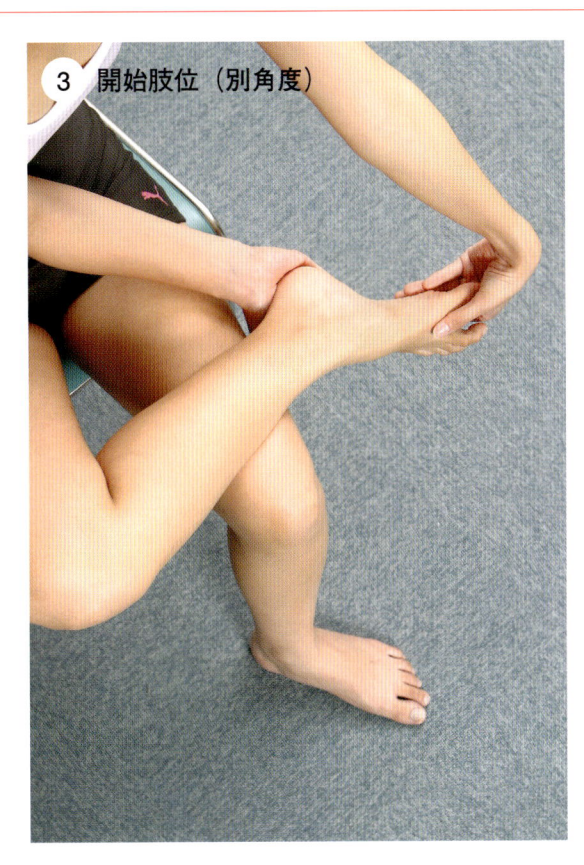

長母指伸筋 m. extensor hullucis longus 197

| 3 開始肢位（別角度） | 4 ストレッチ位（別角度） |

長母指伸筋伸張法 2

開 始 肢 位：椅座位．右股関節屈曲・外転・外旋位，右膝関節屈曲位とし，右下腿遠位部を左大腿の上に置く．左手で右母指を背側から把持する．
ストレッチ位：左手で右足関節を底屈・外反しながら母指を屈曲する．
指導ポイント：足関節底屈角度を変化させることにより，伸張する筋を選択する．

| 1 開始肢位 | 2 ストレッチ位 |

198 第2章 アクティブIDストレッチングの実際―下肢

③ 開始肢位（別角度）

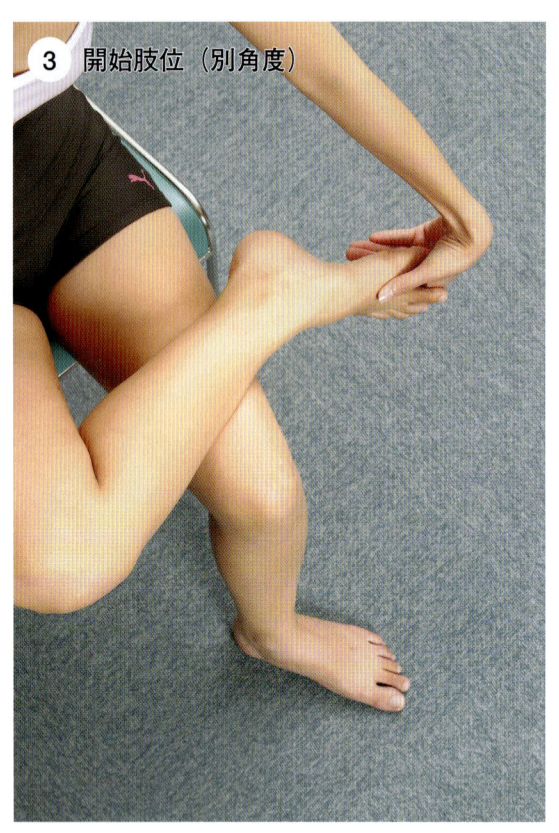

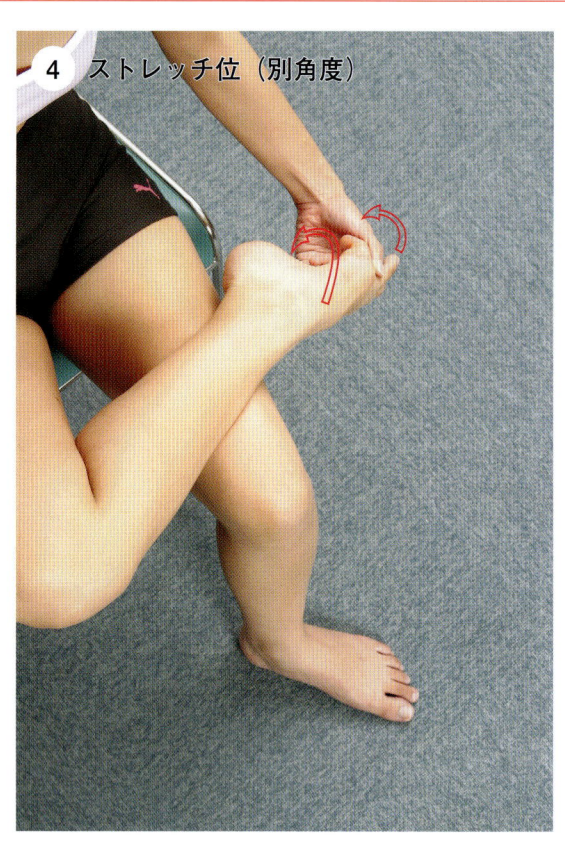

④ ストレッチ位（別角度）

長母指伸筋伸張法 3

開 始 肢 位：椅座位．右股関節屈曲・内旋位，右膝関節屈曲位，右足関節底屈位，右母指軽度屈曲位とし，右足部を後外側に移動させ，右母指背面を床につける．両手は椅子を把持する．
ストレッチ位：体幹を伸展しながら重心を後方に移動し，右足関節底屈・外反，右母指屈曲を増大する．
指導ポイント：伸張時，右母指背面が床から離れないよう留意する．

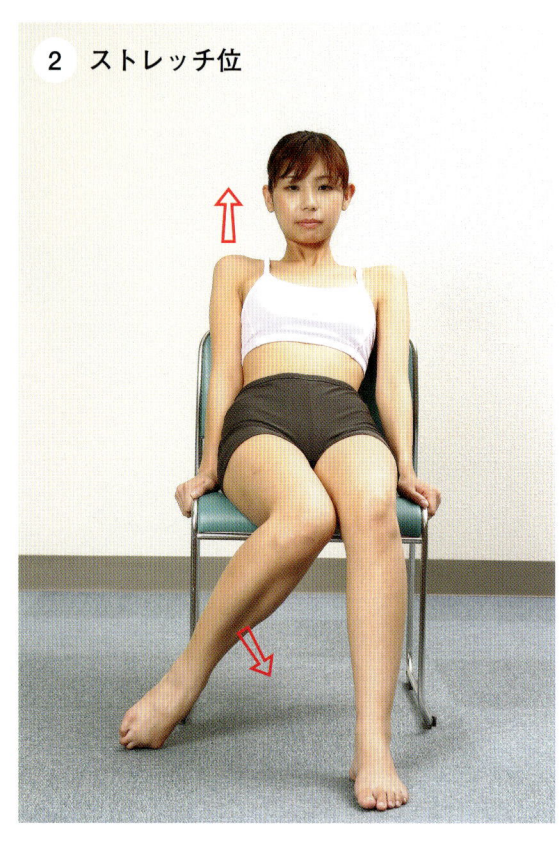

① 開始肢位

② ストレッチ位

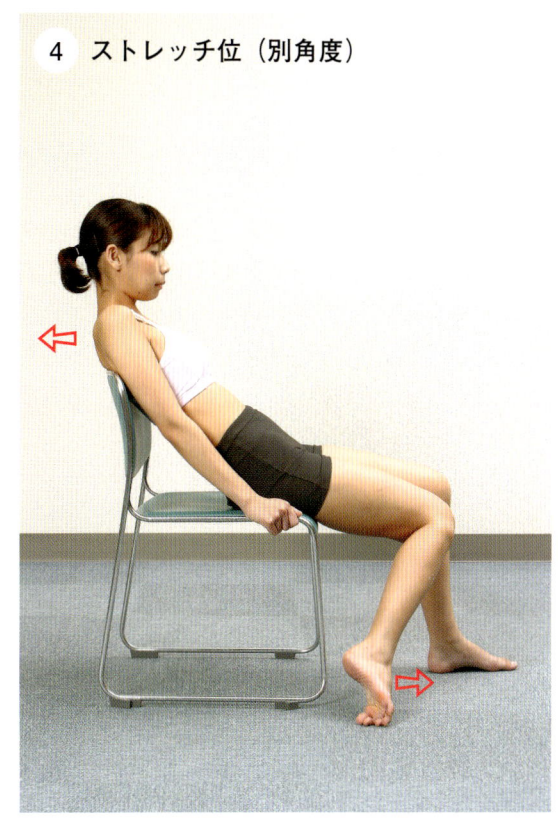

長母指伸筋 m. extensor hullucis longus | **199**

3 開始肢位（別角度）

4 ストレッチ位（別角度）

76 長腓骨筋 m. peroneus longus

起　　　始：脛骨外側顆，脛腓関節包，腓骨頭，腓骨外側縁上方 2/3，前・後下腿筋間中隔，下腿筋膜
停　　　止：第 1 楔状骨足底面，第 1 中足骨底
神 経 支 配：浅腓骨神経 L5〜S1
血 管 支 配：外側下膝動脈，腓骨動脈，前脛骨動脈
筋 連 結：短腓骨筋，母指内転筋，第三腓骨筋，長指伸筋，大腿二頭長頭，長母指屈筋，ヒラメ筋，足底筋

77 短腓骨筋 m. peroneus brevis

起　　　始：腓骨外側面
停　　　止：第 5 中足骨粗面
神 経 支 配：浅腓骨神経 L5〜S1
血 管 支 配：後脛骨動脈，腓骨動脈
筋 連 結：長腓骨筋，第三腓骨筋，長母指屈筋，長指伸筋

長腓骨筋・短腓骨筋伸張法 1

開 始 肢 位：椅座位．右足部を手前に引き寄せながら右足関節底屈・内反し，右前足部背面を床面につけ，両手を右下腿中央内側に置く．
ストレッチ位：体幹を前屈し，両手に体重をのせながら右下腿を床方向へ押しつけ，右足関節底屈・内反を増大する．
指導ポイント：伸張時，外果を床面に近づけるよう留意する．

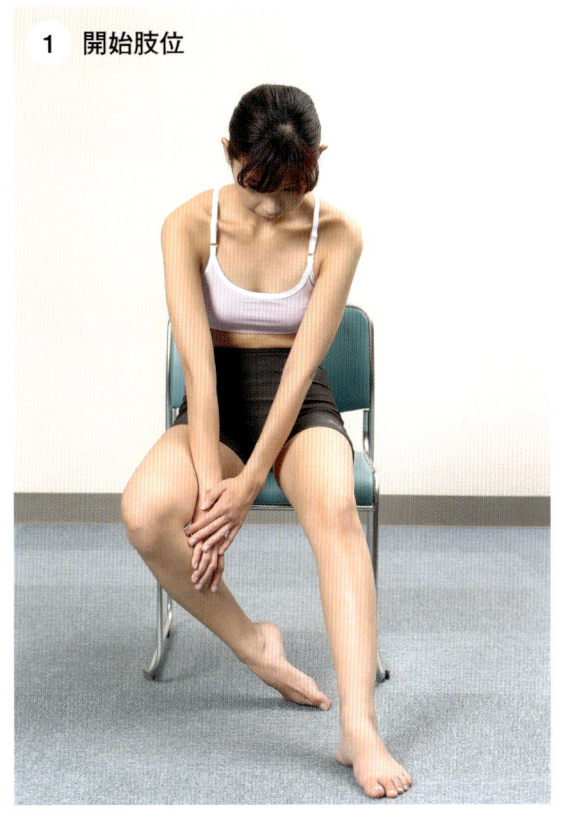

長腓骨筋 m. peroneus longus・短腓骨筋 m. peroneus brevis | 201

1　開始肢位

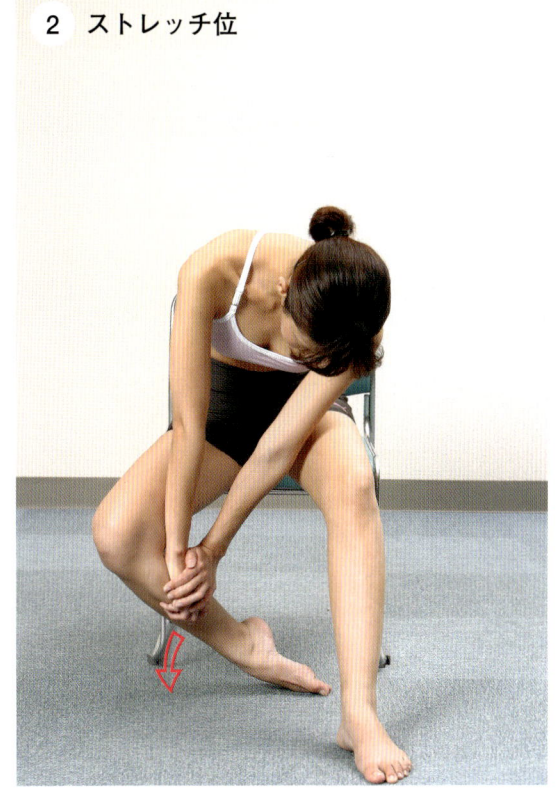

2　ストレッチ位

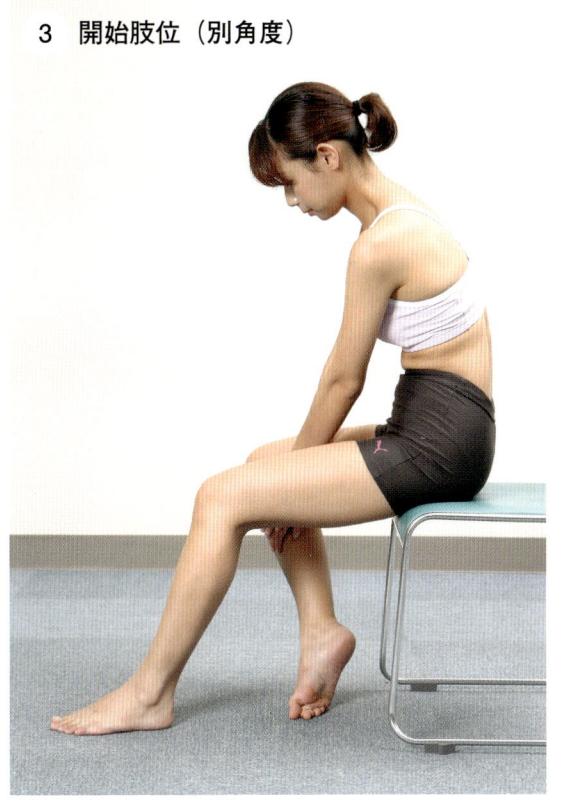

3　開始肢位（別角度）

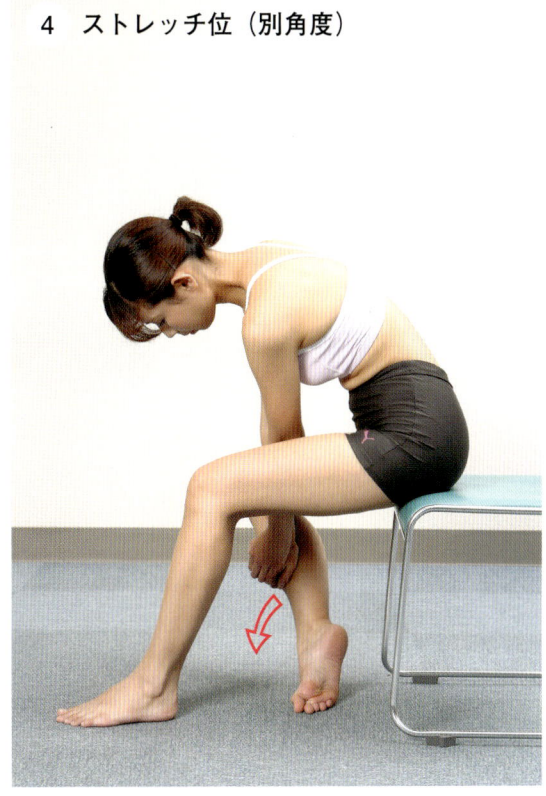

4　ストレッチ位（別角度）

長腓骨筋・短腓骨筋伸張法 2

開始肢位：椅座位．右股関節屈曲・外転・外旋位，右膝関節屈曲位，右足関節底屈位とし，右下腿遠位部を左大腿の上に置く．右手で右踵部内側を，左手で右前足部外側を把持する．
ストレッチ位：右手で右踵部を床方向に押しつけ，左手で右足関節を内反させる．
指導ポイント：伸張はテコの原理を利用し，右手を支点に，左手を作用点にするとよい．

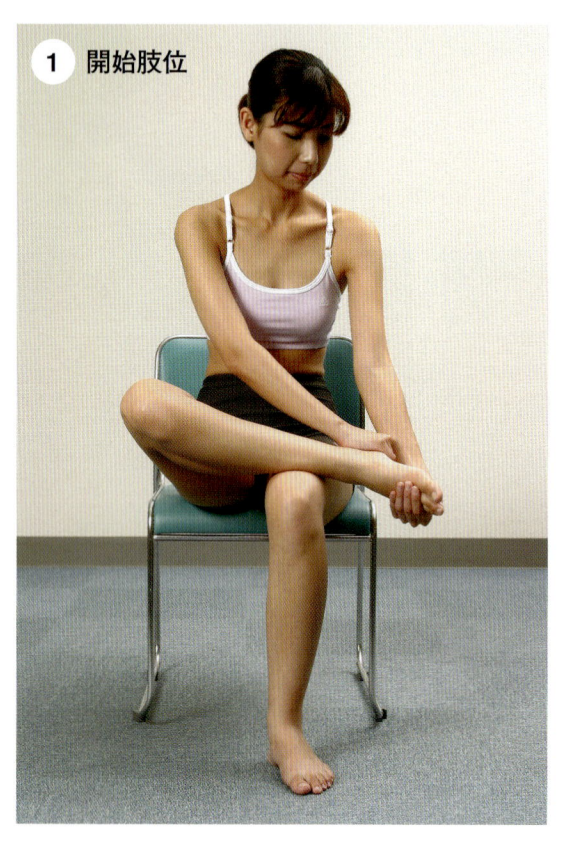

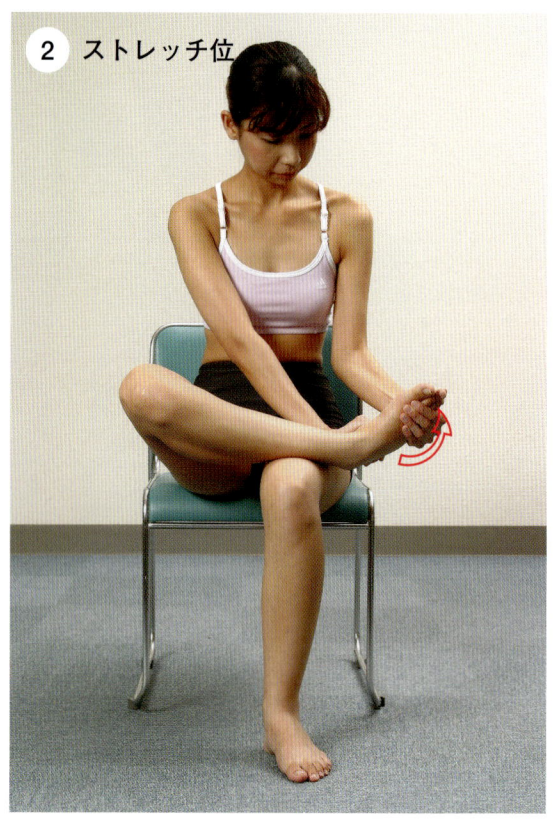

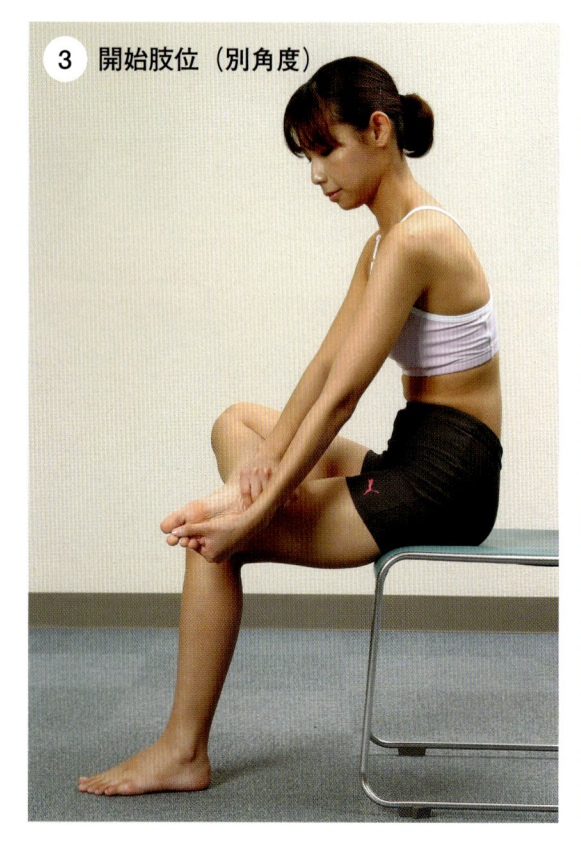

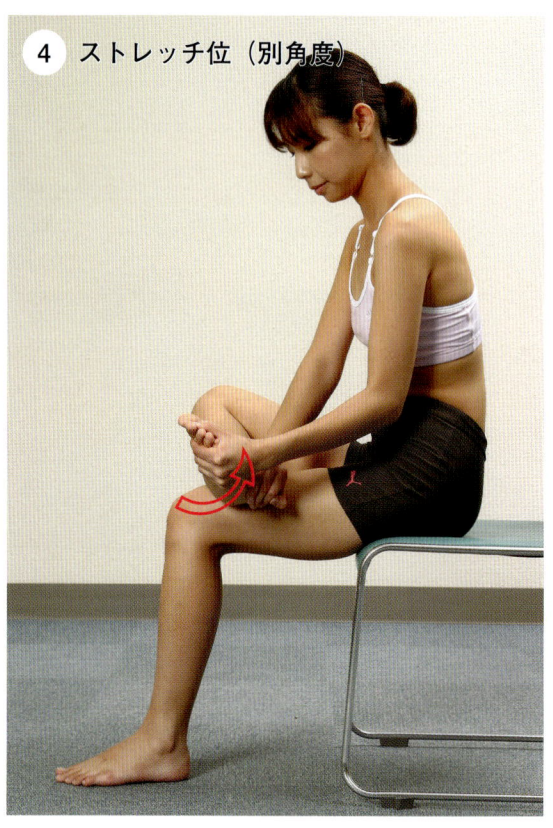

① 開始肢位

② ストレッチ位

③ 開始肢位（別角度）

④ ストレッチ位（別角度）

78 長指屈筋 m. flexor digitorum longus

起　　　始：脛骨後面，下腿骨間膜
停　　　止：第2～5指末節骨底
神 経 支 配：脛骨神経 L5～S2
血 管 支 配：後脛骨動脈
筋 　連　 結：足底方形筋，長母指屈筋，虫様筋，後脛骨筋，腓腹筋，ヒラメ筋

長指屈筋伸張法1

開 始 肢 位：椅座位．右股関節屈曲位，右膝関節屈曲位とし，右踵を椅子に置き，両手で右足指を把持する．
ストレッチ位：両手で右足関節を背屈しながら，足指を伸展する．
指導ポイント：伸張時，両手指の力だけでなく，体幹を伸展しながら上肢全体を利用するとよい．

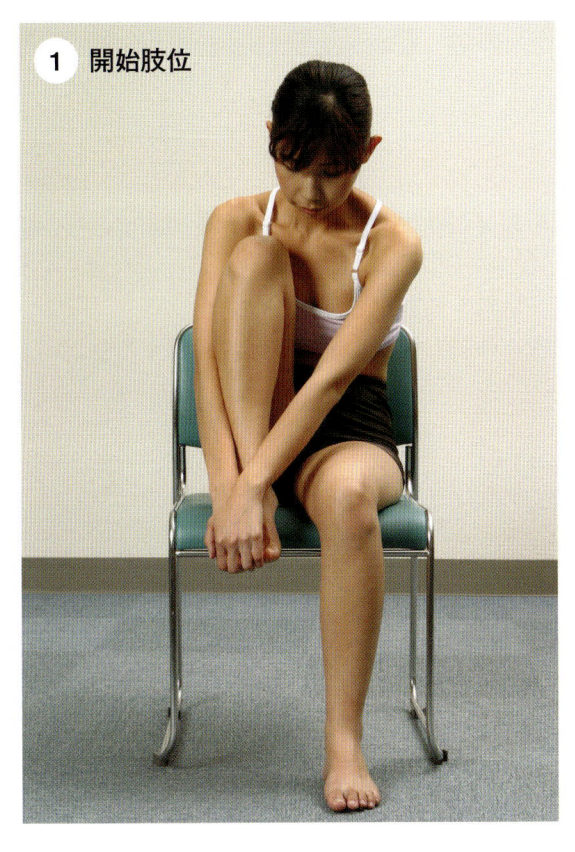

1 開始肢位

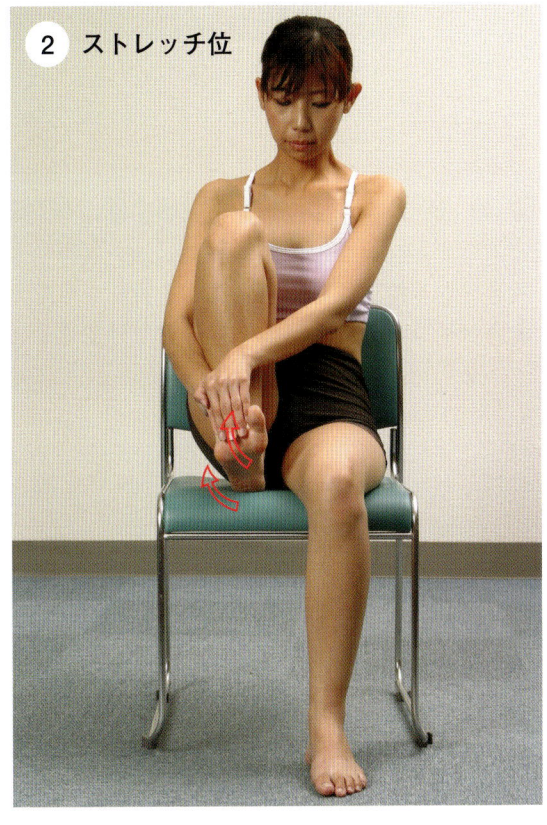

2 ストレッチ位

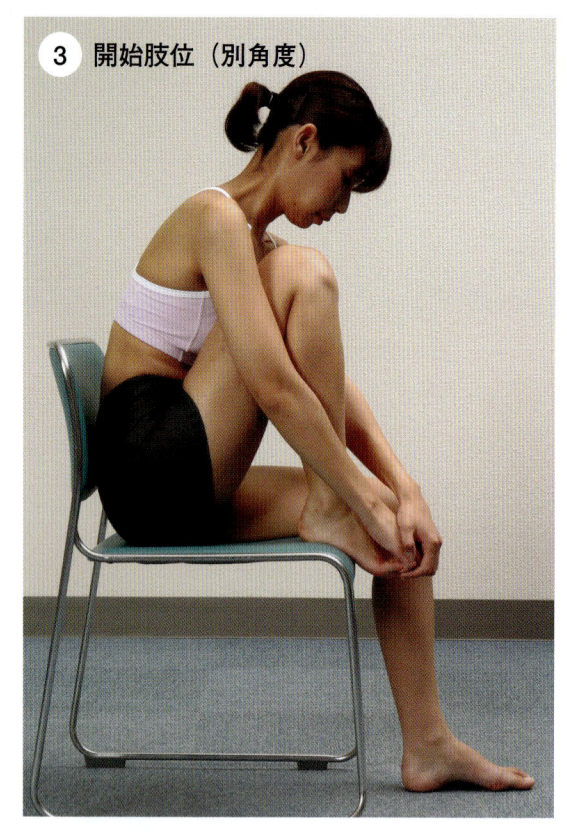

| 3 開始肢位（別角度） | 4 ストレッチ位（別角度） |

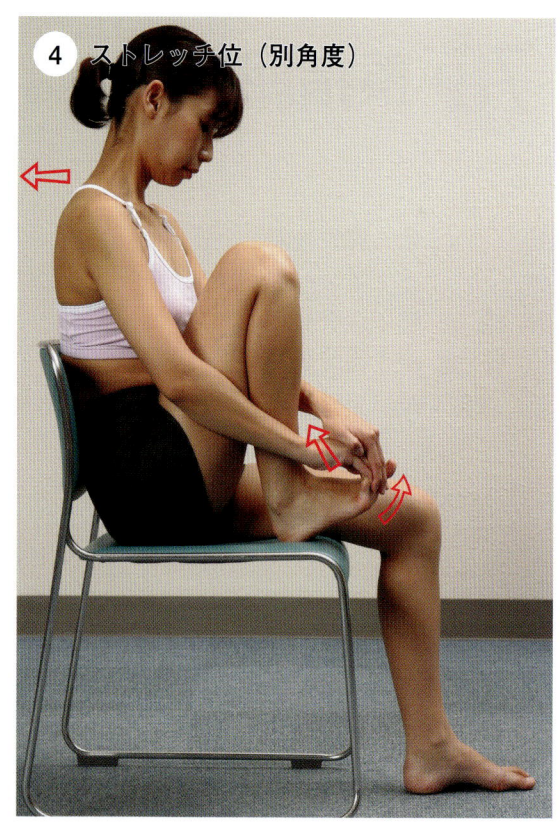

長指屈筋伸張法 2

開始肢位：長座位．左下肢屈曲位，右股関節中等度屈曲位，右膝関節中等度屈曲位とし，両手で右足指を把持する．
ストレッチ位：両手で右足関節を背屈させながら，足指を伸展する．
指導ポイント：伸張は両手指の力だけでなく，体幹を伸展しながら上肢全体を利用するとよい．

| 1 開始肢位 | 2 ストレッチ位 |

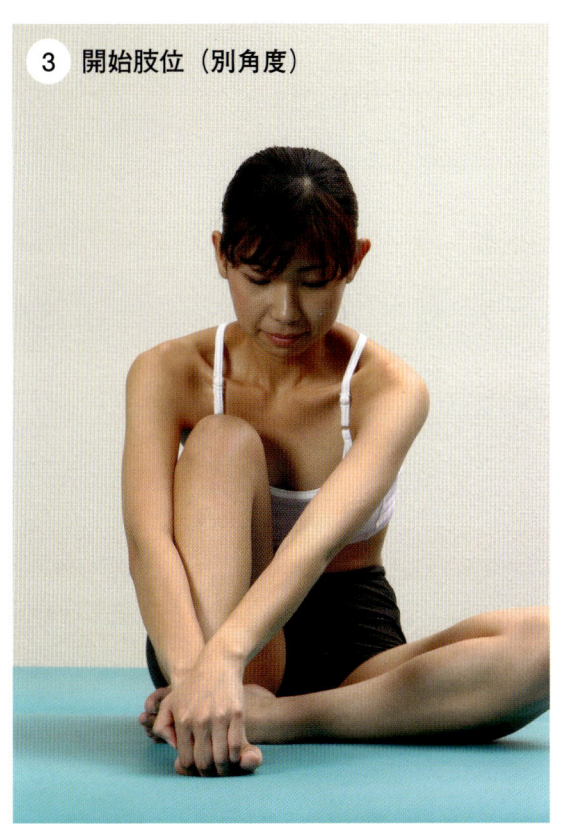

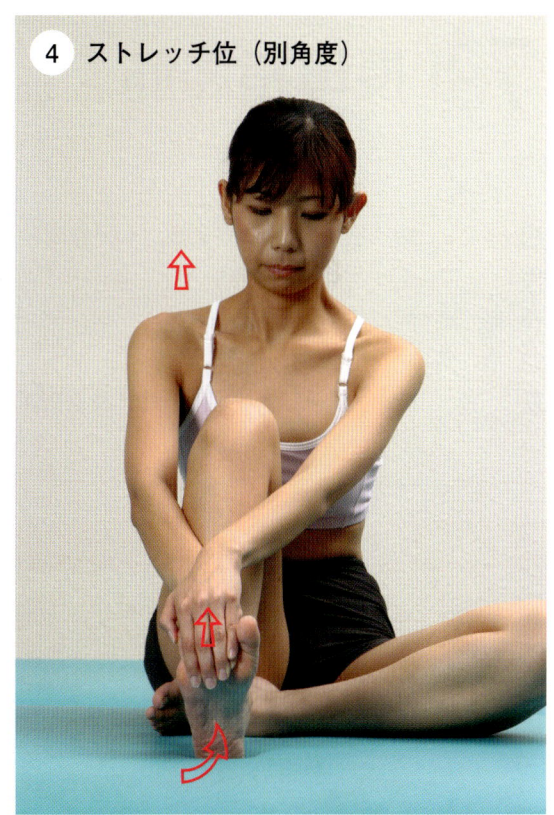

長指屈筋 m. flexor digitorum longus 205

3 開始肢位（別角度）

4 ストレッチ位（別角度）

79 長母指屈筋 m. flexor hallucis longus

起　　　始：腓骨後面下方2/3，下腿骨間膜後面下部
停　　　止：母指末節骨底
神 経 支 配：脛骨神経 L5〜S2
血 管 支 配：腓骨動脈
筋 　連　 結：長指屈筋，後脛骨筋，長腓骨筋，短腓骨筋，前脛骨筋，長母指伸筋

長母指屈筋伸張法 1

開 始 肢 位：椅座位．右股関節屈曲位，右膝関節屈曲位とし，右踵を椅子に置き，両手で右母指を把持する．
ストレッチ位：両手で右足関節を背屈しながら，右母指を伸展させる．
指導ポイント：伸張時，両手指の力だけでなく，体幹を伸展しながら上肢全体を利用するとよい．

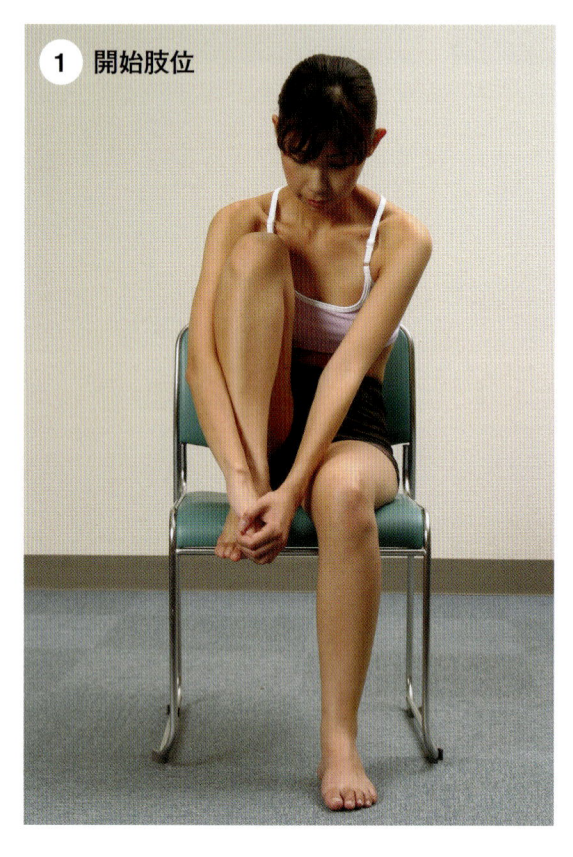

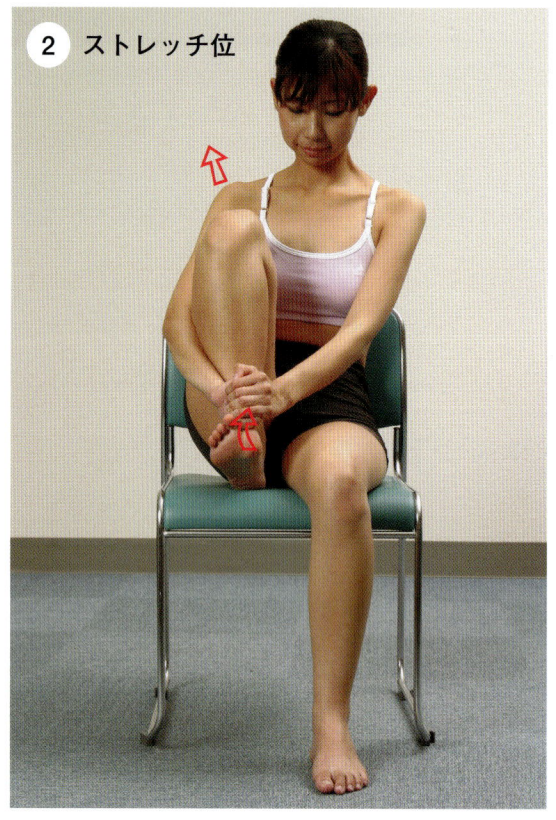

1 開始肢位
2 ストレッチ位

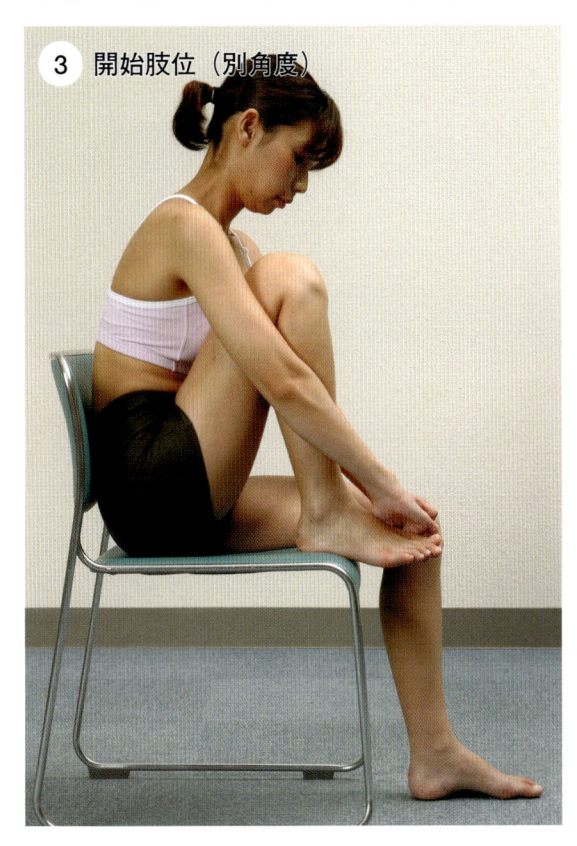

長母指屈筋 m. flexor hallucis longus 207

3 開始肢位（別角度） **4** ストレッチ位（別角度）

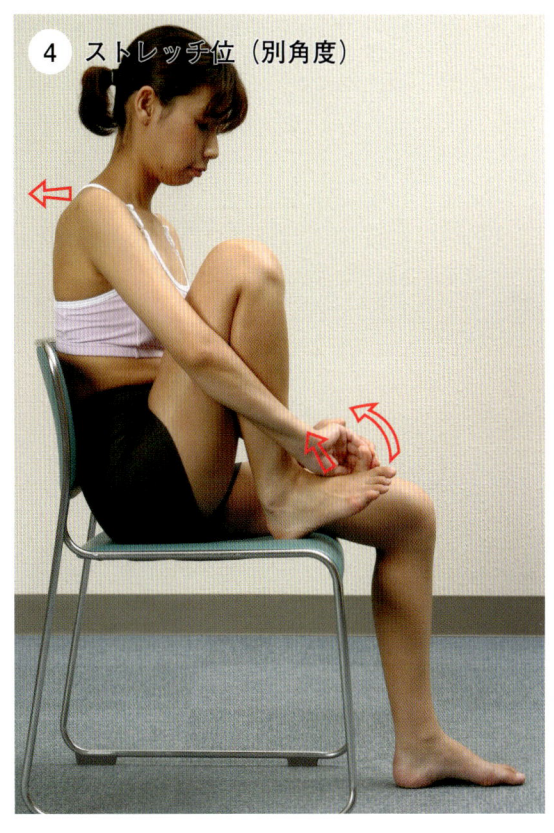

長母指屈筋伸張法 2

開 始 肢 位：長座位．左下肢屈曲位，右股関節中等度屈曲位，膝関節中等度屈曲位とし，両手で右足指を把持する．
ストレッチ位：両手で右足関節を背屈しながら，右母指を伸展する．
指導ポイント：伸張時，両手指の力だけでなく，体幹を伸展しながら上肢全体を利用するとよい．

1 開始肢位 **2** ストレッチ位

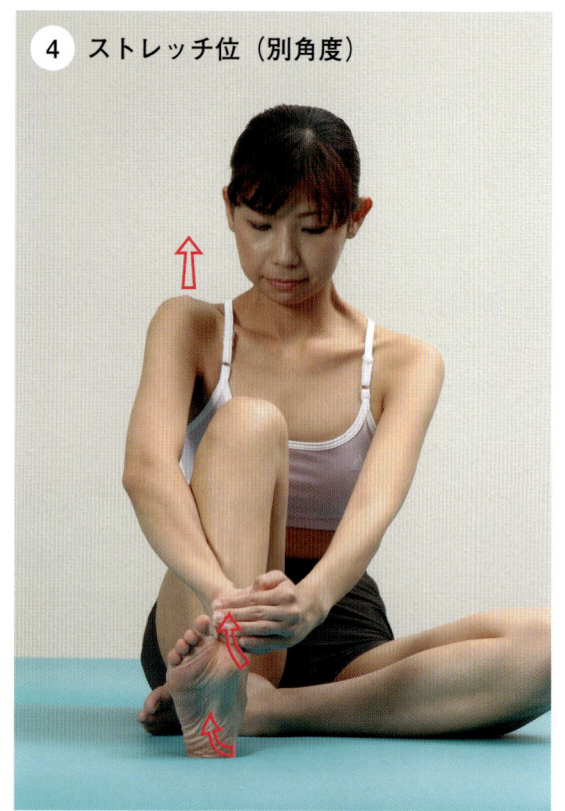

208 第2章 アクティブIDストレッチングの実際―下肢

3 開始肢位（別角度）

4 ストレッチ位（別角度）

80 後脛骨筋 m. tibialis posterior

起　　　　始：脛骨後面，腓骨内側面，下腿骨間膜後面
停　　　　止：舟状骨粗面，第1〜3楔状骨，立方骨，第2〜4中足骨底側面
神 経 支 配：腓骨神経 L5〜S2
血 管 支 配：後脛骨動脈，腓骨動脈
筋 　連　 結：前脛骨筋，長母指屈筋，長指屈筋，ヒラメ筋，長母指伸筋，膝窩筋

後脛骨筋伸張法

開 始 肢 位：長座位．左下肢屈曲位，右股関節屈曲位，右膝関節屈曲位とし，両手で右前足部を把持する．
ストレッチ位：両手で右足関節を背屈・外反する．
指導ポイント：伸張時，両手指の力だけでなく，体幹を伸展しながら上肢全体を利用するとよい．

1 開始肢位

2 ストレッチ位

第2章 アクティブIDストレッチングの実際—下肢

3 開始肢位（別角度）

4 ストレッチ位（別角度）

81 短指伸筋 m. extensor digitorum brevis

起　　　始：踵骨前部背側面および外側面
停　　　止：第2〜4指背側腱膜
神 経 支 配：深腓骨神経 L4〜S1
血 管 支 配：足背動脈，外側足根動脈
筋 　連　 結：短母指伸筋

短指伸筋伸張法

開 始 肢 位：胡座位．左手指を右足指背面に置く．
ストレッチ位：右足指を屈曲する．
指導ポイント：伸張時，右足関節底屈・内反が増強しないよう留意する．

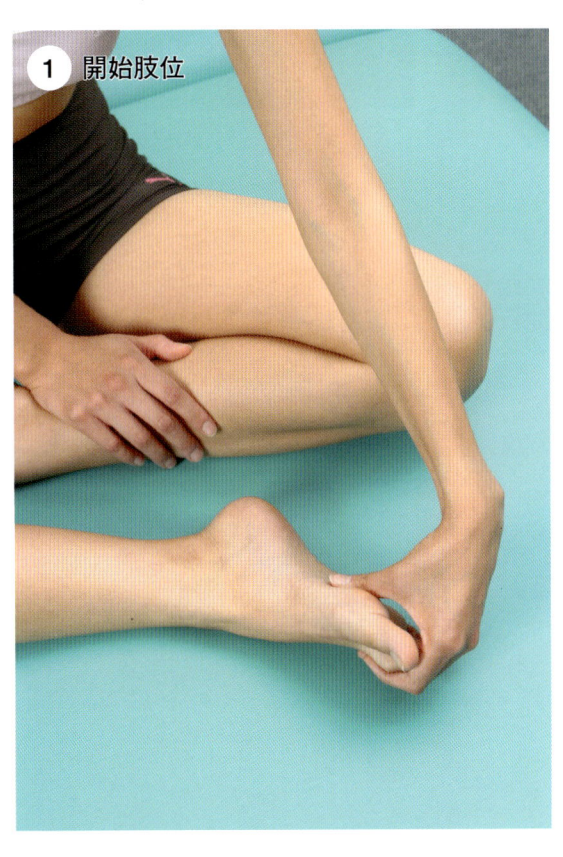

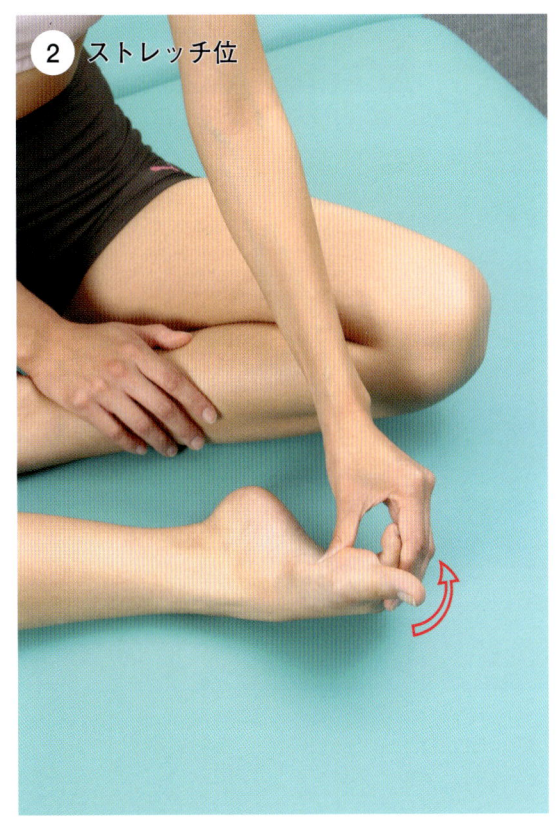

1 開始肢位

2 ストレッチ位

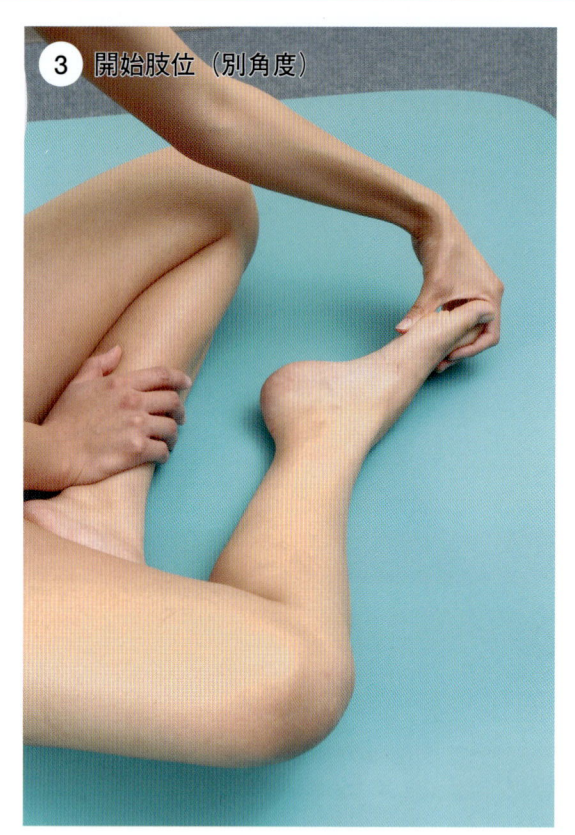

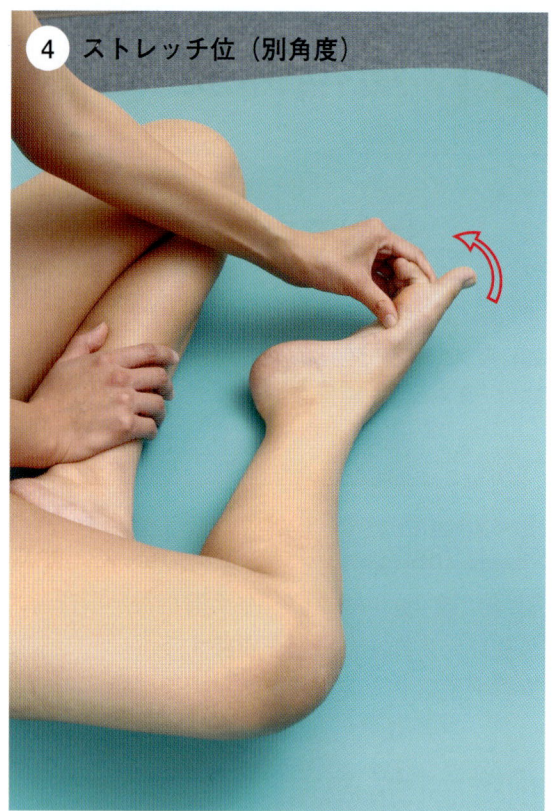

212 第2章 アクティブIDストレッチングの実際―下肢

3 開始肢位（別角度）

4 ストレッチ位（別角度）

アクティブ ID ストレッチング
―Active Individual Muscle Stretching

発　　行	2007 年 4 月 30 日　第 1 版第 1 刷
	2022 年 1 月 30 日　第 1 版第 6 刷Ⓒ
編　　者	鈴木重行
著　　者	鈴木重行・平野幸伸・鈴木敏和
発行者	青山　智
発行所	株式会社　三輪書店
	〒113-0033　東京都文京区本郷 6-17-9　本郷綱ビル
	TEL 03-3816-7796　FAX 03-3816-7756
	http://www.miwapubl.com
印刷所	三報社印刷 株式会社

本書の内容の無断複写・複製・転載は，著作権・出版権の侵害となることがありますのでご注意ください．

ISBN978-4-89590-270-0　C3047

JCOPY ＜出版者著作権管理機構 委託出版物＞
本書の無断複製は著作権法上での例外を除き禁じられています．複製される場合は，そのつど事前に，出版者著作権管理機構（電話 03-5244-5088, FAX 03-5244-5089, e-mail: info@jcopy.or.jp）の許諾を得てください．

■あの「IDストレッチング」が装いを新たに、オールカラーで再登場！

IDストレッチング【第2版】
Individual Muscle Stretching

編　集　鈴木重行
執筆者　鈴木重行・平野幸伸・鈴木敏和

　1999年、「IDストレッチング」が［個別的筋ストレッチング］という新しい概念をセンセーショナルに世に登場させてから、約6年の歳月が経った。その間、鈴木重行氏の探究心は衰えることなく、今回、より研鑽された新しい『IDストレッチング』を提示するに至った。
　今回の改訂では、
①ストレッチング技術のブラッシュアップ！
②新たに7筋（頭半棘筋、頭板状筋、前鋸筋、深指屈筋、長母指屈筋、恥骨筋、短内転筋）を追加！
③広汎性侵害抑制調節（DNIC：diffuse noxious inhibitory controls）を利用した疼痛抑制法の掲載！
④B5モノクロ→A4オールカラーに！
⑤写真を拡大し、ピンポイントアップも入れて200点以上掲載、さらに見やすく！
⑥解剖図を、ターゲット筋だけでなく周辺筋との関連がわかるようリニューアル！
と見所満載!!
初版読者の皆様も、ぜひ新生「IDストレッチング」をご覧いただき、もう一度徒手的理学療法の真髄を再確認していただきたい。

■主な内容

第1章　IDストレッチング出現までの歴史的背景
第2章　IDストレッチングのための基礎知識
第3章　IDストレッチングとは
第4章　IDストレッチングの実際
資　料　身体部位と注目すべき筋群
　　　　スポーツ種目別IDストレッチング

●定価4,950円（本体4,500円+税10%）　A4　230頁　写真220　2006年
ISBN978-4-89590-239-7

お求めの三輪書店の出版物が小売書店にない場合は、その書店にご注文ください．お急ぎの場合は直接小社に．

〒113-0033
東京都文京区本郷6-17-9 本郷綱ビル
三輪書店
編集　03-3816-7796　FAX 03-3816-7756
販売　03-6801-8357　FAX 03-6801-8352
ホームページ：http://www.miwapubl.com

■ ストレッチングのすべてがここにある!!

ストレッチングの科学
Science of Stretching

鈴木 重行

　私たちは、日常的に何気なく行われているストレッチングが、かえって筋緊張を亢進し痛みを悪化させ、その結果、関節可動域やパフォーマンスを低下させる可能性があることを理解しているだろうか？

　本書では、ストレッチングの種類や生理学的・解剖学的基礎知識、適応となる病態などの基礎的事項に加え、世界中の論文から各ストレッチングの評価指標や効果についてまとめ、紹介している。これまでストレッチングに関する数々の手技や知識を打ち出してきた著者の集大成であり、身体機能の改善に関わるすべての職種の基礎力・臨床力を向上させる1冊である。

■ 主な内容 ■

第1章　ストレッチングの種類
大分類
　1. バリスティック・ストレッチング
　2. スタティック・ストレッチング

リハビリテーション領域, スポーツ領域で用いられるストレッチング
　1. IDストレッチング
　2. PNFストレッチング
　3. ダイナミック・ストレッチング

実験研究で用いられるストレッチング
　1. コンスタントアングル・ストレッチング
　2. サイクリック・ストレッチング
　3. コンスタントトルク・ストレッチング

第2章　ストレッチングのための基礎知識
解剖学的知識
生理学的知識

第3章　ストレッチングの対象となる病態生理
関節可動域制限
疼痛
筋損傷
筋萎縮

第4章　ストレッチングの評価指標
関節可動域
静的トルク
動的トルク
スティフネス
最大発揮筋力
Angle at peak torque
Rate of force development
表面筋電図（動作筋電図・誘発筋電図）
超音波画像
パフォーマンス（スプリントタイム・ジャンプパフォーマンス）
痛み

第5章　ストレッチング効果の検証
健常者
　1. 関節可動域に対する効果
　2. 静的トルク, 動的トルクに対する効果
　3. スティフネスに対する効果
　4. 筋力に対する効果
　5. 筋電図への影響
　6. パフォーマンスに対する効果
　7. その他

高齢者
　1. 関節可動域に対する効果
　2. 動的トルク, スティフネスに対する効果
　3. 筋力に対する効果
　4. パフォーマンスに対する効果

病態
　1. 関節可動域に対する効果
　2. 静的トルク, 動的トルクに対する効果
　3. スティフネスに対する効果
　4. 筋力に対する効果
　5. 筋電図への影響
　6. パフォーマンスに対する効果
　7. 疼痛に対する効果
　8. 障害度スコアに対する効果
　9. Modified ashworth scale (MAS) に対する効果
　10. 粘弾性に対する効果

ストレッチング方法による効果の違い

第6章
関節可動域制限, 筋損傷に対するストレッチングの効果
　―動物モデルを用いたメカニカルストレス応答に関する研究の紹介
骨格筋の糖代謝に対するストレッチングの急性効果
　―細胞伸張培養技術を用いたメカニカルストレス応答機構に関する研究の紹介

● 定価3,520円（本体3,200円+税10%）　A5　250頁　2013年　ISBN 978-4-89590-439-1

お求めの三輪書店の出版物が小売書店にない場合は、その書店にご注文ください。お急ぎの場合は直接小社に。

〒113-0033
東京都文京区本郷6-17-9 本郷綱ビル

三輪書店

編集 ☎03-3816-7796　FAX 03-3816-7756
販売 ☎03-6801-8357　FAX 03-6801-8352
ホームページ：http://www.miwapubl.com

■ イラスト・写真を増加させ、個別筋の触診に必要な知識を網羅した待望の第2版

ID触診術【第2版】

編著　鈴木 重行
著　　平野 幸伸
　　　鈴木 敏和

「筋の触診では走行に沿って触れられる能力だけでなく、隣接する筋との区別、異常な筋緊張や痛みを呈している部位を評価する力が必要である。第1版で好評だった写真での触診方法に立体的な筋のイラストを加え、触診の基本事項について初学者でも理解しやすいようにより詳細に解説した。身体に関わる全職種に必要とされる基礎知識のつまった一冊。

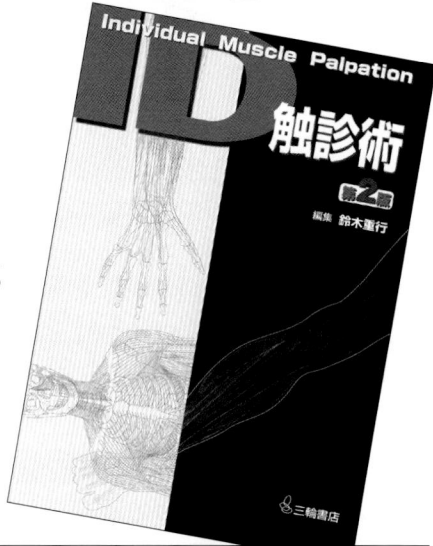

■ 主な内容 ■

触診の基本事項
ランドマークの触診

■ 頸部・体幹・上肢
1. 腸肋筋
2. 最長筋
3. 多裂筋
4. 腰方形筋
5. 前鋸筋
6. 外腹斜筋
7. 腹直筋
8. 僧帽筋上部
9. 僧帽筋中部
10. 僧帽筋下部
11. 頭半棘筋
12. 頭板状筋
13. 後頭下筋群
14. 肩甲挙筋
15. 胸鎖乳突筋
16. 前斜角筋
17. 中斜角筋
18. 後斜角筋
19. 大菱形筋
20. 小菱形筋
21. 上後鋸筋
22. 大胸筋鎖骨部
23. 大胸筋胸肋部
24. 大胸筋腹部
25. 小胸筋
26. 三角筋鎖骨部
27. 三角筋肩峰部
28. 三角筋肩甲棘部
29. 棘上筋
30. 棘下筋
31. 小円筋
32. 大円筋
33. 広背筋
34. 肩甲下筋
35. 上腕三頭筋
36. 上腕二頭筋
37. 烏口腕筋
38. 上腕筋
39. 腕橈骨筋
40. 長橈側手根伸筋
41. 短橈側手根伸筋
42. 尺側手根伸筋
43. 肘筋
44. 回外筋
45. 総指伸筋
46. 長母指伸筋
47. 短母指伸筋
48. 長母指外転筋
49. 示指伸筋
50. 小指伸筋
51. 円回内筋
52. 橈側手根屈筋
53. 長掌筋
54. 尺側手根屈筋
55. 浅指屈筋
56. 深指屈筋
57. 長母指屈筋
58. 母指対立筋
59. 短母指外転筋
60. 短母指屈筋
61. 母指内転筋
62. 小指外転筋
63. 短小指屈筋
64. 小指対立筋
65. 虫様筋
66. 背側骨間筋
67. 掌側骨間筋

■ 下肢
68. 腸骨筋
69. 大腰筋
70. 大殿筋
71. 中殿筋
72. 大腿筋膜張筋
73. 縫工筋
74. 恥骨筋
75. 長内転筋
76. 短内転筋
77. 大内転筋
78. 薄筋
79. 梨状筋
80. 外閉鎖筋
81. 内閉鎖筋
82. 上双子筋
83. 下双子筋
84. 大腿方形筋
85. 大腿直筋
86. 内側広筋
87. 外側広筋
88. 半腱様筋
89. 半膜様筋
90. 大腿二頭筋
91. 腓腹筋外側頭
92. 腓腹筋内側頭
93. ヒラメ筋
94. 膝窩筋
95. 足底筋
96. 前脛骨筋
97. 長趾伸筋
98. 長母趾伸筋
99. 長腓骨筋
100. 短腓骨筋
101. 第三腓骨筋
102. 長趾屈筋
103. 長母趾屈筋
104. 後脛骨筋
105. 短趾伸筋
106. 短母趾伸筋
107. 短母趾屈筋

● 定価 8,360円（本体 7,600円＋税10%）　A4　248頁　2014年　ISBN 978-4-89590-475-9

お求めの三輪書店の出版物が小売書店にない場合は，その書店にご注文ください．お急ぎの場合は直接小社に．

〒113-0033
東京都文京区本郷6-17-9 本郷綱ビル

三輪書店
編集 ☎03-3816-7796　FAX 03-3816-7756
販売 ☎03-6801-8357　FAX 03-6801-8352
ホームページ：http://www.miwapubl.com